山形県高倉山遺跡の石器（東北大学文学研究科所蔵）

後期旧石器時代中頃の典型的な石刃石器群である．優美で長大な石刃を素材にして調整加工を加え，ナイフ形石器，エンドスクレイパー，彫刻刀形石器などが製作された．人びとはこのような装備を持って移動生活様式をおくり，最終氷期最寒冷期の非常に厳しい環境に適応していた．

新潟県荒屋遺跡の石器（東北大学文学研究科所蔵）

後期旧石器時代終末期の細石刃石器群は，列島の温暖化がはじまるころに北方から東北に渡来した．定型化した細石刃核から小さく規格的な細石刃（右下）を連続剝離し，骨角製の軸に装着して用いた．荒屋型彫刻刀はシベリアからアラスカまで類例が知られ，この時代の文化の広域性を示す．彫刻刀刃部をつくり出す削片が接合した貴重な事例．

青森県三内丸山遺跡（上：青森県教育庁文化財保護課提供）

野球場の建設予定地に，縄文時代前期から中期の巨大集落跡がこつ然と姿をあらわした（上：1994年発掘時）．遺跡は保存されて日本を代表する縄文集落として整備され，多くの見学者を迎え入れている（下：2014年鹿又喜隆撮影）．暖かかった気候のもと，人びとは土器型式の広がりにみられる複雑な社会的ネットワークを構築し，列島全域で資源環境を巧みに組み合わせた多角的収集経済を基本とする定住生活を営んでいた．

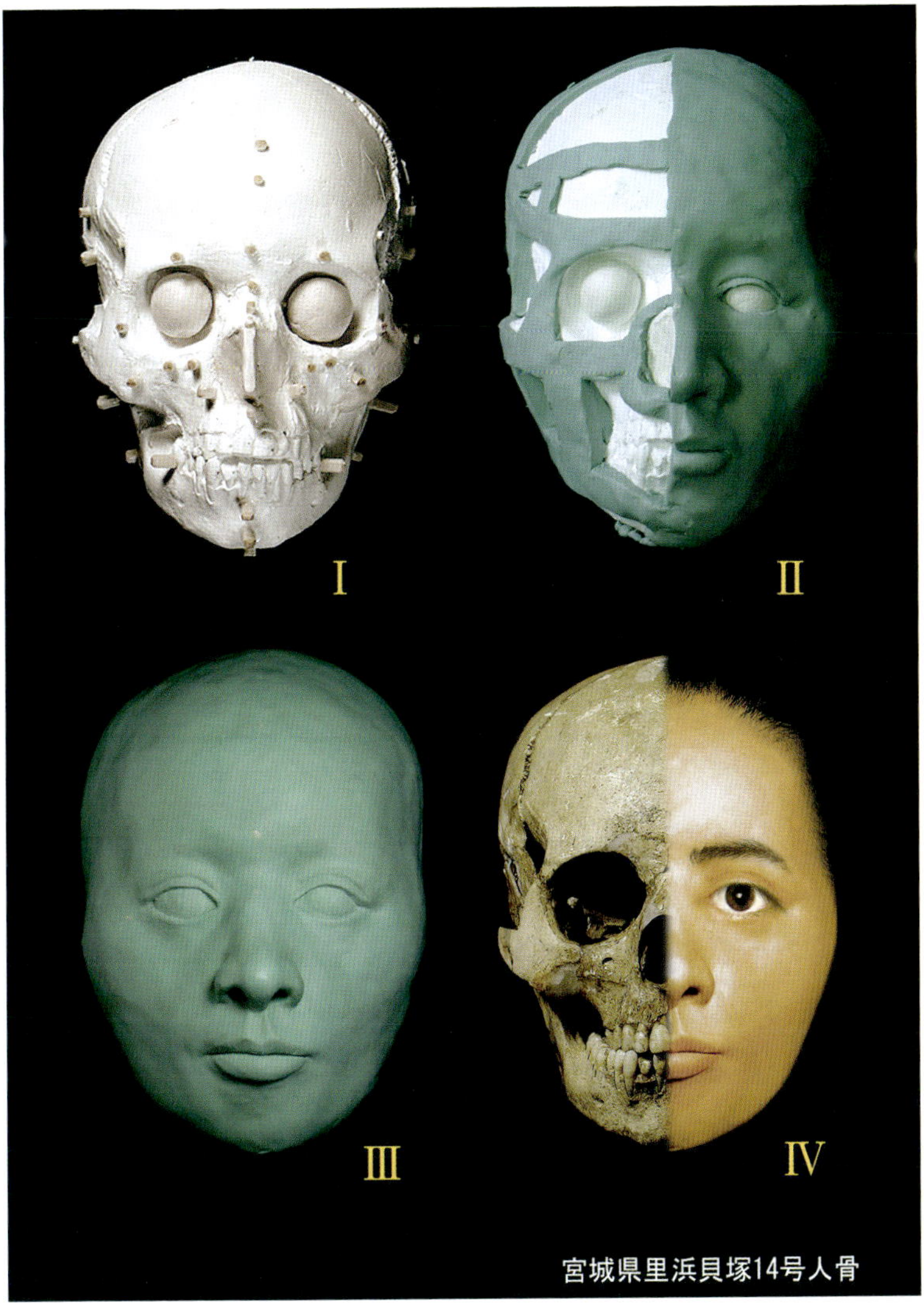

縄文人の復顔（川久保善智提供）

頭部の軟組織の解剖学的データにもとづいて頭骨の石膏模型に粘土で肉づけし，その写真にデジタル画像処理を施して，縄文人の顔を復元した．復顔に用いたのは宮城県里浜貝塚の縄文晩期女性頭骨である．10代後半ないし20歳前後と推定されたこの女性は，顔面の全体が上下に短く，鼻の根元がやや立体的な顔立ちをしていた．

亀ヶ岡文化の土器と土版（東北大学文学研究科所蔵，菊地美紀撮影）

青森県十腰内《とこしない》遺跡の注口土器は，ベンガラによって赤彩され，細密な文様が丁寧に施された精製土器である．伝亀ヶ岡遺跡の土版のように，亀ヶ岡文化では非実用的な文物が多く製作された．一見，機能的でないように思われる土器，土製品，石製品の数々も，生業経済などの社会的生産様式のなかに「埋め込まれて」存在し，重要な役割を果たしていた．

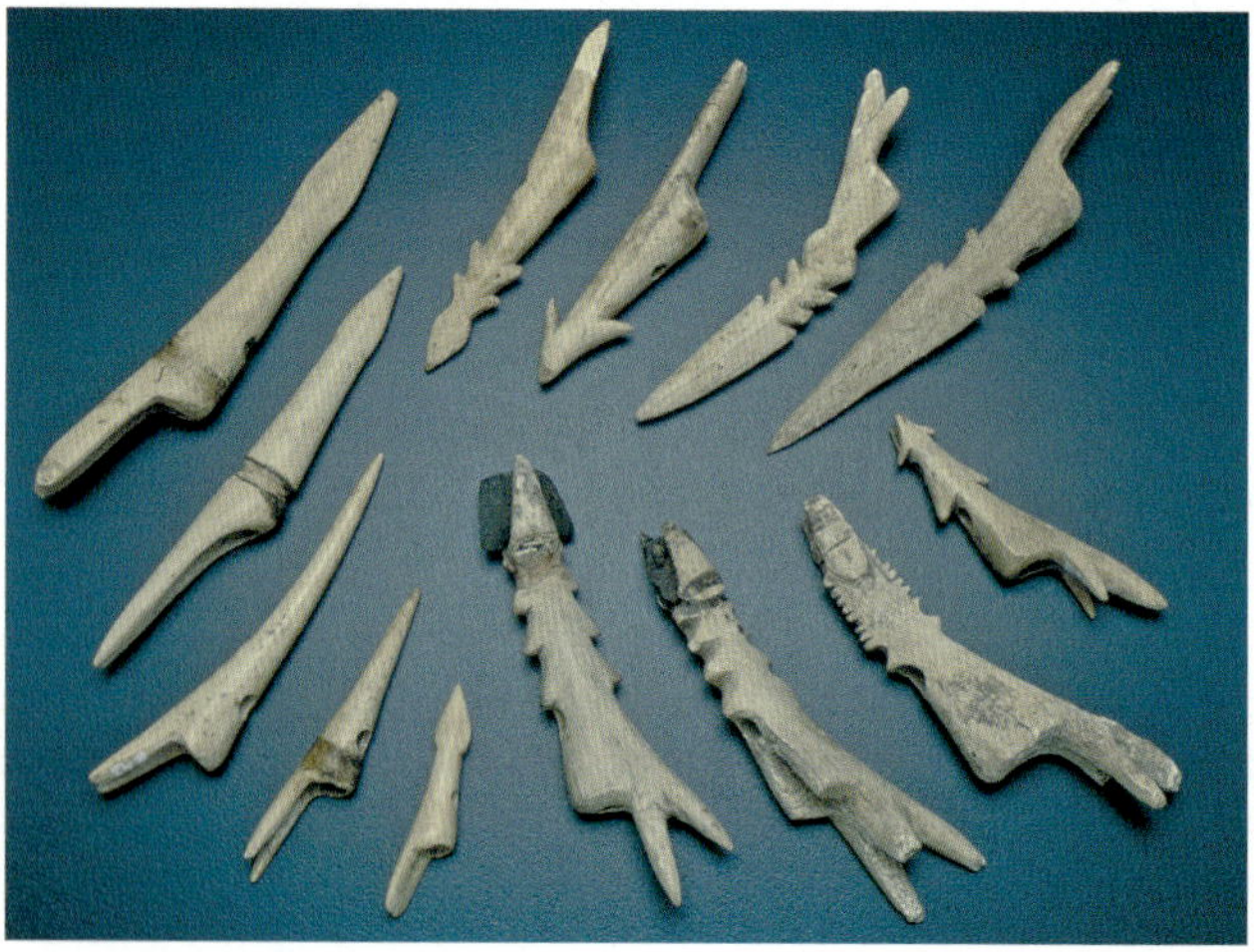

宮城県沼津貝塚の離頭銛（東北大学文学研究科所蔵，菊地美紀撮影）

親潮の流れる豊かな海で，東北の縄文人たちは大型魚類や海獣をも生業経済に組み入れていた．その形から燕尾形離頭銛と呼ばれる骨角製漁具は，カエリを持ち獲物に命中すると柄からはずれる．石鏃もはめ込まれ，刺突力を上げる工夫がなされている．縄文時代後晩期には水産資源への傾斜が増大し，各地で大規模な貝塚が形成された．

東北の古代史 1

阿子島香［編］

北の原始時代

吉川弘文館

目 次

1　序　石器時代の東北

序　石器時代の東北

阿子島　香

北の原始時代の理解を目指して

はじめに、本巻書名『北の原始時代』について、編者として説明したい。アジア大陸の東に長く伸びる日本列島のなかで、東北地方は北と南の接点的な位置にある。それは弧状に連なる列島の北半というだけの位置ではない。日本海は、韓国などアジアからの視点では「東海」と呼ぶにふさわしい内海といえば言い過ぎになろうが、東北地方の位置はまさに大陸からサハリンをへて南下し北海道に連なる部分と、韓半島東方にある東西方向の細長い陸地をへて、中部関東地方から北方へ向かい屈曲する部分との間に存在する。よく知られていることではあるが、現在の地形と氷河時代の地形とは大きく異なっており、寒冷な氷期には海抜で一〇〇メートル単位での海面低下が長期間継続していた。寒冷期には陸橋ならぬ氷橋も想定内である。東シナ海は相当陸地化し、朝鮮海峡は小さく航海ができる「新人」（現生人類）にとって障壁ではなかった。北海道まではサハリンから地続きで、また九州島は、韓半島方向と南西の台湾島方向との二つの文化的流れの接点であった。陸地拡大の程度は、海岸線の急傾斜度や沖積地《ちゅうせきち》の埋積速度によって相違するのであるが、いったん現代日本人の持つ土地勘から離れて東北地方史を見直す必要があるわけである。

本巻で対象とする時代は、日本列島に初めて人類が足を踏み入れてから、稲作農耕文化が東北に波及するまでの間である。日本国歴史学の時代区分では、旧石器時代から縄文時代と呼称している。「原始時代」は、世界的には「先史」(prehistory)と呼ばれることが多い。この間、食料資源をはじめ人類の生存基盤となっていた動植物、またその基盤となっていた生態的相関を有する自然環境全体、さらにその前提となる土地の形そのものが、大きく変動している。この時代、人間集団の生存は、環境条件に対する適応能力に大きく依存する。それはアメリカの新進化主義人類学者L・A・ホワイトがかつて指摘したように、自然的な身体の適応以上に、人類の象徴能力にもとづく文化的システムによる適応なのである(L. A. White 1987)。このような時代の東北地方における人類の適応状況を、多角的に照射しようというのが、本巻編集にあたっての基本的視角である。それは、東北地方が北からの環境の広がりと南西からの環境の広がりとの、接点的な位置の北側に存在することから、旧石器時代から弥生時代の開始までを通じて、環境の変動と人間集団との関係に焦点をあてることは、地域史としての基本視座になるだろうと考えるからである。それはまた日本国の東北部という視点をいったん捨象し、現在の国境はないものとして、アジア大陸の東端の弧状列島地域の北半という視点から、東北史を新たに見直す試みでもある。

国の中心と辺境、文化的な中核地域に対しての周辺、といった「地域の後進性」ないし逆の発想の

「遅れてはいなかった」という見方では、多彩な日本列島の各地域史を的確にみていくことができない。東北の先史・古代の考古学の先行研究をみると、東の縄文・西の弥生（文化的中核地域として）、稲作農耕波及の後進性ないしその否定論、古墳文化の北方拡大史観、続縄文《ぞくじょうもん》文化への消極的評価、律令国家の統治側による蝦夷《えみし》論などのパラダイムから派生した個別研究は、枚挙にいとまがないほどであり、東北地方を特別な境界地域とみなす史観にあふれている。本巻では、そのようないわば中央からの特別視をやめ、多彩な環境条件の下で諸地域が並立し、それらが変遷していくという日本列島のなかでの、固有の一地域としてとらえ、ほかと比較していくという原則的立場をとりたい。

考古資料の性格と統合的文化という視座

本巻が対象とする原始時代は、先史時代であり、歴史史料としての文書が存在していない。従って、ほとんどすべての歴史叙述は、考古学によって地中から掘り出された資料にもとづくことになる。このことは自明かもしれないが、実は非常に困難な課題を伴うのである。それは、考古学の資料は当時の生活全体からみれば、きわめて断片的であり、かつ不均質なものであるという点である。人間集団の歴史を、文化・社会として考えてみると、物質文化という領域の、比較的残存しやすい部分が、幸運にも調査対象となり分析された一部分にもとづくという、頼りない状況がある。

しかしながら、この時代地域に残された実証的な証拠として、これまでに蓄積された考古資料は、膨大な量にのぼっている。特に、一九七〇年代以降に、文化財保護体制の社会的整備と、波はあっても継続をつづけた日本国の経済成長の産物として、発掘調査され社会に公開された資料の量は、世界でもトップクラスの密度と水準を誇っている。しばしば批判される点として、一般に考古学研究者は、事実報告と集成は得意であり緻密であるが、歴史的解釈を意識的に避ける傾向があるということがいわれる。考古資料にもとづいて、どれだけ当時の文化・社会全体を語ることができるだろうかとの自らの疑問に対しても、一つの試みとして本巻編集に関わったつもりであった。東北の古代中世について、この数十年の個別研究の集積を踏まえて新たに見直すという、本シリーズの趣旨をかんがみて、蓄積され集成された考古資料の解釈の次元に踏み込みたい。

文書史料が存在しないのであるから、史料による検証ができない。この時代では、文献史学と考古学との協業ができないので、考古学者側は慎重となり、論理の飛躍を避け、資料の記載と実証の深みに沈潜《ちんせん》するという傾向が長くつづいてきたのではないだろうか。考古資料自体は常に沈黙しているので、その解釈を誤った時、それを検証していくのは事実上難しい。問題のレベルは違うが、編者が専門とする旧石器時代研究における、あの「旧石器遺跡発掘捏造《ねつぞう》問題」(二〇〇〇年発覚)の反省と自戒が、改めて思い起こされる。しかしながら、現在までに集積された考古資料にもとづいて、日本列島のこの地域の歴史叙述は、実証性を失わずにどこまで可能であるのだろうか、本巻が一つの試みとして評価されることがあるならば望外の幸せである。

原始時代史の統合的文化理解について、以上述べた考古資料の断片性と、非均質性、沈黙性ということに関し、若干補足したい。統合性とは、人類学、特に文化人類学における文化の全体的統合性という意味で用いている。マリノフスキーらにはじまる機能主義人類学以降の、人類学の基本的概念である。文化は統合された全体であるという考え方にもとづいて、断片的な考古資料からであっても、文化全体の理解を進めることは可能であるという立場にもとづいている。これは、アメリカの現代考古学において中心的な潮流となっている「プロセス考古学」学派の基本的な考え方である。プロセス考古学の確立者であったL・R・ビンフォードの考古学理論は、ミシガン大学で新進化主義を標榜したホワイトの文化理論と軌を一にしていた。人間集団の文化を、技術的、社会技術的、思想技術的という三階層のサブシステムとしてとらえ、文化全体は環境に対する身体外的な適応手段という視点で、人類に普遍的な文化進化の法則を追究するという立場であった（L. R. Binford 1972）。考古資料は物質的な形跡に限られるものながら、文化の統合性を根拠にモノに残らない社会的・思想的な実態を復元できるとする方法論である。本巻の各章で、環境変動と人類、人間集団の間の関係、モノ資料に探る精神的側面、同じ集団が残した遺跡遺物に認識される多様性などの諸点が強調されているなら、それは編者の意図する文化理解の方向に沿ったものである。

氷河期東北における適応戦略

適応戦略とは、先史時代研究で近年世界的に理論的課題とされてきたadaptive strategyの直訳である。日本語としてなじまないとの意見もあるので、一般には日常語に近い適応方策ともいっている。人間集団が所与の環境下において、いかに合理的に文化を維持し集団の再生産を継続してきたかという視角で、統合的文化を復元していく方向といえる。具体的分野に例をとれば、石器をはじめとする技術の体系が、どのように異質の諸要素を構成部分として組織化し、集団全体の適応様式に整合するものとなっているか、といった「技術的組織論」などがある（L. R. Binford 1983）。この用語も organization of technology の直訳だったので、よりわかりやすいという「技術組織」というようになった。語句はともかく、環境条件が厳しく技術水準の限界が大きい時代に、より有効な研究上の概念である。石器時代の環境は一定でなく大きく変動していたわけだが、繰り返す環境変動のなかで人類の対応は一様でなく、固有の時代性を有していた。すなわち、適応戦略論は、決して環境決定論ではない。本巻の対象とする時代地域での、課題をいくつかみてみることとしたい。

氷河時代は氷期と間氷期《かんぴょうき》に区分され、百数十万年前から約一〇万年くらいを単位とする周期で繰り返している。現在の私たちは、新たな間氷期に入ってから一万年ほどのところにいる。氷期の最寒冷期から急激な地球温暖化が起こり、しばしば現在よりも温暖な気候に至った。間氷期は寒暖の波を持ちながら次第に寒冷化に向かい、やがて最氷期に至る。人類が日本列島に現れたのは、最後の間氷期になってからであり、約一三万年前以降のことであった。地質学的にはリス・ウルム間氷期、地球科学的には海洋酸素同位体ステージ5e期以降である。これは、アフリカで進化した新人（現生人類）が約六万年前以降に全世界に拡散したという「アフリカ起源説」による年代よりも古い。しかし、一〇

○万年以上も前にさかのぼるアジア大陸よりもずっと新しい人類形跡である。なお詳しくは第一章で解説するが、列島最古の人類形跡については、異論も多くあり、いわゆる前期旧石器問題にはコンセンサスは得られていない。

この時代の適応戦略論では、約四万年以降の後期旧石器時代との遺跡・遺物の量的・質的な差が問題とされる。関東地方の立川ローム層最下部（X層）の文化層以降の遺跡密度、また石器の技術的洗練に比して、全国各地で前期旧石器と報告されているものが、あまりにも稀少かつ粗雑であるとの批判である。編者は少なくとも五万〜七万年くらいより後は、日本列島には新人以前の段階の人類集団が、断続的にではあっても渡来していたと考えている。あまり適応には成功しておらず集団絶滅も繰り返されたであろうが、しかしアジア大陸と共通性を持つ石器群が、日本列島的な変異を生じながら製作され、わずかに発掘されていると考える。新人の文化的適応能力を基準にして、それ以前の遺跡・遺物を評価していく方向性には疑問がある。また東アジアではヨーロッパとは異なり、旧人と新人の交替に加えて、それ以前の考古学的伝統（石器文化）の継続性を説明していかなければならない。

後期旧石器時代の適応戦略論では、東北地方の豊富な資料に裏づけられて非常に多くの問題が追究され、考古学にもとづく歴史叙述への突破口となりつつある。旧石器時代は資料内容が少ないだけ、逆に考古学そのものの方法論自体が問われる時代でもあり、従ってそれ以降の各時代研究にも資するとの見方は、若手研究者にも多く持たれているように思う。石材環境と技術組織の研究、空間分布と人間行動復元の研究、集団の移動性と遺跡間変異（多様性）の研究など、多岐にわたる課題が追求されつつある。

東北地方日本海側では、草薙《くさなぎ》層などの良質な頁岩《けつがん》産地が顕著であり、石刃《せきじん》技法が発達した。寒冷な気候下での長距離かつ頻繁な移動生活様式は、重量物運搬の負担を軽減できる石刃技法の発達と整合的であったといえる。東北地方を、良質な石材に乏しい関東地方と比較することで、関東平野周辺山地の緻密質安山岩《あんざんがん》などの流通や、遠方から入手せざるをえない黒曜石《こくようせき》利用の実際と、その変動に探る時期の特徴など、多くの知見をもたらす。関東もまた固有の一地域であり、後期旧石器時代人類の技術的適応の標準とはいえないことが知られる。しかしローム層の深い堆積《たいせき》があるので、全国編年基準というよりも、同時期の人間集団の適応様式における地域内多様性の研究に、有効な地域として考えられる。東北地方でも、太平洋側では、在地で得られる玉髄《ぎょくずい》や流紋岩《りゅうもんがん》など各種の多様な石材利用と、頁岩との関係は大きな課題である。

東北縄文人の集落と社会

東北地方縄文文化の遺産の豊かさには、圧倒的なものがあり、日本考古学のなかでも特筆される時代地域である。明治時代以来の長い考古学史のなかでも、東北の縄文は重要な研究分野でありつづけ、著名な遺跡も多い。しかし、現在に認められる資料の量的な豊富さが得られたのは、一九七〇年代以降といっても過言ではない。国土交通網の整備（高速道路と新幹線）、地域開発（国道バイパス、大規模団地、工業化）その他により、「周知の遺跡」の現状変更すなわち遺跡破壊の代償として、「記録保存」が大規模化し、それに対応して自治体の機構整備による「行政考古学」が、発掘調査と報告書作成の量的中心となった。このような事情は全国的に共通するものであるが、特に東北は縄文時代の遺跡がもともと多いので、大量の資料が蓄積された。集落遺跡の全面調査や、交通網の経路に沿う全体調査などは、それ以前には考えにくいことであった。ただし今でも学術的調査については、その規模は以前とあまり変わらない。調査の増加は、それだけ大量の埋蔵文化財が消滅することをも意味するが、いっぽうで面的な資料が蓄積されるので、どの時代についても地域内部での、遺跡内容の多様性が検討可能となってくる。目立った有名な遺跡、大規模集落などをいっぽうの極とすれば、別時代たとえば古代の集落の下層に、少しの縄文時代遺構や土器の出土があり、その時代の生活の一端がわかるという状況まで、遺跡の実態が連続的に存在する様子が明らかになるのである。

縄文人の集団が適応していた領域の内部について、かなり網羅的に遺跡の多様性がわかることで、具体的な集団の生活様式を考察することができるようになってきた。東北地方の縄文文化といえば、筆頭にあげられるのはやはり前期から中期に大規模化した特別なムラの、青森県三内丸山《さんないまるやま》遺跡であろう。ほかにも、亀ケ岡《かめがおか》文化の代表的な遺跡として青森県是川《これかわ》遺跡、後期の秋田県大湯《おおゆ》環状列石など、各県の大規模遺跡が思い浮かぶ。

しかしながら、縄文人たちの社会的ネットワークはどのようなものであったか、拠点集落の周囲にはどのような地点が、どのような種類と規模であったかという、土地利用の実際や、物資の流通はどのようなメカニズムで実行されたかといった多くの問題は、代表的な集落遺跡から、断片的な遺構や遺物までを、全体として総合的に考えていくことで、はじめて解明に赴くのである。本巻では、人びとが実際に残した遺跡遺物の全体を総合的に考えていく立場の重要性を強調したい。

縄文文化の研究では、時間の物差しを与えるものとして、土器の編年研究が重視されてきた。一九三〇年代の層位的編年研究の確立以降、現在も縄文時代研究の主流として、土器研究は大きな分野でありつづけている。いっぽうでは、さまざまな自然科学的な分析や、集落論などの資料集成研究、土偶などの遺物各説など多様化した研究が並行している現状がある。近年しばしば、土器の研究が旧態依然のものという批判を受けることがあるが、これだけ精緻に、ある文物の分析が進められている事例は、おそらく世界にほかにないといっても、過言ではないだろう。東北地方の落葉広葉樹林帯の自然の恵みのもと、非常に地域性が強い文化が、内部的多様性を伴って、変動した約一万年間の研究では、土器研究が今後も中核の一つであることは変わらないだろう。土器には、さまざまな社会的な属性が内在しているので、実証的にメッセージが読み取られることを待っている。

以上、編者の理論的立場に引き付けて、本巻の対象時代について考えてみた。「遺跡・遺物の語る声に耳を傾けよう」と、学生諸君にはよく問いかけているのであるが、それは具体的な方法により、実証性を堅持した歴史叙述に向かうという、たいへん困難な課題でもある。

　このような前提に立って、本巻では原始時代の文化の実態を明らかにするべく、次のような個別的テーマを中心にしつつ、通時的な画期を念頭において各時期の新しい叙述を試みる。

本巻の構成

　第一章「氷河時代の人類生活を探る」では、東北地方のみにとどまらず、日本列島最古の人類形跡の追究を振り返り、何が問題点となっているのか研究の現状を考察する。また考古資料は自ら語らないという性格を超えて、静的な資料に雄弁に語らせるための方法についても考える。

　第二章「旧石器人の装備と変動」では、後期旧石器時代東北日本の石器群の内容と編年研究の現状を解説する。石器製作技術と素材としての岩石、さまざまな利器の組み合わせの意義、石刃技法の消長と段階、地域間や遺跡間での変異と人間集団、気候変動や活動内容との関連など、石器と人間との関係に焦点を合わせ論じる。

　第三章「地球温暖化と縄文的適応へ」では、約一万八〇〇〇年前にはじまる氷河時代末期の環境変動期を通して、人間集団の適応戦略を考察する。従来の旧石器・縄文の時代区分にとらわれずに、細石刃文化期から、縄文草創期、早期末葉までを通史としてとらえ、いわば完新世《かんしんせい》適応の日本版としての「縄文化」のプロセスを詳述する。土器の出現とその意味、石器群の変容と多様性、集落の実態と水産資源の意義、移動生活から定住への変換など、環境と人類という視点で東北をとらえ直す。

　第四章「東北縄文集落の姿」では、北上川《きたかみがわ》流域の前期・中期・後期を中心に、東北の縄文集落の様相について、数量的操作を加えながら明らかにする。集落の分布、内容構成、変遷、時期差、環境など、多方面から東北地方の集落の特質と、その多様な変異をもたらした要因について論じる。

第五章「縄文土器と原始社会」では、東北地方の縄文土器探求の歴史をたどりつつ、前期・中期・後期を中心に編年と地域性研究の到達点を論じる。大規模な遺跡の土器研究の事例、土器胎土分析の方法と成果も解説し、当時のムラにおける人びとの生活を実証的に描く。

第六章「亀ヶ岡文化の実像」では、東北縄文文化の華とも称される亀ヶ岡文化について詳説する。その時空的な広がり、土器の内容と変化、デザインと工芸の洗練、集落遺跡の状況、呪術と社会など、いわば「亀ヶ岡文化民俗誌」的な総合理解を提示する。

第七章「東北アジアのなかの東北先史文化」では、本州島北東部（東北地方）の先史時代を、アムール川下流域や沿海地方などを中心にして、広く東北アジア新石器時代の諸文化との比較という脈絡で見直す。共通点や相違する面の検討から、東北日本の特質を考えていく。

また、第二章、第四章、第五章の末尾にコラムを設けて、年代測定と暦年への補正、貝塚遺跡の特色、形質人類学からみた縄文人についての解説を加え、通史の理解を補足した。

私事であるが、編者はプロセス考古学理論の泰斗《たいと》であったニューメキシコ大学（留学当時）のビンフォード先生に学ぶ幸運を得て、以来日本列島でもこの理論を中核として研究、そして教育を進めてきた。今回の編集にあたっては、編者が大学院で担当した講義や演習をはじめとする研究指導の機会、また共同研究や交流の機会を通じてなど、この学派について思考を深めてきた後進を中心に、執筆をお願いしたところである。各執筆者の研究方法と理論的立場、考古資料の取り扱いがそれぞれ独自のものであることはいうまでもないが、過去の歴史叙述について編者との一定の共通理解を期待してのことである。本書が、帰納論的方法に固執してきた日本考古学による東北地域史という限定をある意味で乗り越え、歴史叙述をめざす新しい日本考古学へ向けての、ささやかな一石となることを望んでいる。

なお、本巻編集にあたり、年表について菅野智則・鹿又喜隆氏の、口絵について鹿又氏・澤田純明氏の協力を得た。記して感謝したい。

一　氷河時代の人類生活を探る

阿子島　香

1　本州島北東部の初期的適応

列島最古の文化の探求

本章では、本州島北東部として関東地方以北、特に北関東を含めて考察の対象としたい。それは、列島最古の時代の研究史を紐解くとき、また研究現状を考えるとき、北関東地方の重要性が際立っているからでもある。近代日本考古学がモースによる大森《おおもり》貝塚の発掘で産声をあげてから、縄文文化は長い間にわたって日本列島最古の文化とされてきた。英国人医師マンローによって神奈川県酒匂川《さかわがわ》の段丘礫《れき》層で発掘された古い石器の指摘、喜田《きた》貞吉《さだきち》による大阪府国府《こう》遺跡での大型粗製石器の指摘、直良《なおら》信夫《のぶお》による明石原人の発見ほか、縄文時代をさかのぼる人類が日本列島に生息していた可能性の探求は、一九四九年の群馬県岩宿《いわじゅく》遺跡の発掘調査によって、ようやく日の目をみた。縄文時代以前の列島は、火山の噴火などで到底人類が住める状況ではないと考えられていたので、発掘調査も赤土であるローム層に達すると終了で、下層の調査は実施されない通例であった。学界の定説にとらわれることがなかった相沢忠洋《あいざわただひろ》が新たな研究分野を拓いたのであった（芹沢、一九八二）。

旧石器時代遺跡の発掘と編年研究は、一九五〇年代を通じて目覚ましく進展し、六〇年代には現在の研究枠組みの基礎ができた（杉原編、一九六五ほか）。しかし、発見され調査された遺跡はほとんどが、ヨーロッパの時代区分でいう「上部旧石器時代」（Upper Palaeolithic）に属するものであり、それ以前の石器については認識されていなかった。一九六四年に大分県早水台《そうずだい》を発掘調査した芹沢長介は、海岸段丘上の遺跡立地と出土石器の型式学的・技術的特徴にもとづいて、早水台は一〇万年以上前にさかのぼるものとし、中国周口店《しゅうこうてん》の北京原人遺跡との類似を指摘した。そして三万年前よりもさかのぼる時代を「日本の前期旧石器時代」として時代区分を行なった。しかし学界では早水台出土の石英《せきえい》脈岩《みゃくがん》、石英粗《そ》面岩《めんがん》製の石器を認めない意見が多く、芹沢はさらに北関東地方でローム層下部の発掘調査をつづけた。群馬県岩宿遺跡D地点、栃木県星野《ほしの》遺跡、向山《むこうやま》遺跡、大久保《おおくぼ》遺跡などが発掘されて、チャート（珪岩《けいがん》）の資料が大多数である「珪岩製旧石器」として報告されたが、学界の多数が認めるところとはならず、「前期旧石器存否論争」となり、その決着がつかなかった。斜面堆積である崖錐《がいすい》堆積物のなかで自然に生成された「偽石器」であると批判された。芹沢は研究をつづけ、星野遺跡は一九七八年の第五次発掘まで調査が継続された。第五次調査のEトレンチは、現在栃木市により「地層探検館」施設として整備され公開されている。

旧石器遺跡発掘捏造問題とその後

いっぽう、宮城県内では「石器文化談話会」というグループが中心になって、石器時代の遺跡遺物の共同研究を行なっていた。同会は宮城県座散乱木《ざざらぎ》遺跡の三回の発掘調査を行ない、確実な旧石器が確実な層位から出土したとして、一九八一年に「前期旧石器存否論争はここに終結した」と結論づけた。同会に参加していた藤村新一（後に東北旧石器文化研究所副理事長）は、次々に石器の「新発見」をつづけて、発掘では必ず石器を掘り当てると評判になり、宮城県馬場壇《ばばだん》A遺跡、高森《たかもり》遺跡、上高森遺跡をはじめ多数の旧石器時代遺跡の発掘に関与した。日本列島の人類の居住は、約七〇万年前までさかのぼるとの誤った考え方が広がり、教科書や概説書にも掲載された。毎日新聞のスクープにより、上高森遺跡での発掘捏造が報道され（二〇〇〇年十一月五日）、社会に大きな衝撃を与え、学界を震撼させた。そして日本考古学協会が中心となって検証活動が進められ、二〇〇三年に総括的結論が公表された（日本考古学協会編、二〇〇三）。藤村関与遺跡は、ほぼすべてが学術的な価値を有しないと結論づけられた。九都道県で、計一六六ヵ所が学術的資料として扱うことは不可能という結論であった。旧石器を専門とする研究者や学会が、想定外とされた行為に全く騙されてしまった問題であった（私事ですが、編者自身も研究活動のなかでこれらの遺跡の多くに関わりがあり、捏造行為を見抜くことができなかったことに対し、反省と自戒を新たにするものです。なお、その後は発掘捏造行為は再発しておりません）。

このようにして、前期旧石器研究は、一九七〇年代の研究状況まで後退してしまった。日本列島に新人（現生人類）が渡来したのは約四万年前にさかのぼることで、アフリカに起源する新人類が西アジアから南アジアをへて、東南アジアとオーストラリア大陸、また東アジアへと拡散していった世界的な流れともよく一致する。関東地方で立川ローム層の最下部（X層）段階に並行する遺跡は、全国各地で多数認められ、編年研究、型式学、技術研究が進行している（明治大学博物館、二〇一二ほか）。後期旧石器時代を通してみると、遺跡は全国で一万四〇〇〇ヵ所以上も確認されている。しかし後期旧石器時代をさかのぼる文化については、その存在について学説が分かれたままである。その後一四年の間に、新たな調査や旧発掘資料の再検討も進められ、アジア大陸でいう時代区分で中期旧石器時代（約一三万〜四万年前）の文化との比較も視野に入れ、新たな研究が進行しており、大きく報道された所、学会で反響を呼んでいる所もある。いっぽうで、後期旧石器以前の文化の存在について慎重な考え方も強く、日本列島においては新人の段階になって初めて人類が渡来したという立場を取る研究者も多い現状である。

氷河期の盛衰と人類形跡

日本列島における最も古い人類居住の形跡は、最終間氷期（リス・ウルム間氷期）にさかのぼるとする考えもある。氷期のサイクルは、一九世紀以来のヨーロッパ・アルプスでの氷河地形の地学的な編年が基準になってきた。ギュンツ、ミンデル、リス、ウルムの四大氷期、最古のドナウ氷期を入れて五大氷期の編年は、対応する氷河地形の対比と合わせて、世界各地で標準とされてきた。これに対して一九七〇年代以降は、別分野である地球科学による海洋酸素同位体ステージ編年が大きく発展し、旧石器時代の考古学においても、次第に酸素同位体編年が基準とされるようになった。この方法は、深海底などから地層の長いコアサンプルを採取し、その深さと放射能による年代測定とを組み合わせ、中にある有孔虫《ゆうこうちゅう》という生物化石に含まれる重い酸素18の量から、当時の海面変動を復元するという原理である。海面の高さは、氷河の形で地上に固定された水分量を反映するので、そこから長期的な気候の寒暖変動を推定することができる。寒冷な時期には偶数ステージ番号、比較的温和な時期には奇数ステージ番号が付され、氷期と間氷期との周期は編年的に整理されている。

　地学的な古典的方法は、古い時期になるほど地形対比や編年的位置づけが難しくなることもあり、近年は酸素同位体ステージを基準にしつつ、氷期編年と対比するという方法が標準的になった。最終間氷期の開始は、酸素同位体ステージ5eにあたり、年代は約一三万年前とされる。気候的にはこの時期、一時的に現代よりも温暖な世界であったとされる。日本列島にも広く認められる古赤色土壌は、この温暖な時期に生成されたと推定されている。その後、約七万五〇〇〇〜六万年前がステージ四の寒冷期、約二万八〇〇〇〜一万二〇〇〇年前がステージ二の寒冷期（ウルム氷期の最氷期）という標準曲線が広く用いられている。

　アジア大陸では河北省《かほくしょう》と山西省《さんせいしょう》にまたがる泥河湾《でいがわん》盆地内で、小長梁《しょうちょうりょう》・東谷坨《とうこくだ》など一〇〇万年前を超えるとされる遺跡が調査され、また北京原人の周口店洞窟遺跡では、五〇〇万〜二〇〇万年前頃を中心に棲息していた。韓半島では、ハンドアックスなどの両面加工石器を出土した遺跡が多数あり、ユーラシア西部のアシュール文化との関係が論じられている。ソウル北郊の全谷里《チョンゴンニ》遺跡が代表的である（年代については諸説ある）。寒冷期の日本列島は、北方ではサハリンから北海道、南千島までが大陸と地続きで、古北海道半島とも呼ぶ。西方は、九州、四国、陸化した瀬戸内海、本州は、大きく古本州島とも呼ばれる。津軽《つがる》海峡と朝鮮海峡は、寒冷期にも開いていたとされる。日本海は海流の流れが弱いこともあり、列島は日本海沿岸を含めて乾燥かつ寒冷な気候が支配した時期が長く、旧石器時代の文化の変遷の諸段階は、現在とは異なる環境との関連で考察されている（佐藤、二〇一三ほか）。

大陸と比較したとき、日本列島地域での古人類の適応放散は、かなり遅滞していたということができる。しかし最古段階の人類遺跡として、古赤色土壌との関連で最終間氷期までさかのぼる可能性が指摘されている。愛知県加生沢《かせいざわ》遺跡、岐阜県西坂《にしざか》遺跡があげられる。大型の両面加工石器を特徴としているが、縁辺加工の小型石器も多い（柳田、二〇一三）。時代区分としては、ユーラシア大陸では全般的に、一三万年くらい前で下部旧石器と中部旧石器（訳語の問題で、それぞれ前期と中期にあたる）に分けてきたが、ヨーロッパでも下部と中部の継続性を強調する考えも出ている（C. Gamble 1986）。日本列島の場合であるが、先述の研究史も踏まえて、当面「前期旧石器時代」として、新人類の渡来の波を契機に顕著な適応放散プロセスが進行した後期旧石器時代の開始期（約四万〜三万六〇〇〇年前）以前を総称しておくのが妥当であろう。

日本列島は火山列島であり、非常に多量の火山灰層が全域を覆っている。火山灰には広く分布する大規模な火山灰（広域火山灰）と、地域的に限られた分布を示す多数のローカルな火山灰とがある。両者を組み合わせることで、火山灰編年（テフロクロノロジー）が確立され、世界的にも高水準の研究が蓄積されている（町田　新井、二〇〇三）。代表的な広域テフラとして、姶良《あいら》丹沢《たんざわ》火山灰（AT）、阿蘇4火山灰（Aso-4）などがよく知られており、旧石器時代遺跡の編年対比にあたって、非常に大きな役割を果たしている。各地の旧石器時代遺跡の編年対比にさいしては、カギとなる意味を持っており、列島考古学の大きな特色ともいえる。

②　九州島から本州島北東部までの人類拡散

九州島から本州島北東部へ

大分県早水台遺跡は、旧石器の発掘以前から縄文早期の遺跡としてよく知られ、早水台式という押型文土器の標識遺跡でもある。一九六四年の芹沢長介による発掘は第五次調査となる。その後三六年をへて、遺跡の再調査が東北大学総合学術博物館により計画されていた。そのときに捏造問題が発覚したので、再調査は検証調査のような眼でみられることがあるが、本来は前期旧石器の出土層位と内容を再確認すること、および展示資料の充実を目的とするものであった。発掘は二〇〇一年二〜三月（第六次調査）、同年九月（第七次調査）、二〇〇二年九月（第八次調査）の三度にわたり実施され、報告書も刊行されている（柳田　小野、二〇〇七・柳田、二〇一二）。芹沢は二〇〇六年三月に急逝し、資料は遺族から東北大学に寄贈され、整理分析は柳田俊雄を中心に引き継がれた。

遺跡は別府湾を望む海岸段丘上に立地する。中位段丘上にあることから、基盤層は関東地方の下末吉《しもすえよし》段丘形成期（最終間氷期）に相当するとされる。第三層に姶良丹沢火山灰（ＡＴ）が検出されている。石器は第五層（褐色の安山岩角礫層）と第六層（黄褐色シルト層）から出土している。石器の空間分布の粗密や、自然礫との比率などの出土状況所見も勘案し、第六層に本来の遺物包含層が存在し、第五層は再堆積層の可能性が高い。第六・七次調査では第五層からの三三三点、第八次調査では第五～六層にかけての三九五点の出土資料が石器と判断された。第五層以上で検出された角閃石《かくせんせき》について、九重第一軽石《くじゅう》（Kj-P1）、あるいは九重下坂田《しもさかた》テフラ（Kj-Sm）と推定され、前者は五万年前より古く、後者は約一一万年前の降下とされている（早田、二〇〇七）。またＯＳＬ年代測定（光ルミネセンス法）では、第四～六層までが約三万年より古い（長友　下岡、二〇〇七）。従って、遺跡の立地と出土層位的には、少なくとも五万年前にさかのぼると考えられる。

出土した資料は自然石と人工品とに分類され、石器組成としては、大型石器と小型石器の両者から構成されるという特徴がある。チョパー、チョッピング・トゥール、両面加工石器、ピック、尖頭器《せんとうき》、ノッチ、プロト・ビュアリン、彫刻刀形石器、スクレイパー、楔《くさび》形石器などからなる。特に小型のスクレイパー類が目立つ。石器の素材は、多面体の石核から剝離された剝片類が多い。石器製作技術としては、表裏の両面から縁辺を互い違いに加撃する交互剝離、台石上で上下両方向の力で剝離される両極剝離が、特徴的に認められる。前者では側面観がジグザグ状を呈し、後者では相対する縁辺につぶれたような加撃面が認められる。これらの技術的な特徴は、中国や韓国の前・中期旧石器でもみられるものである。大型の両面加工石器には、ハンドアックスとして分類できる資料もある。基部側が大きくて丸みを帯びた形態で、自然面を残すこともある。このような特徴は、韓国のハンドアックスにも認められる。小型のスクレイパーは、調整加工が縁辺部に限られる周辺加工のものが多い。

代表的な石器を図1―1に示した。大型石器と小型石器の二グループに分けられるが、数量的には後者が多く、大型石器は一〇％以下である。石材は、石英脈岩、石英粗面岩を主体とするが、凝灰質《ぎょうかいしつ》安山岩、メノウ、石英、水晶、チャート、角閃石ヒン岩、碧玉《へきぎょく》と、少数ながら多様な石材が使用されている。

かつて芹沢は早水台について、大型両面加工の各器種を主体とする石器群ととらえ、約一〇万年以上前にさかのぼり、北京原人の石器と類似すると考えた。再調査の成果として、早水台石器群は、むしろ小型石器を中心とする全体組成であり、少数の大型石器が伴うという性格が判明した。年代は五万年前より以前と考えられるが、下限はまだ判然としない。石器製作の技術、石器組成、型式学的な特徴のいずれにおいても、韓国・中国の中期旧石器文化との類似性を指摘することができよう。中国

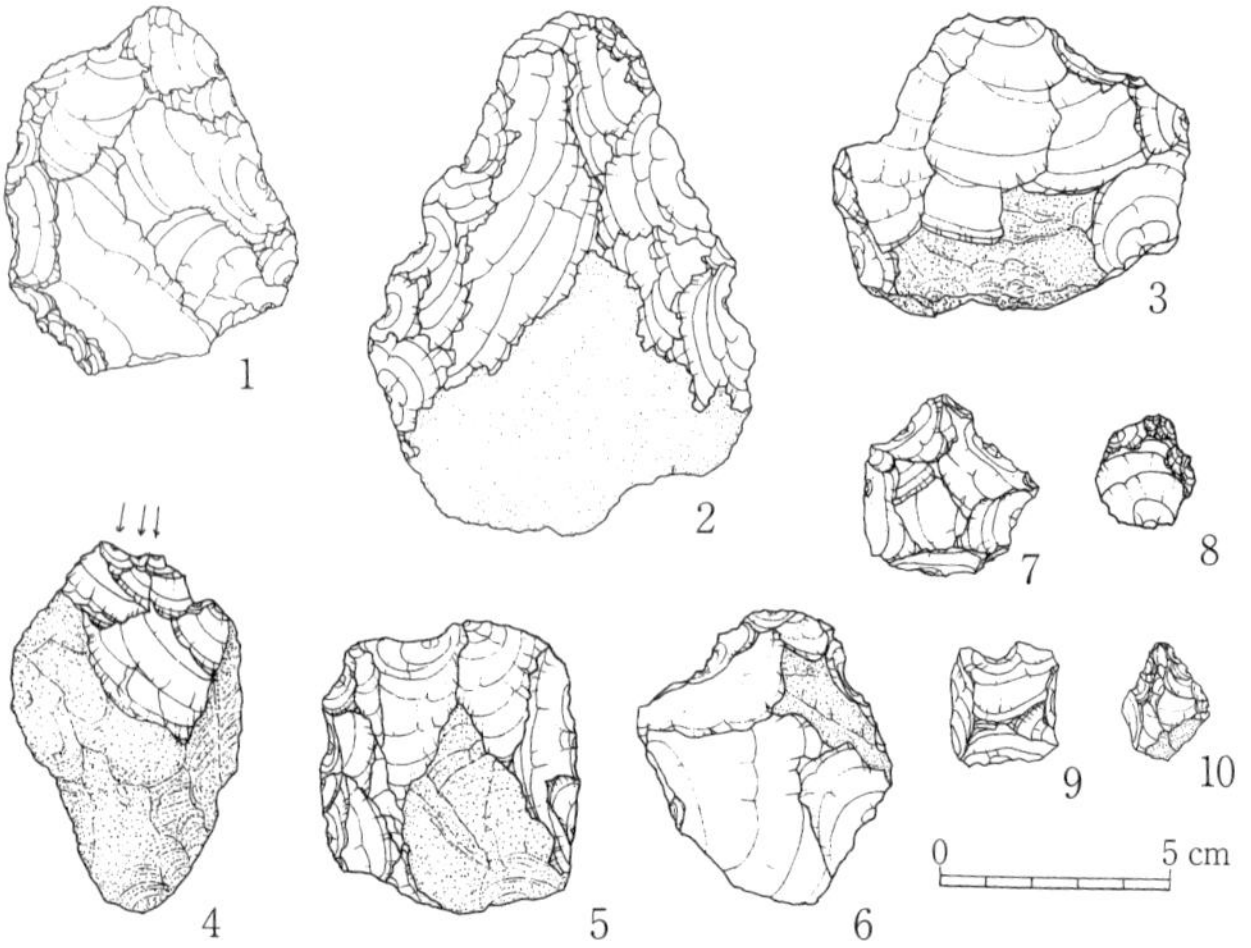

図 1-1　早水台遺跡第 8 次調査の出土石器（柳田 2011 より）
1・2 両面加工石器，3 チョッピング・トゥール，4 プロト・ビュアリン，5〜8 スクレイパー，9 ノッチ，10 尖頭器

科学院古脊椎動物与古人類研究所の李超栄は、早水台の石器を詳細に観察し、自身が調査した泥河湾盆地の山西省《さんせいしょう》許家窯《きょかよう》遺跡の石器群と比較考察している（李、二〇一〇）。許家窯遺跡からは古人類化石、動物化石、石器が大量に出土し、約一〇万〜一二万年前と年代測定されているが、中期更新世《こうしんせい》にさかのぼるとする説もある。石器石材、製作技術、石器組成にみる共通性から、華北地方から日本列島への系譜が論じられている。いっぽうで、許家窯文化に豊富な「球形石器」が日本には欠落しているという相違点も指摘された。

早水台との類似点を有する石器群は、熊本県人吉市大野《おおの》遺跡群D遺跡においても発掘され、報告がなされている（人吉市教育委員会編、二〇〇二）。調査・整理された時期がちょうど捏造問題の検証過程の時期だったこともあってか、同遺跡の評価については意見が分かれていた。九州島の大分県、熊本県で検出されている人類の初期的適応の形跡は、本州島北東部にもおよんでいる。次に、北関東と東北地方北部の事例をみてみたいが、五万～七万年前頃の日本列島の石器文化は、全体としてみれば東アジアに広く拡散していた中期旧石器文化の系譜のなかに位置づけることができ、比較しうる類似性と日本列島独自の特徴を合わせもっていると評価することが可能と考えられる。また関東地方の四万～五万年前の石器群を通して、日本列島における前期旧石器から後期旧石器への移行、連続的な面と断絶的な面の両者をみていくことが、今後の大きな課題と思われる。

北関東から東北の前期旧石器

岩宿遺跡を発見した相沢忠洋によって、群馬県内でも桐生市桐原《きりはら》遺跡など前期旧石器の存在が指摘されていた。生前に夏井戸《なついど》での資料実態を独力で解明しようとされたことも記憶される。正式な発掘調査ではないが、伊勢崎市権現山《ごんげんやま》遺跡、桐生市不二山《ふじやま》遺跡などで、両面加工のハンドアックス（石斧）、斜軸で複刃のスクレイパー類（尖頭器に含めることもある）が採集されていた。斜軸とは、石器の長軸と素材剝片の剝離軸とが傾斜した角度をいう。また、栃木県栃木市向山遺跡では、鹿沼《かぬま》軽石層を挟んで上下から文化層が検出されている（芹沢編、一九八〇）。鹿沼軽石層は、約三万年前と測定されていたが、近年の研究で約四万年前とされる。上層と下層とで、石器群の様相が異なることから、日本列島での新人類への交替プロセスに関しても重要な資料と考えられるが、遺跡が消滅してしまったことは残念である。

岩手県遠野市（旧宮守村）金取《かねどり》遺跡は一九八五年に発掘調査され、前期旧石器時代の遺跡と考えられる。捏造問題とは無関係であり、本州島北東部の様相解明にとって非常に重要な意義を有する。当初の調査区域は土木工事により消滅してしまったが、隣接区域および周辺地域において、考古学と地学の学際的で継続的な調査研究が行なわれている。第三文化層の石器集中部から、ホルンフェルス製の大型石器、珪質頁岩製の小型石器など四〇点が出土し、炭化物も検出されている。第四文化層で、楕円形石器、チョパー、チョピング・トゥール、スクレイパーなど八点が出土している。火山灰層から、第三文化層は約七万八〇〇〇～六万八〇〇〇年前より新しく、第四文化層は約八万年前頃とされ、理化学的年代測定では、第三文化層は約五万～二万年前、第四文化層は五万年前頃となっている（菊池編、一九八六・黒田編、二〇〇五）。

群馬県鶴ヶ谷東遺跡の発掘

群馬県桐生市鶴ヶ《つるが》谷東《やひがし》遺跡は、不二山遺跡の西〇・五キロに位置し、赤城《あかぎ》山《さん》南東麓の標高二三〇メートルの丘陵状にある。二〇〇四、五年に発掘調査が実施された（図1−2）。発掘を企画し指導した芹沢が故人となって後、発掘担当者が整理をつづけて報告書を刊行した（柳田　阿子島、二〇一五）。住宅地背後にローム層が重複して堆積しており、その崖際に二五メートルほど離れた南北二つの発掘区を設定し、層位的に三枚の石器文化層を検出した。石器の大多数はチャート製である。各文化層について、出土したチャートはすべて記録し回収した。自然礫か人工品かの判断を行なう前に、すべての資料を回収したのであるが、それは以前の論争史を踏まえてのことである。栃木市星野遺跡などの「珪岩製旧石器」について、斜面堆積物のなかで自然に生じた大量の破砕礫中に、たまたま石器のようにみえる「偽石器」が生じていたものを、石器と誤認したのではないのかとの批判があった。すなわち、石器と判断した資料はどの程度の数量の自然礫中に入っていたかを明確にする必要があった。

図1-2　鶴ヶ谷東遺跡の発掘調査（南区第1文化層）

第一文化層は、南区の第一一層でチョコレート色を呈する褐色ローム層（通称チョコ帯）から石器が出土した。赤城・湯の口軽石層の下位にある。第一一c層に、赤色の北《ほっ》橘《きつ》スコリアが混じる。一二六点を石器と判断した。その組成は、スクレイパー五一点、彫刻刀形石器一六点、ノッチ三点、錐形石器五点、石核一二点などである。第二文化層は、北区の第一四層（褐色粘土層）を中心に石器が出土した。両発掘区をつなげた崖面セクションの検討により、南区の第一文化層より下位にあることが確認された。九四点を石器と判断した。その組成は、スクレイパー一六点、彫刻刀形石器四点、ノッチ七点、錐形石器一点、楔形石器二点、石核一〇点などである。第三文化層は、南区の第一八層（明褐色シルト質粘土層）から石器が出土した。第一七層が、赤城・水沼第四軽石層にあたる。一七点を石器と判断した。その組成は、スクレイパー七点、彫刻刀形石器一点、石核二点などである。湧水がひどく、さらに下層へと発掘を進めることはできなかった。

テフロクロノロジーは、このようなフィールドで石器群を年代的に位置づけるさいに重要な役割を果たす。第六層が鹿沼軽石層（Ag-KP）、第八層が榛名《はるな》・八崎《はっさき》軽石層（Hr-HP）で約四万年前（約五万年の値もある）、第一〇層が湯の口軽石層（Ag-UP）、第一一c層に含まれる北橘スコリア（HkS）は、水沼《みずぬま》第一軽石層（Ag-MzP1）の直下にあるが、Ag-MzP1は星野遺跡で五万九〇〇〇〜五万六〇〇〇年と測定されている。第一八層は水沼第四軽石層の直下にあるが、水沼第五軽石層は、広域テフラである阿蘇4火山灰（Aso-4）、約九万〜八万五〇〇〇年前の上位にある。これらから、鶴ヶ谷東遺跡の第一、二、三文化層は、広域テフラである大山倉吉《だいせんくらよし》火山灰（DKP）、約五万五〇〇〇年前から、阿蘇4火山灰降下の間に位置づけられる。日本列島のほかの石器群との対比から、柳田はこの石器群を、海洋酸素同位体ステージ四に位置づけている。

図1―3に、鶴ヶ谷東遺跡最古の第三文化層からの出土石器を例示した。この遺跡の石器群の特徴には次のような点が認められる。

①調整加工が施された石器では、小型のスクレイパー類が中心といえる。多くは三チセン以下で、周辺

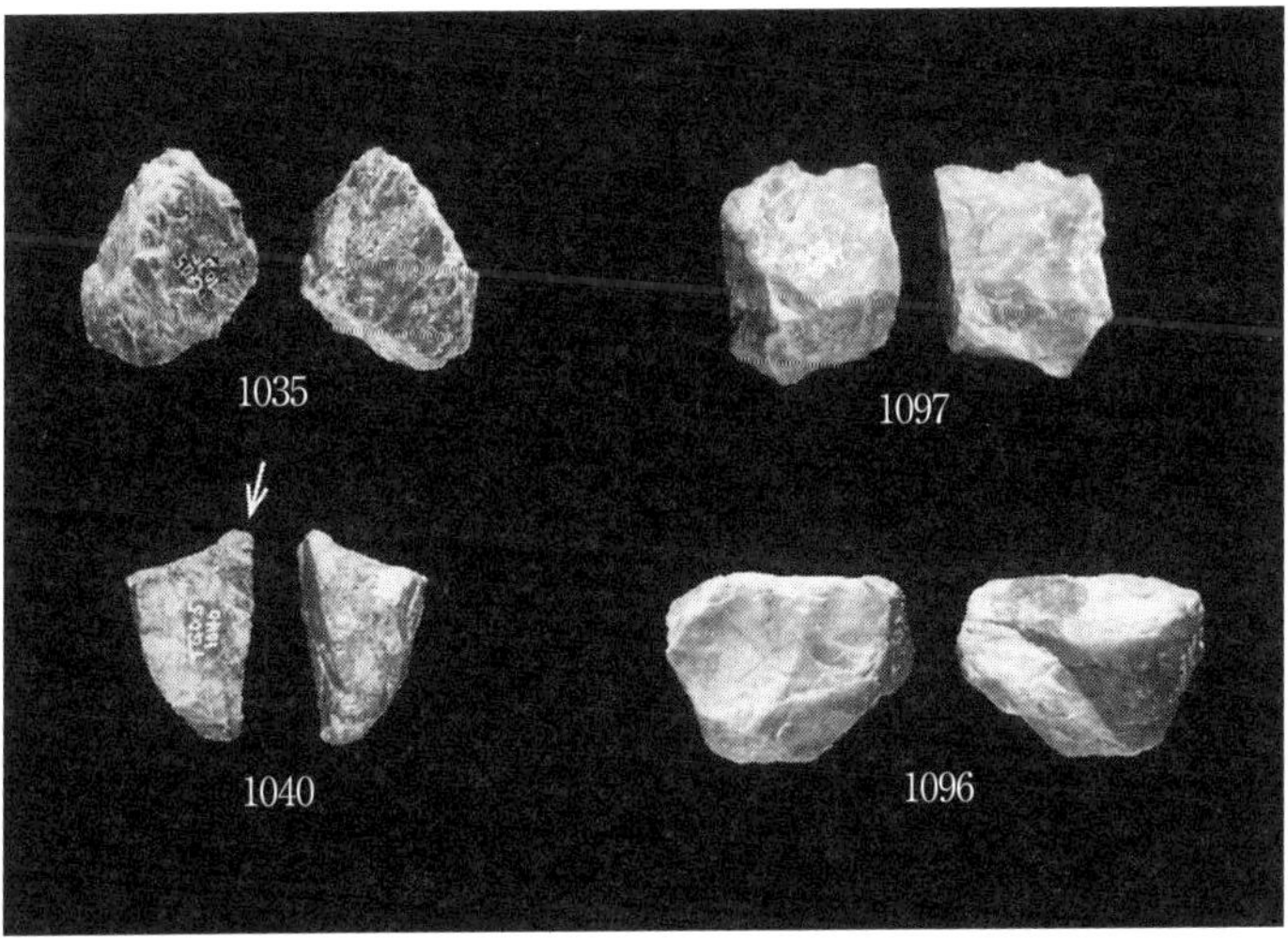

図 1-3　鶴ヶ谷東遺跡の石器（柳田 阿子島，2015）
1035・1097 スクレイパー，1040 彫刻刀形石器，1096 石核．右上長さ 2.6 cm

加工石器であることが多い。大型の石器は少ない。チョッピング・トゥールなどの大型石器、ハンドアクスなどの両面加工石器は組成しない。この点は、早水台遺跡などとは異なる様相といえる。

②スクレイパーは、大体一〜三㌢の小型品で、剥片素材の五㌢程度の中型品は稀である。

③二次調整は、刃部の縁辺に限定されることが多く、素材剥片の内部までおよぶことは稀である。

④多くの鋸歯《きょし》縁《えん》加工の刃部が存在する（深い加工が連続してギザギザ状を呈するもの。ヨーロッパなどで中期旧石器に多くみられる技術）。

⑤「交互剥離」技術による縁辺加工が認められる。

⑥石器石材は、ほとんどがチャートである。しかし、ほかの石材も少数存在する。

鶴ヶ谷東遺跡での注目すべき点としては、人工品の石器と判断された資料数と、チャート資料全体の数との比率がある。石器類（調整加工された石器、素材の剝片、砕片、石核の合計数）と、チャート資料数全体（自然礫すべてを含む数）との比率は、次のようであった。第一文化層では、一二六点の石器類（人工品と判断）に対して、三四三点の自然礫と二八点のチャンク（礫塊《れきかい》）。チャンクとは、先述した中国の李超荣が早水台で設定したカテゴリーで、人工品の可能性があるものの、剝片としての属性が明確でないものをいう。第二文化層では、九四点の石器類に対して、一三七点の自然礫と一一点のチャンク、第三文化層では、一七点の石器類に対して、一六点以上の自然礫という数であった。

これまでに報告された北関東の珪岩製旧石器遺跡においては、自然礫の数量が圧倒的に多く、調査資料の各ユニットで、出土資料の数千点のなかから少数の石器をより分けていくという作業が、整理作業の最初に必要な工程という実態があり、資料の評価に影響していたという面は否めない。筆者は、それは遺跡の立地が石材原産地タイプの遺跡であることからくる現象という解釈をしていたが、「前期旧石器存否論争」の大きな論点でもあった。

日本列島地域の初期人類史の追求へ

鶴ヶ谷東遺跡をはじめ、後期旧石器時代をさかのぼる可能性を持つ石器群の調査研究は、まだまだ途上にあり、容易に結論を出す段階ではない。しかしながら、日本列島における古い文化をありえないものと考え、それ以上の研究を自ら停止することが、科学の精神に反することははっきりしている。また研究者の多数派少数派、石器鑑定能力の個人的高低などに帰し判断すべき性格のものでもない。今後も当分の間は、両論併記の状況はつづくであろうが、むしろそれは科学にとって健全なこととはいえないであろうか。どの大陸にあっても、最古の文化については長い論争が展開してきた歴史がある。例えば北米大陸であるが、パレオインディアン文化は一九二六年のニューメキシコ州フォルサムでの発見以来、北米最古の人類文化とみなされてきた。その初めの文化期であるクロービス期（放射性炭素年代で、約一万一五〇〇〜一万一〇〇〇年前）が、長く北米最初の文化とみなされ、それをさかのぼる文化の報告は、大きな懐疑的な眼でみられた。ペンシルバニア州のメドウクロフト岩陰遺跡、南米ではチリのモンテベルデ遺跡など「プレ・クロービス」の文化が、広く学界のコンセンサスを得られるようになったのは、一九九〇年代以降のことであった。

捏造問題発覚後の反省と危機感のなか、二〇〇三年に日本旧石器学会が結成された。全国の専門研究者を組織し、着実に活動を展開させている。同学会の二〇一〇年総会におけるシンポジウムは「旧石器時代研究の諸問題―列島最古の旧石器を探る―」をテーマとし、最古級に位置づけられてきた石器群の様相を多方向から具体的に探ることとされた。方法論的な基調報告と、遺跡各論とからなるが、そこで検討対象となった遺跡名を紹介し、学会全体の公約数的な認識を確認したい。岩手県金取遺跡、山形県富山《とやま》遺跡、長野県野尻湖《のじりこ》遺跡群立ヶ鼻《たてがはな》遺跡、竹佐中原《たけさなかはら》遺跡、石子原《いしこばら》遺跡、静岡県ヌタブラ遺跡、

兵庫県西八木《にしやぎ》遺跡、島根県砂原《すなばら》遺跡、長崎県入口《いりぐち》遺跡、福井《ふくい》洞窟《どうくつ》遺跡、大分県早水台遺跡、熊本県大野遺跡群、宮崎県後牟田《うしろむた》遺跡の各遺跡であった。

国際的には、同学会は「アジア旧石器協会」（Asian Paleolithic Association）という、日本、韓国、中国、ロシアから構成される四ヵ国連合学会組織の加盟団体となっている。同協会は、各国持ち回りで研究大会の開催をつづけている。このような活動もまた、日本列島について国家の境界を一旦離れて、地球上の一地域という視点で見直すという本章の意図と、方向性を共にしている。

また、自然の産物である「偽石器」についての実証的な分析を積み重ねる必要がある。鶴ヶ谷東遺跡での石器（人工品）の認定は、従来の方法の枠組みを出るものではなく、かつての論争点を解決したわけではない。すなわち、一点一点の資料に認識される剝離面の特徴（バルブ、リング、打面など）を識別し、剝離面の組合せから、技術と型式を判断しているのである。今後必要とされるのは、さまざまな自然的な状況の下で、いかなる「偽石器」が生成するかという、一種の「ミドルレンジセオリー」（ビンフォードの理論。阿子島、一九八三）であろう。それは、個別資料の記載を超えた統計的な操作をも前提としなければならない。

二　旧石器人の装備と変動

沢田　敦

[1] 発見された東北日本の旧石器人類文化

一九四九年九月の群馬県岩宿遺跡の発掘によって、日本列島における旧石器時代研究が本格的に幕を開けた。しかし、これに先立つ同じ年の三月に山形県の菅井進が雑誌『縄紋』第三輯（図2―1）に山形県西村山郡朝日町大隅《おおすみ》遺跡発見の掻器《そうき》・石刃を紹介していた（菅井、一九四九）。そのなかで菅井は、石器に赤土（ローム）が付着し、縦長の石片である石刃やそれを加工した道具類の形態はヨーロッパの旧石器を想起させると指摘したが、旧石器時代の遺物と明言するには至らなかった。大隅遺跡はすでに壊滅しているが、今日的な視点でみれば、残された石器はあきらかに旧石器時代のものと考えられる。残念ながら学会の中心から遠く離れた山形県で発行された『縄紋』が衆目を集めることはなかった。また、福島県成田《なりた》遺跡でも一九四七年にナイフ形石器（以下、石器名称の「形石器」を略す）や石刃が採取されていたが、旧石器時代の遺物とは認識されていなかった。残念ながら東北日本

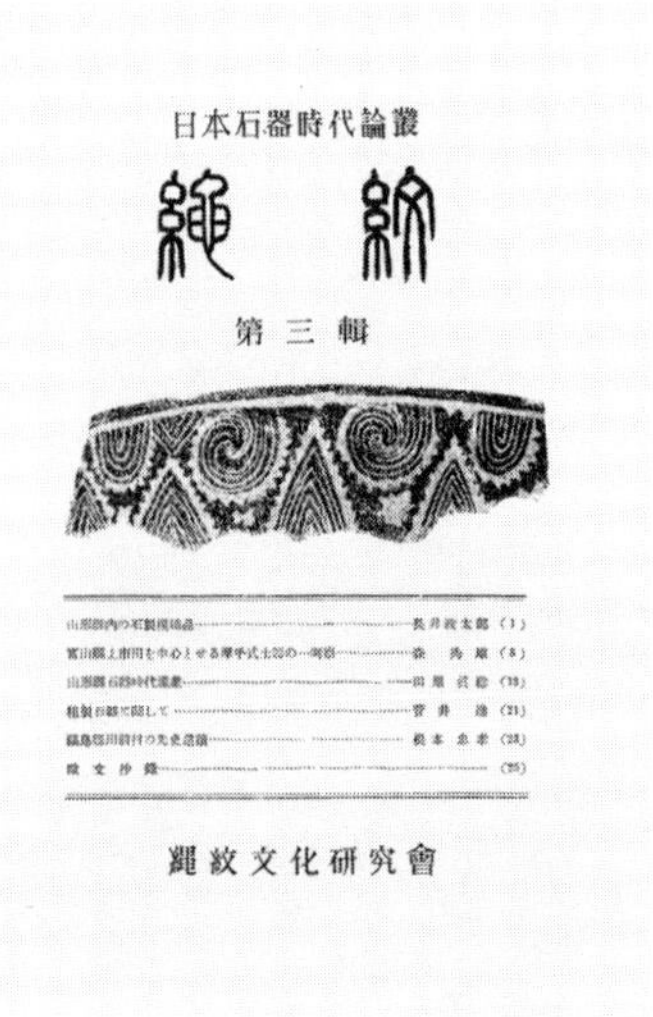

図2-1　縄紋第3輯の表紙

における これらの「発見」が日本列島の旧石器研究の扉を開けることはなかったのである。

東北日本（本章では、東北系の旧石器文化の広がりを重視し、新潟県および野尻湖周辺の長野県北部までを東北日本として扱う）における旧石器時代の発掘調査は、岩宿遺跡での発見から一〇年近く遅れて、一九五七年の新潟県貝坂《かいさか》遺跡、一九五八年の山形県越中山《えっちゅうやま》A遺跡で開始された。貝坂遺跡ではナイフ形石器群、越中山A遺跡では尖頭器石器群が出土した。その後、山形県、新潟県を中心に東北日本の旧石器時代遺跡があいついで発掘調査され、東北日本の旧石器が珪質頁岩を主要石材とし、石刃技術を製作技術の基盤とする石刃石器群に代表されることがあきらかとなった。

一九七〇年代以降、秋田県米ケ《よねが》森《もり》遺跡、岩手県大台野《おおだいの》遺跡、同県下成沢《しもなりさわ》遺跡、同県上萩森《かみはぎもり》遺跡、秋田県七曲台《ななまがりだい》遺跡群、同県御所野《ごしょの》台地遺跡群などで台形様石器を主体とする石器群が確認され、後期旧石器時代前半期の資料が充実した。その後も秋田県、岩手県、山形県、新潟県を中心に高速道路などの大規模開発に伴う発掘調査、あるいは大学による学術調査により前後半を問わず後期旧石器時代の資料が蓄積されていった。

この章では、こうして得られた東北日本の台形様石器群、ナイフ形石器群およびそれに後続する尖頭器石器群に対してさまざまな方向から光をあてることで、変遷とその背景や、それらを残した人類の行動の特徴を浮かび上がらせていきたいと思う。

② 後期旧石器時代の東北日本——人類活動の舞台としての環境——

最終氷期の気候変動

地球は今より寒冷な氷期と温暖期である間氷期を繰り返してきた。現在は温暖な間氷期にあたり、前の氷期（最終氷期）は約七万五〇〇〇～一万五〇〇〇年前、その前の間氷期（最終間氷期）は約一三万～七万五〇〇〇年前である。後期旧石器時代は約四万～一万五〇〇〇年前の最終氷期後半の特に寒冷な時期にあたり、科学技術を持たない当時の人類の生活は過酷な環境を生き抜くことそのものであった。

この十数年ほどで、深海底や湖底の年縞《ねんこう》堆積物に代表される一年から数十年を単位とする一連の堆積層の分析により、氷期の気候変動に対する理解が格段に深まった。海底や湖底、大陸氷床からボーリングによって採取された柱状土層堆積サンプル（コア）の酸素同位体分析などにより気温・降水量などの気候変動があきらかにされた。その結果、氷期と間氷期のサイクルは汎世界的なもので、約一三万～七万五〇〇〇年前の温暖期につづいて最終氷期がはじまり、約六万年前までの寒冷期とその後三万年間におよぶ比較的温暖な亜間氷期があり、つづく約二万八〇〇〇～一万五〇〇〇年前に厳しい寒冷期が存在するとされている（工藤、二〇一二）。最終氷期でも特に寒冷な時期（最終氷期最寒冷期）は約二万八〇〇〇～二万四〇〇〇年前頃とされている。氷期には北極や南極などの大陸氷床が拡大したため海水面が低下し、最終氷期最寒冷期には現在よりも約一二〇メートル《メートル》低下したと考えられている。対馬《つしま》海峡、津軽海峡は閉鎖しなかったが日本海に流入する暖流はほぼ遮断された。北海道はサハリンをへて大陸と陸続きの半島になり、本州・九州・四国も一つの島になった。日本海に暖流が流入しないため、現在のような日本海側の多雪はなく、最終氷期後半の寒冷期の日本列島は降水量の少ない乾燥した気候であったと考えられている。

植生と動物相

狩猟・採集が主要な生業である後期旧石器時代の人類にとって生きるための資源は動物と植物であり、気候変動に起因する動植物の変化に大きな影響を受けていた。最終氷期最寒冷期の東北北半・太平洋側・脊梁《せきりよう》山脈ではグイマツを伴う亜寒帯性針葉樹林が広がっていたとされている。仙台市富沢《とみざわ》遺跡ではトウヒ属にグイマツが混じる亜寒帯性針葉樹林に冷温帯性のカバノキ属や湿地を好むハンノキ属の落葉広葉樹が混じる埋没林が確認され、明るい林と草原や湿地からなる景観が復元された。いっぽう、東北南部の日本海側ではブナを伴う冷温帯針広混交林が広がっていたと考えられている。

最終氷期の日本列島の動物相は二つの要素から成り立つと考えられている。一つはナウマンゾウ、

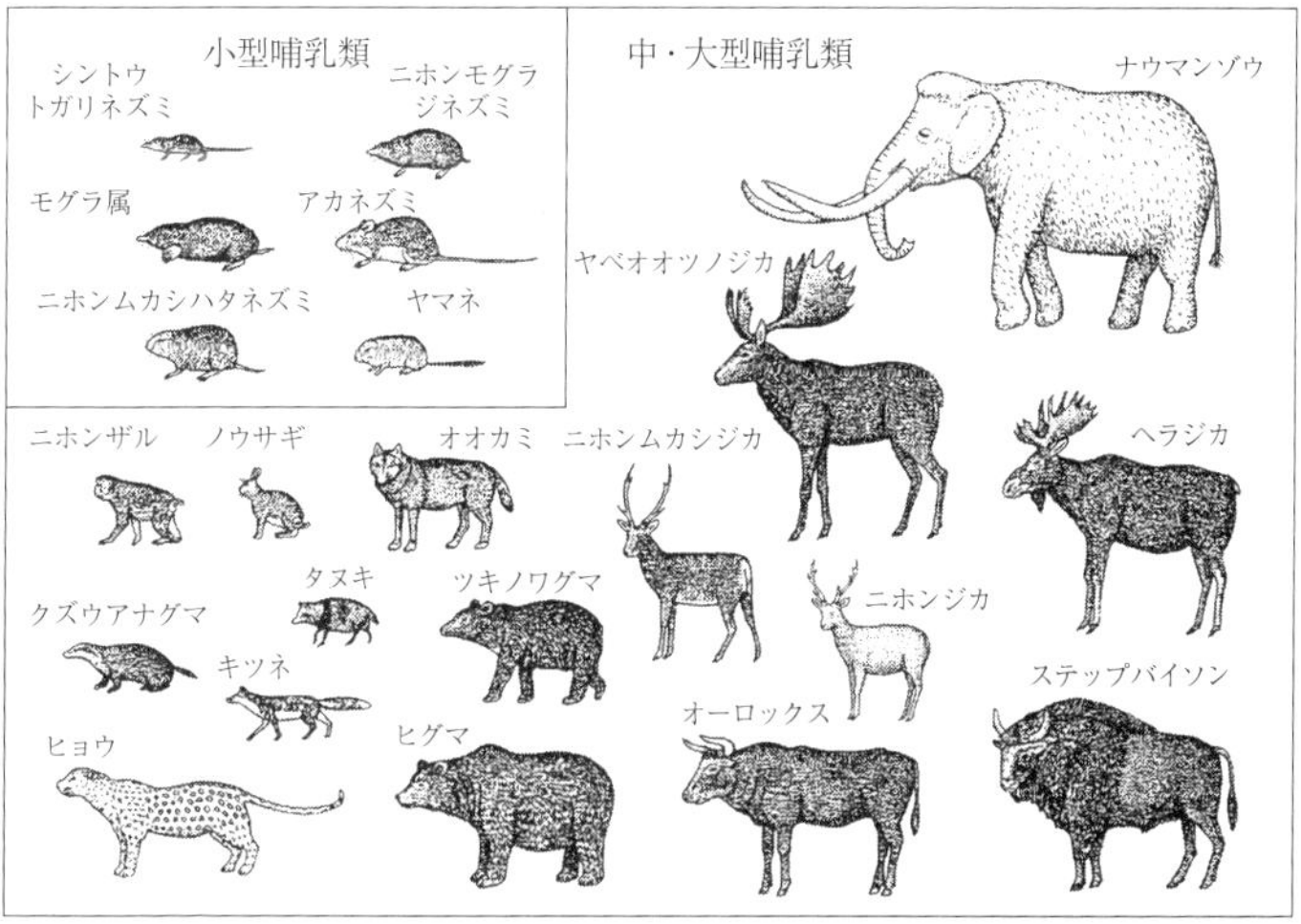

図 2-2　後期更新世後期の本州・四国・九州の代表的な哺乳類（河村，2010 より）

ヤベオオツノジカ、ニホンムカシジカ、ツキノワグマなど東シナ海に陸橋が形成された約四三万年前頃に成立した動物群である。もう一つは、最終氷期最寒冷期にサハリン経由で北海道、さらに本州・四国・九州に流入したマンモス動物群である。岩手県花泉ではヘラジカ、オーロックス、ステップバイソンなど大形哺乳類の化石が確認された。しかし、本州でマンモスゾウは確認できず、マンモス動物群の流入は限られていたようだ。これは、マンモス動物群が閉鎖していない津軽海峡の「氷橋」を渡って流入したためと考えられている（河村、二〇一〇）（図2-2）。

3 石器研究の方法

東北日本後期旧石器時代の編年研究

考古学では遺物や遺跡の変遷をあきらかにすることを編年という。東北日本における初期の編年研究は相次いで発見された石刃石器群を主な対象とし、東北日本旧石器研究のパイオニアである加藤稔らによって進められたが（加藤、一九九二）、その確立は困難をきわめ二転三転することもあった。旧石器時代に限らず編年研究では遺物の層位的な出土状況が重視される。上層から出土した遺構・遺物は下層出土のものより新しいため、出土層位によって考古資料の新旧を把握できるからである。しかし、東北日本の旧石器時代遺跡ではローム層の堆積が薄いため、時期の異なる石器群が層位を上下に分離せずに混在して出土することが一般的であり、層位による編年は難しかった。出土層位と並ぶもう一つの重要な方法が放射性炭素年代測定であるが、石器群の年代を示す良好な出土状況の炭化物が出土する事例は少なく、この方法による編年の確立も容易ではなかった。

その結果、東北日本における後期旧石器時代の編年は、石器の形やつくり方にもとづいて石器群を新旧の順に並べることになった。後期旧石器時代の東北日本における主要な石器器種は、台形様石器、ナイフ、彫器《ちょうき》、エンド・スクレイパーであるが、この器種とは、主に機能を反映すると考えられる石器の形にもとづいて分類されたものである（図2―3）。さらに、器種のなかで特定の形の石器が一定の地域で共通して認められる場合、その石器は集団を反映する可能性の高いものとして型式とされる。型式は標識となる遺跡名と器種名を組み合わせて、杉久保《すぎくぼ》型ナイフ、東山《ひがしやま》型ナイフなどと呼ばれる。そして、遺跡における器種の組み合わせ（組成）は当時の人びとの生活を反映する道具箱、同じ型式の存在は集団のまとまりとして遺跡の同時性を示すものとされた。また、比較的単純なものから複雑なものへの変化を仮定して、石器のつくり方が遺跡を新旧に並べるさいの手がかりとされた。

一九七〇年代から、台形様石器を主体とする石器群の検出例が相次ぎ、主に関東など周辺地域との対比から後期旧石器時代前半期の石器群とされた。しかし、石刃石器群と同様に前半期のなかでの編年は石器群の連続的な変化を前提とした研究や周辺地域との対比によらざるをえなかった。関東以西ではこれらの石器群は鹿児島を給源とする約三万年前の姶良丹沢火山灰（以下、AT）より下層から出土するのだが、給源から遠く離れた東北日本ではATとの層位関係が把握されることさえ少なかったのである。

一九九〇年代以降の大規模開発に伴う発掘調査では、東北日本においても石器群の層位的出土や、ATとの層位的関係が確認される事例が増え編年の基準となった。あわせて石器群の年代を反映すると考えられる放射性炭素年代測定値も得られるなど、編年を確立する条件が整いはじめた。一九九二年に新潟県上ノ《うえ》平《たいら》遺跡A地点で杉久保石器群（後述する薄形石刃ナイフ石器群の一種）がATの上位、浅間山を給源とする浅間草津《あさまくさつ》軽石（As-K、約一万五〇〇〇年前）の下位から出土することが確認され、同じころに岩手県大渡《おおわたり》Ⅱ遺跡、新潟県樽口《たるくち》遺跡において東山石器群（後述する大型石刃ナイフ石器群の一種）がATを挟んだ上下から出土することが確認された。こうして台形様石器群→東山石器群→杉久保石器群→尖頭器石器群・細石刃石器群という編年が確立し、その後は放射性炭素年代や他地域との比較にもとづいてさらなる細分が試みられている。

石器の機能とつくり方

最終氷期を生き抜いた人びとの主要な道具であった石器には、狩猟のための道具、例えば槍先と、骨や木などほかの素材を加工する道具、すなわち道具をつくるための道具などの役割があった。日本列島は火山灰に由来する酸性土壌が堆積しているため、残念ながら骨や木などの有機質の遺物が後期旧石器時代の遺跡から出土することはほとんどない。したがって、そうした「見えない」道具については道具をつくる道具としての石器から推測するしかない。後期旧石器時代の人類にとって石器は最も重要な道具であったと考えられるが、考古学者にとっても最も重要な研究対象なのである。

石器の使用法を解明する方法には、石器の形や出土状況からの類推などがあるが、最も直接的で有効な方法は石器に残された使用の痕跡を分析する石器使用痕分析である。石器の刃部には使用による刃こぼれや摩耗などが生じており、顕微鏡などで観察できる細かな特徴が使用対象物や使用のさいの石器の動かし方によって異なることがわかっている。そこで、想定される当時の使用法で実際に複製石器を使用する実験を行ない、その実験石器と遺物の使用痕跡を照合することで具体的な使用法を推定するのである。

これまでの研究によって台形様石器やナイフは主に槍先として使用されたが、台形様石器は一部が木などを加工する道具として、ナイフは一部がものを切る道具として使用されたことが判明した。また、彫刻刀は刃部と考えられていた彫刻刀面よりもむしろ側縁が使用され、主に対象物を切る道具であったこと、エンド・スクレイパーは主に皮をなめす道具として使用されたことが判明した（図2−3）。

石器のつくり方（石器製作技術）の研究は、石器の形態・型式、機能の研究とならんで石器研究の中心的な役割を担っている。日本列島の後期旧石器時代は、石斧に研磨技術が認められるものの、打製石器すなわち石を打ち割ってつくった石器を基本としている。通常打製石器は、河原や露《ろ》頭《とう》などで原石を採取する段階、採取した原石を荒割り整形する段階、石器の素材となるかけら（剝片）を割りとる（剝片剝離）段階、素材を加工（二次加工）して道具類に仕上げる段階をへて製作される。原石段階や荒割り段階では原石、整形途上の石塊（母型）、剝片剝離段階では剝片やそれらが割りとられた石核、二次加工段階では道具類（加工して仕上げられた石器）のほか、製作途上の石器（未成品）が遺跡に残される。そして、石という素材の性質上、各段階の製作目的外の剝片や細片・砕片などの石くず、失敗品なども遺跡に残されている。石器研究者はこうしたさまざまな石器製作関連遺物を分析することで、石の打ち割り方（剝離技法）やその作業手順・工程（剝離工程）をあきらかにするのである。

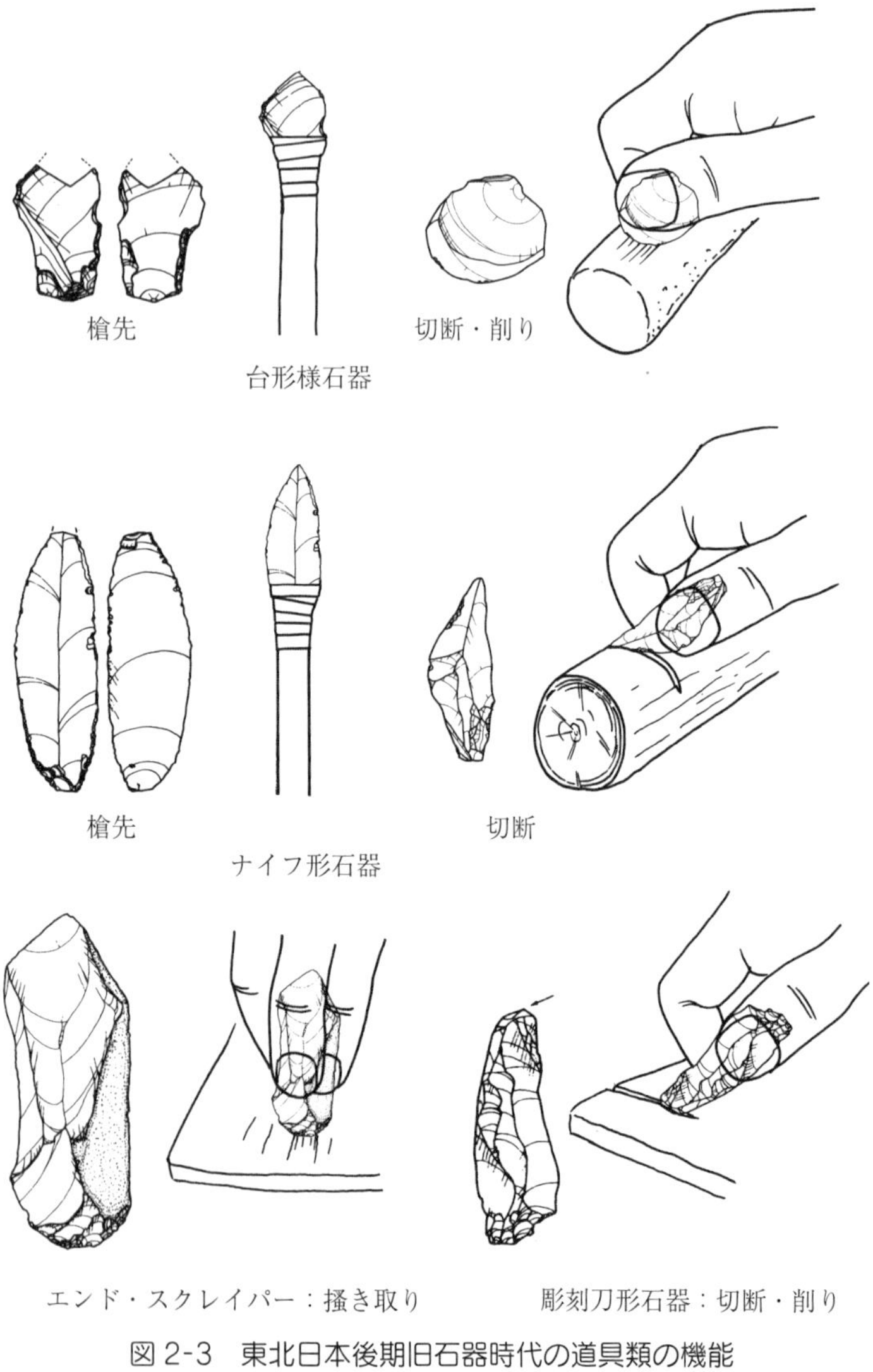

図 2-3　東北日本後期旧石器時代の道具類の機能

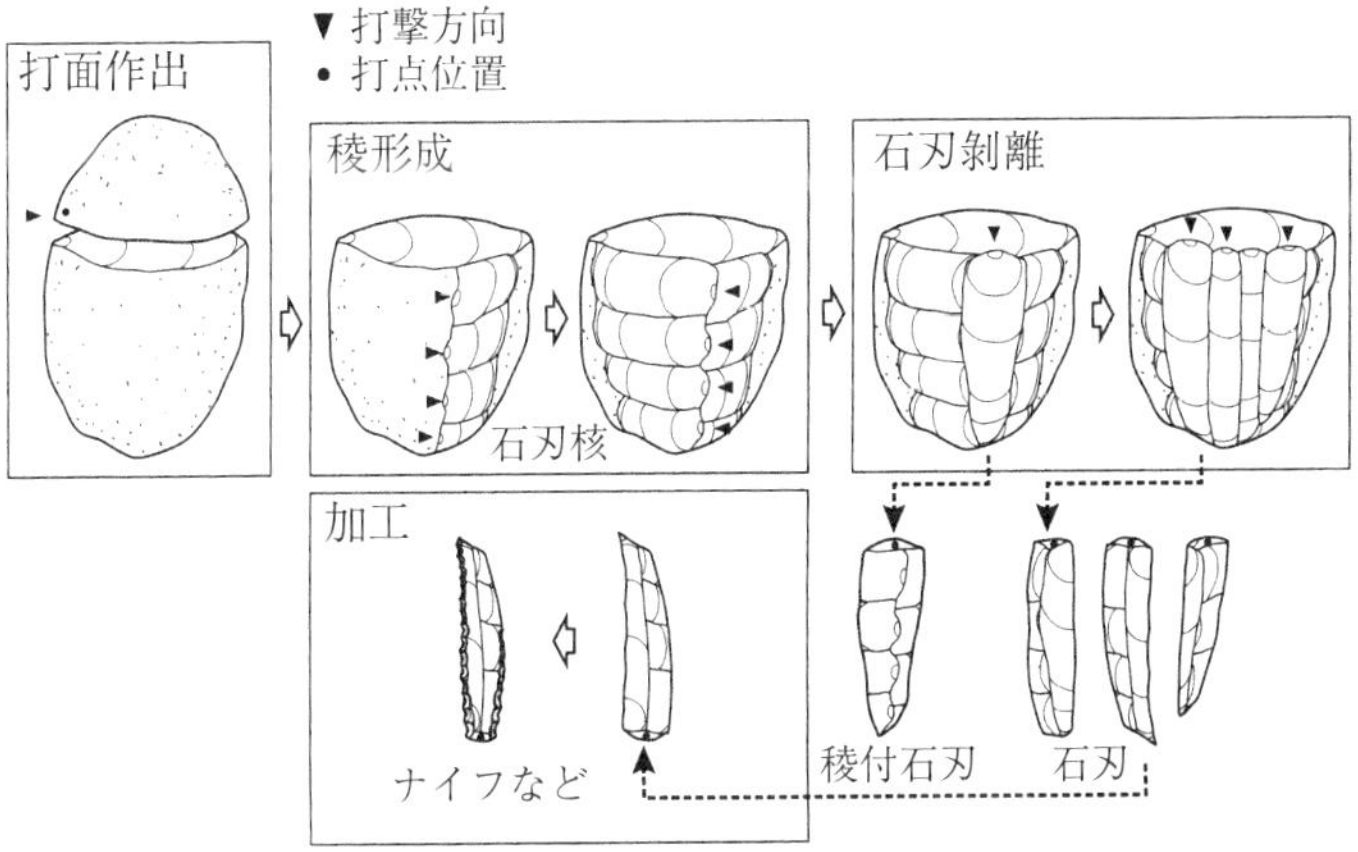

図 2-4　石刃技術概念図（山崎，2014 を一部改変）

石の打ち割り方には石や鹿角、硬い木などで直接たたく直接打撃、鹿角製のタガネを用いる間接打撃、鹿角などの工具で押しはぐ押圧剥離などがある。さらに直接打撃にはハンマーの材質によって、硬い石などを用いた硬質ハンマー直接打撃、砂岩など軟質の石や鹿角、硬質の木を用いた軟質ハンマー直接打撃などがある。

作業手順・工程については、石器を構成する剥離面、割りとられた剥片や石核を「くっつけた」接合資料によって原石から製品までの工程が復元的に研究される。後期旧石器時代の東北日本では、おおむね長さが幅の二倍以上となる縦長の剥片（石刃）を連続的に剥離する石刃技術が発展したことから、製作技術研究も石刃技術を中心に進められた。石刃技術には、稜形成《りょうけいせい》や打面調整・頭部調整、打面再生など調整技術と呼ばれる石核形状の細かな修正を行ないながら石刃剥離を進めるものと、そうした修正をあまり行なわないものとがあり、後期旧石器時代前半は後者が、後半は前者が主体となっていたことが確認されている。

遊動生活と道具類

後期旧石器時代の人類は、移動する狩猟対象動物の群れを追うために居住地を転々と移動させる遊動《ゆうどう》と呼ばれる居住形態であったとされている。こうした遊動は、数家族の二〇人前後で構成されたバンドと呼ばれる集団が単位であった。遊動は当時の生業と深く関わっており、その範囲やルート、規則性、同一地点への回帰の度合いなどは（それらを総称して「遊動形態」と呼ぶ）、当時の生活の具体的で貴重な情報である。遊動形態を推定する上で、遺跡から得られる最も重要な情報は石器石材とその産地である。主要な石器石材は遊動ルートの途中で採取していたと考えられるため、産地から遊動範囲とルートを推定することが期待されるのである。

東北日本において主要な石器の材料として一貫して利用されたのは珪質頁岩である。珪質頁岩は約一五〇〇万年前に形成された堆積岩で、北海道南部から少なくとも新潟県南部までの東北日本の日本海側を中心に分布する。このように、広い範囲に同種・同質の岩石が分布しているため、成分分析などで産地を同定することは難しいとされてきた。しかし、近年は露頭で産出するノジュールなど、きわめて良質な石材が採集できる場所は予想以上に限定されるため、たんねんな踏査によって産地ごとの良質石材の特徴を把握することが有効と考えられるようになった（秦、二〇〇七）。いっぽう、黒曜石は成分分析による産地同定が可能である。東北日本の後期旧石器時代遺跡では青森県深浦《ふかうら》、秋田県男鹿《おが》などの黒曜石が利用されていることが知られている。また、新潟県南部の津南《つなん》や長野県北部の野尻湖遺跡群では信州産の黒曜石が一定量出土している。

近年、道具の製作・使用と石材消費との関係から集団の遊動生活にアプローチする試みが注目されている。遊動生活においては最も重要な道具である石器が欠乏することを避けなければならないが、良質の石材が入手できる産地は限られるため、当時の人びとは良質の石材を原石、石核、剝片・石刃、道具類などの形で携帯しながら遊動生活を送っていた。原石や石核からは必要に応じて剝片や石刃、さらに道具類を製作することができ、剝片・石刃は道具類の素材となるだけでなく、そのまま道具として使用することもできた。石器は使用による刃こぼれや摩耗によって切れ味が悪くなるため、再加工して新たな刃を作出して使用が継続された。結果的に、長期間・長距離携帯された石器は重度に二次加工が施され、短期間で廃棄された石器にはわずかな加工しか施されなかった。道具類は持ち運ばれたため、製作地には副産物である石核や石くず、使用地点にはその場で廃棄された道具類と再加工で生じた細片しか残されなかった。道具類の出土は最終的な廃棄行為の結果であり、出土地点が道具の主な使用場所だったとは限らないのである。

したがって遺跡から出土する道具類の形態や石核、剝片・石刃、細片など石くずの組成は、石材産地の分布や採取可能な石材の質・量（これを「石材環境」と呼ぼう）と遊動形態を背景とし、当時の人びとが石材採取、石器製作と使用、道具類の運搬と維持・補修、廃棄などを計画的に行なった結果生じた有機的な関係（「技術組織」と呼ばれている）が作用した結果と考えられる。逆にいえば、遺跡出土の道具や石くずから石器の原料採取から運搬、廃棄に関わる技術組織をあきらかにし、さらに石材環境を介在させることで技術組織の背景となった遊動形態へとさかのぼっていくことが期待されるのである。

遺跡の空間利用と集団・居住形態

当時の人びとの生活を知る上では、遺跡の空間利用のあり方からも重要な情報がもたらされることが期待される。後期旧石器時代の遺跡では、石器はブロックと呼ばれる径約数メートル《メートル》のまとまりを持って出土し、数ヵ所から数十ヵ所のブロックで遺跡が構成されることが一般的である。ブロックが形成された背景については、ブロックは住居の範囲に対応するという見解のほか、住居外での石器製作などの作業範囲、遺物の廃棄や片づけの結果など諸説あるが、実態はケースバイケースでこれらの要因が複雑に絡み合ったものと考えられる。また、礫群という数点から数十点の焼けた礫がまとまって出土する遺構が検出されることがある。礫群は調理施設の跡と考えられているが、これも当時の姿をよく残している場合、片づけられ廃棄されて元の姿が崩れている場合がある。礫群は石器と分布を共にしてブロックを形成することが多く、調理施設とその周辺での石器の使用という姿がうかがえるが、両者が同じ場所に廃棄された可能性も考慮する必要がある。

いっぽう、石器石材の原産地に立地する遺跡などでは、数十メートル《メートル》四方を超える広い範囲から石器がまんべんなく出土することがある。こうした大規模な遺物集中は、集団が長期間にわたって繰り返し利用したことを示唆するもので、原産地遺跡の場合は石材採取がその要因であったと考えられる。他方、山形県乱馬堂《らんばどう》遺跡のように石材原産地に立地していないにもかかわらず広い遺物出土範囲を形成する遺跡もある。

こうした遺跡内の空間分布の研究では、規模の大きな廃棄行為や片づけ、自然の営力などによって、遺物が移動していることが想定される。したがって、これらの影響を認識することが研究を進める上での課題となるが、この作業は容易ではなく、分析方法も確立していない。こうした事情もあって、空間分布の研究は分析事例も少なく、いまだ体系的な成果が得られていないのが現状である。しかし、当時の人類活動や集団構成をあきらかにできる可能性のある、今後さらに研究が進められるべき分野であることは疑いない。

[4] 石器群の変遷と環境変動

後期旧石器時代前半期の石器群―台形様石器とナイフ

この節では、東北日本の後期旧石器時代前半期の石器群、大型石刃ナイフ石器群、薄形石刃ナイフ石器群、尖頭器石器群の四段階の変遷を、道具類の特徴と組成、製作技術、道具類の機能さらに技術組織と遊動形態の観点から説明する。そして、最後に石器群の変遷と環境との関わりについて、この問題はまだ未解明の点も多いのだが、現時点での見通しを述べることにしよう。

後期旧石器時代前半期の石器群は台形様石器とナイフとで構成されており、その年代は約三万六、七〇〇〇〜三万二、三〇〇〇年前と考えられる。台形様石器は寸詰まりの縦長剝片や横長の剝片を素材とし、その基部、側縁や端部に加工を施すものであり、その素材と加工部位から風無台《かざなしだい》型、米ヶ森型、狸谷《たぬきだに》型、小出《こいで》型などの型式が設定され、先端が尖るペン先形ナイフも台形様石器の一類型とされることが多い。ナイフは各種調整技術の施されない石刃技術で剝離された石刃を素材とする基部加工ナイフが主体である。

この時期の遺跡は秋田県や岩手県を中心に東北日本全域で確認されており、台形様石器のみからなる秋田県風無台Ⅱ遺跡、岩手県上萩森遺跡Ⅱb文化層など、台形様石器とナイフの両者がまとまって出土する秋田県小出Ⅰ遺跡、下堤《しもつつみ》G遺跡（図2―5）など、ナイフを主体とする秋田県松木台《まつきだい》Ⅲ遺跡、岩手県南部工業団地遺跡などがある。このように台形様石器群の遺跡では、台形様石器とナイフとがさまざまな組み合わせで出土している。また、秋田県地蔵田《じぞうでん》遺跡（図2―6）や新潟県坂《さか》ノ沢《さわ》C遺跡など磨製石斧が出土する遺跡も知られている。

こうした複雑な状況から、層位的な出土例に恵まれない東北日本の後期旧石器時代前半期の石器群は、細かな変遷が確定していない。石器製作技術や放射性炭素年代を根拠に台形様石器のみの石器群を古い段階とする意見と南関東との対比を根拠として古い段階からナイフと台形様石器とが共存する

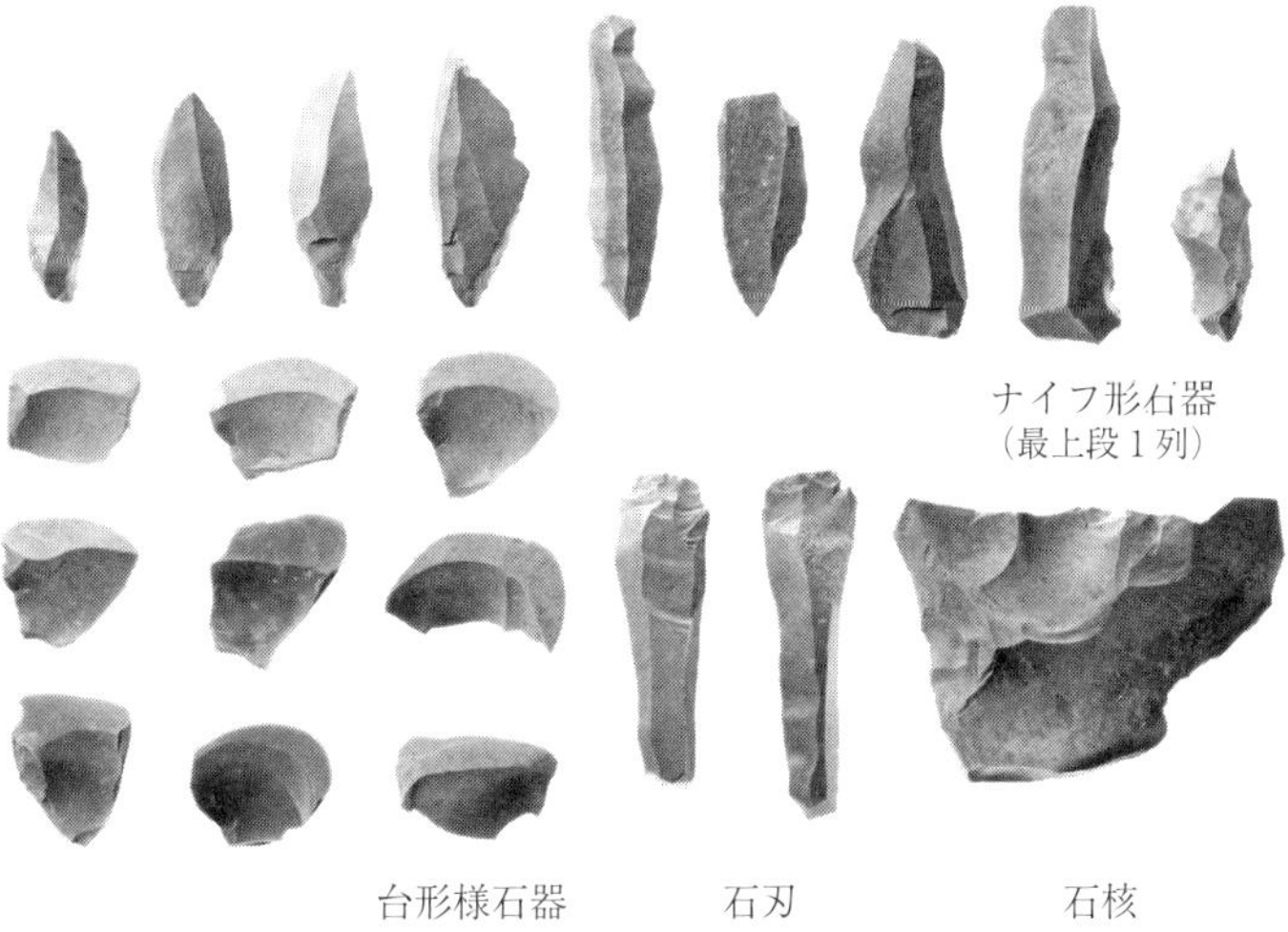

図2-5　下堤G遺跡出土石器（秋田市教育委員会，2013に加筆）

図2-6　地蔵田遺跡出土石器（秋田市教育委員会，2011より）
上段4点が磨製石斧，下段は台形様石器

意見とがある。これ以外にも、石器群の編年については研究者によって見解に相違がある。

ここではこうした研究の現状を踏まえ、かなりの時期幅の多様な石器群を一括することを承知した上で、後期旧石器時代前半期に共通する特徴をみていくことにしよう。まず、石器の機能であるが、台形様石器は槍先を中心に一部が木などの加工具、ナイフは槍先よりはものを切る用途を中心としたと考えられている。台形様石器には獲物などの対象物に刺さった時に生じるとされる衝撃剝離が認められるものがあるが、ナイフではその出現率がかなり低いとされている（鹿又、二〇一三a）。また、下堤G遺跡の台形様石器の使用痕分析では木などを切断や溝切りした痕跡が確認されている（鹿又、二〇一三b）。

石器製作に関しては、ほとんどの遺跡で道具類の素材となる剝片の剝離が行なわれている。これは後続する石刃石器群がもっぱら石材原産地に近い遺跡で石刃を集中的に製作し、道具類や石刃を持ち出して携帯していたことと対照的で、各遺跡で原石を入手する、もしくは石核を携帯していたと考えられる。後期旧石器時代前半期の石器製作は必要性に応じて随時行なわれたと考えられ、このことは当時の遊動生活では狩猟活動や石材採取などの見通しや計画性があまり高くなかった、あるいは道具が一つの形でいろいろな用途に使用できる万能石器ではないため、その都度製作する必要があったなどの理由が考えられる。いっぽう、この時期の石刃技術は遺跡によって有無がわかれており、剝離された石刃、ナイフは遺跡を越えて携帯された形跡が認められる。

遊動形態は、範囲の広さについては石材産地のデータがとぼしく予想の域を出ない。しかし、前述のとおりそれぞれの遺跡で石器を製作して必要な道具を確保していた状況が認められ、石器づくりやその背景となる生業の年間スケジュールの計画性、持ち運ぶ道具類の軽量化などの点では、後続する大型ナイフ形石器群に比べると効率的でなかったとみられることから、後続する大型石刃石器群よりは狭かったのではないだろうか。

大型石刃ナイフ石器群―東山石器群

台形様石器を中心とする石器群につづいて、石刃技術を主体とする石刃石器群が盛行する。この石刃石器群には厚手で大型の石刃を素材とする石器群と、薄手の石刃を素材とする石器群とがあり、その前後関係の解明が長年の課題であった。一九九〇年代以降、岩手県大渡Ⅱ遺跡第一文化層と新潟県樽口遺跡A―KH文化層がAT下位、大渡Ⅱ遺跡第二文化層、樽口遺跡B―KH文化層がAT上位から出土するなど、大型石刃石器群がAT降灰前後にまたがることが判明した。ただし、一部には大型石刃ナイフ石器群がこれ以降にまで存続する可能性を想定する意見もある。年代としては約三万二、三〇〇〇〜二万五〇〇〇年前頃までと考えられる。東北日本のほぼ全域でこの時期の石器群が出土しており、遺跡数も最も多い。石川県灯《と》台笹《だしのしも》下遺跡など北陸にまでその分布域が拡大している時期でもある。

この石器群はこれまで東山石器群と呼ばれていたものが中心で、時に長さ一〇チセンを超える大型の石刃を素材とし、道具類は基部加工ナイフ、エンド・スクレイパーを主体として彫刻刀などがこれに加

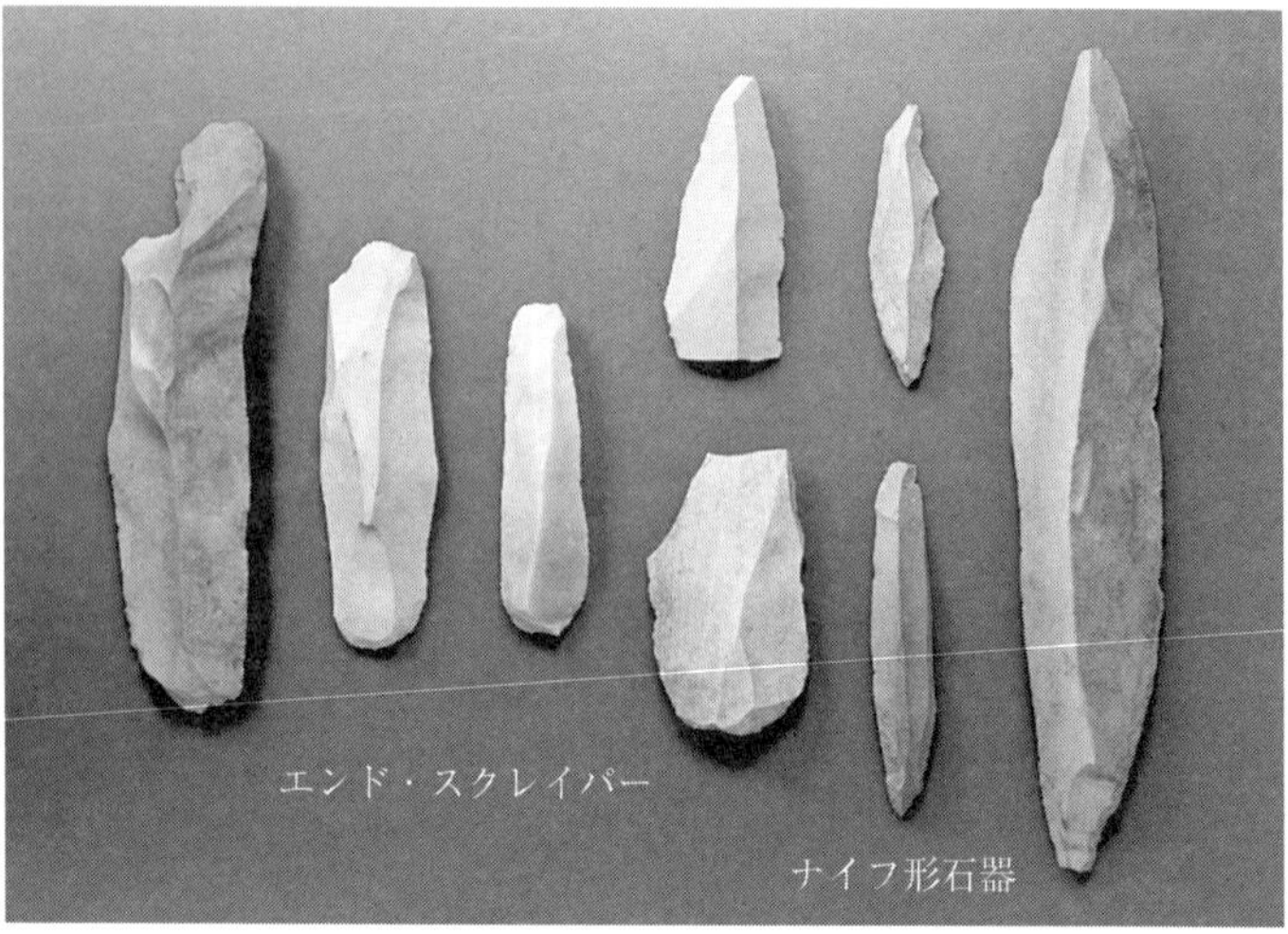

図2-7　樽口遺跡A-KH石器群（朝日村教育委員会提供，左端のナイフの長さ27 cm）

わる。ＡＴ降灰前後での相違点としては、ＡＴ下位でナイフ基部が尖るもの、素材打面が除去されるものが一定量認められる。道具類の素材はほぼすべて石刃技術によってもたらされ、それ以外の剝片剝離技術はめだたない。石刃技術は稜形成、打面調整、打面再生などさまざまな調整技術が駆使され、石核の上下から石刃が剝離されるものである。石材は珪質頁岩を主要石材として黒曜石、玉髄、流紋岩などが補助的に利用された。また、新潟県北部の樽口遺跡で青森県深浦産の黒曜石が出土するなど、石材の長距離運搬が確認できる。

石器の機能では、前半期の石器群では槍先として使用されることの少なかったナイフが槍先の主体を占め、エンド・スクレイパーは主になめしなど皮の加工に使用されたと考えられている（鹿又、二〇一三b）。山形県高倉山《たかくらやま》遺跡のナイフには衝撃剝離が高い割合で確認され（佐野ほか、二〇一三）、山形県上ミ野《かの》A遺跡出土エンド・スクレイパーの使用痕分析では主に皮をなめす作業に使用されたとする分析結果が得られた（沢田　鹿又、二〇〇四・傳田、二〇一二）。結果的に、先行する後期旧石器時代前半期に比べて、用途に応じた石器道具類の形態の違いがより明確になった。

台形様石器群は各遺跡で剝片剝離を盛んに行なったが、大型石刃石器群は石材原産地付近で集中的に製作した石刃や道具類を中心に携帯していたと推定される。山形県お仲間林《なかまばやし》遺跡のように頁岩原産地に立地し、万単位で遺物が出土した大規模な遺跡があるいっぽう、原産地から離れた遺跡には、山形県南野《みなみの》遺跡のように出土遺物の総数は数百点程度と比較的小規模で、道具類やそれを再加工したさいに生じる細片が高い割合を占める遺跡がある。

道具類は、主に槍先であったナイフは使用による破損を契機として廃棄されたが、エンド・スクレイパーや彫刻刀は繰り返し再加工・刃部再生されながら携帯され使用されたようだ。いっぽう小出Ⅳ遺跡など少数ながら石刃石核が持ち込まれて石刃が製作された遺跡も認められ、石刃石核の携帯と各遺跡での石刃製作も一定の役割を果たしていたようだ。このように石材消費が組織化された結果、先記の原産地と消費地とでの違いが生じたと考えられる。

大型石刃石器群を残した集団の遊動形態は、原産地で集中的に製作した石器類を携帯するという石刃と道具類中心の運搬形態から、石器を使用する作業の量やスケジュールに対する正確な見通しと、その見通しをもたらした計画性の高い生業を背景としていたと考えられ、深浦産黒曜石に代表される石材の広域移動などから遊動範囲の広さが想定される。なかには列島を縦貫する方向のきわめて広域の遊動もあった可能性がある。北陸への波及もそうした広域移動が背景となったのだろう。

また、AT降灰以降のこの石器群の後半期に西日本から国府石器群を持つ集団が流入した。この点については後ほど触れることにしよう。

薄形石刃ナイフ石器群

大型石刃ナイフ石器群に後続して、薄形の石刃を素材とする基部加工や二側縁加工ナイフを持つ石器群が盛行する。この時期を代表するのが杉久保型ナイフと神山《かみやま》型彫刻刀の組み合わせを指標とする杉久保石器群である。神山型彫刻刀は共通するが、ナイフが二側縁加工主体となる石器群もあり、これも杉久保石器群のバリエーションと理解される。石器群の年代としては、約二万三〇〇〇年前を前後すると考えられる。

杉久保石器群は山形県、新潟県域、長野県北部を主な分布域とし、北は青森県にまで広がりがある。山形県では高瀬山《たかせやま》遺跡、横道《よこみち》遺跡、新潟県では樽口遺跡、上ノ平・吉ヶ沢《よしがさわ》遺跡、荒沢《あらさわ》遺跡、神山遺跡、貝坂遺跡、下モ原《しはら》I遺跡、長野県では杉久保遺跡、七ツ栗《ななぐり》II遺跡などがある。石材は珪質頁岩主体だが、その他の石材の果たす役割も大きく、津南地域では地元産のガラス質安山岩や信州産黒曜石が高い割合で出土する。秋田県、岩手県域など東北日本北部では秋田県鴨子台《かものこだい》遺跡、岩手県峠山牧場《とうげやまぼくじょう》遺跡などがあるが、遺跡数が少ないことから、杉久保石器群以外の石器群の存在も想定される。秋田県二重鳥《ふたえどり》A遺跡など神山型彫刻刀を伴わない石器群がその他の薄形石刃石器群と考えられる。

特に杉久保石器群を特徴づけるのが神山型彫刻刀である。通常、ナイフの二、三倍の点数が出土し、さらにそれを超える数の彫刻刀削片（彫刻刀をつくるときに生じる縦長で独特の形の細片）が出土する。この彫刻刀関係遺物の出土点数の多さは、彫刻刀を使用した作業量の多さを示していると考えられる。それでは、神山型彫刻刀は何に使用されたのだろうか。岩瀬彬による長野県上ノ原遺跡出土神山型彫刻刀の使用痕分析の結果は、彫刻刀面よりは側縁が使用され、その用途は乾燥皮、肉、生皮などの切断や鋸引《のこぎりび》きであり、特定の対象物に使用されたとは考えられないが、骨角の使用は確認できないというものであった。また、彫刻刀面の役割は切るための鋭い縁辺の再生と考えられるという。したがって、神山型彫刻刀は切る道具を中心に多様な用途に使用されたと考えられる。さらに岩瀬は、本州の後期旧石器時代前半からナイフ形石器群、尖頭器石器群で骨や角を削ったと推定される痕跡が確認されないことから骨角器製作が低調であったとし、森林環境で木質資源が豊富な日本列島の特質としている（岩瀬、二〇一一・二〇一二）。

さらに、神山型彫刻刀は杉久保石器群における石材消費戦略の中核を担っていたと考えられる。新潟県上ノ平遺跡C地点では彫刻刀と彫刻刀削片との良好な接合資料が一〇例得られているが、接合しない彫刻刀と削片も多数存在する。出土彫刻刀の大半は遺跡外から搬入され、接合しない彫刻刀削片が剥離された彫刻刀は遺跡外へ持ち出されたと考えられる。また、杉久保石器群では、原石搬入と石

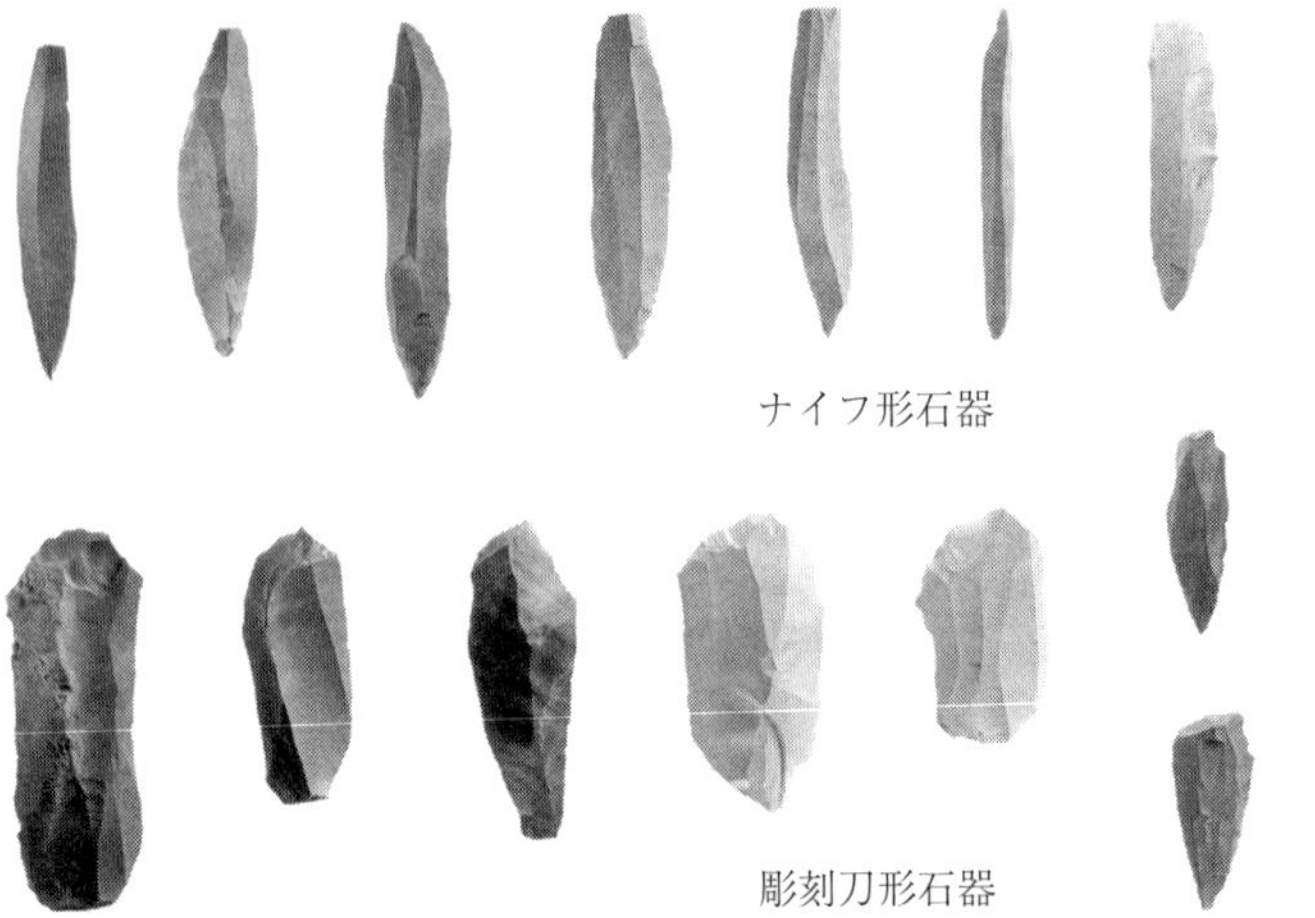

図 2-8　上ノ平遺跡 C 地点下層石器群（新潟県教育委員会，1996 に加筆，小川忠博氏撮影）

刃剝離が同一遺跡で認められることが多く、石核が搬入された遺跡は少ない。したがって、集中的に製作された石器や石刃を携帯することで必要な道具類を確保していたと考えられる。神山型彫刻刀はこうした携帯に伴う刃部再生システムに非常に良く適合した石器なのである。杉久保石器群は道具類に占める彫刻刀の割合が高いことから、彫刻刀の刃部再生システムが果たした役割は重要だったと考えられる。

杉久保石器群の遊動形態は、各遺跡で剝片剝離の痕跡にとぼしく道具類中心の運搬と刃部再生を多用する道具維持システムの存在から、計画性の高い生業を背景としていたと考えられる。また、大型石刃石器群と異なり比較的狭い遊動範囲であった可能性が高い。杉久保石器群の遺跡は新潟県域に多く、信濃川《しなのがわ》中流域の津南町域、五十嵐川《いからしがわ》上流域、阿賀野川《あがのがわ》中流域、荒川流域、奥三面《おくみおもて》などで遺跡が確認されているが、使用石材をみると流域間の違いが顕著で、主体となる珪質頁岩でも遺跡によって色調、粒度、特徴に違いがあることが多い。こうした状況は集団が河川流域を中心に列島を横断する方向の遊動を基本としていたことを示唆し、実際、阿賀野川流域の新潟県上ノ平遺跡A地点では福島県産と考えられる石材が確認されている（沢田 加藤、二〇一二）。この横断方向の遊動はその範囲内での標高の差が大きいため、多様な環境を利用できる利点があったと考えられる。前後の時期ほど大規模な原産地遺跡が確認されていない点も大型石刃ナイフ石器群とは異なる石材採取、消費形態を示しており、両者の遊動形態に大きな違いがあったことを裏づけている。

尖頭器石器群

薄形石刃ナイフ石器群に後続する石器群は尖頭器石器群である。道具類は尖頭器を主体として、ナイフ、彫刻刀、掻器などが組成するが、尖頭器以外の道具類は出土量が少なく補完的な存在である。岩手県和賀仙人《わがせんにん》遺跡では、尖頭器と杉久保型ナイフ、神山型彫刻刀が出土しており、薄形石刃ナイフ石器群と尖頭器石器群の連続性がうかがえる。石器群の年代は、約二万年を前後するものと考えられる。

尖頭器石器群の遺跡は東北日本全域で確認され、青森県大平山元《おおだいやまもと》遺跡、岩手県峠山牧場遺跡、下嵐江《おろせ》Ⅰ・Ⅱ遺跡、山形県越中山遺跡A地点・A′地点、上野《うわの》A遺跡、福島県瀬戸《せと》B遺跡、新潟県上新田《かみしんでん》B遺跡、真人原《まつとばら》遺跡、道下《みちした》遺跡などがある。他地域では関東地方から長野県に多数の遺跡が存在する。

図 2-9　道下遺跡出土石器群（津南町教育委員会ほか，2014 より）
右下 1 点のみスクレイパー，ほかは尖頭器

東北日本の尖頭器石器群は、側縁から縦長の削片を剝離する尖頭器を伴うもの（大平山元遺跡）、石刃の周縁を加工した尖頭器（周縁加工尖頭器）を主体とするもの（真人原遺跡など）、大型の両面加工品を中心とするもの（上野遺跡）などがあり、前者から後者への変遷が予想される。特に石刃を素材とする周縁加工尖頭器を主体とする石器群が盛行する点は東北日本の特徴の一つである。尖頭器石器群の石刃技術には新たに扁平な石核の平坦な面を作業面とする技術が加わるが、この技術は周縁加工尖頭器とともに縄文時代初頭の石器群に受け継がれる可能性が高く注目される（沢田、二〇一三）。

石材の採取と消費では、山形県上野A遺跡で珪質頁岩の原産地遺跡の存在が確認され、原産地から離れた遺跡においても石刃剝離や尖頭器の加工を中心とした石器製作が行なわれている。また、薄形石刃石器群ではあまり確認できない大型で出土点数の多いブロックが認められる遺跡がある。珪質頁岩への依存度が高まることとあわせて、石材採取・消費形態が大きく異なることが予想される。薄形石刃ナイフ石器群から遊動範囲や広さが大きく変化した証拠はないが、遊動形態の詳しいところは不明な点が多い。

東北日本の尖頭器石器群は分析事例が少ないため研究があまり進んでおらず、不明な点も多いのだが、細石刃文化や後続する縄文時代初頭の石器群との関係など、今後大いに研究を進める必要のある石器群である。

後期旧石器時代の異文化集団接触—AT降灰後の国府系集団の流入

ここまで、東北日本における後期旧石器時代石器群の変遷と遊動形態を概観してきた。その変遷には、後期旧石器時代前半期の台形様石器群以降、大型石刃ナイフ石器群・薄形石刃ナイフ石器群へと石刃技術が発達し、さらに後続する尖頭器石器群、縄文時代初頭へと石刃技術が受け継がれるという流れがうかがえる。この東北日本地域の伝統ともいえる変遷のなか、AT降灰後の大型石刃石器群の時期に西日本の要素を持つ石器群が認められる。山形県越中山遺跡K地点（以下、越中山K）、上ミ野A遺跡、新潟県御淵上《みふちがみ》遺跡、樽口遺跡A—KSE文化層（以下、樽口A—KSE）、坂ノ沢C遺跡などで、石器群の総体は不明であるが、北は秋田県まで分布が確認されている。また、新潟県円山《まるやま》遺跡は大型石刃石器群を基本とするが、西日本的な要素が垣間みえる遺跡である。

こうした別系統の石器群の流入について、異文化集団の接触という視点から集団や人どうしの関係を具体的に紐解くことができれば、当時の集団の社会構造、石器群変化の要因を知る大きな手がかりになると思われる。異文化集団接触においては、①情報や技術の伝達、②人の移動、③物の交換などが想定される。そこで、この視点から前記の石器群を検討してみよう。

越中山K、御淵上遺跡、樽口A―KSE、坂ノ沢C遺跡では西日本の国府石器群の指標である国府型ナイフが出土する。近畿・瀬戸内地域では、この国府型ナイフを瀬戸内技法という独特の工程の横長剥片剥離技術で生産するが、越中山K、御淵上の二遺跡でこの瀬戸内技法を確認できる。また、御淵上遺跡では頁岩や凝灰岩、鉄石英・黄玉《きだま》などの在地石材を主体とするが、国府型ナイフや瀬戸内技法の資料には近畿・瀬戸内地方における主要石材であるサヌカイトに似たガラス質安山岩が多く用いられており、石材選択に同じような嗜好《しこう》がみられる。したがって、この二遺跡は西日本出自の集団が残したものと考えられる。

いっぽう、樽口A―KSE、坂ノ沢C遺跡では国府型ナイフが出土し、上ミ野A遺跡は国府型ナイフに類似するナイフが出土するが、瀬戸内技法は確認できない。国府型ナイフ以外にも基部にえぐりのあるナイフ（樽口、上ミ野A）、西日本で盛行した剥片尖頭器に基部形態が類似したスクレイパー（上ミ野A）、鋸歯縁石器や抉《えぐり》入《いり》石器（樽口、上ミ野A）などの西日本的な要素が確認できる。円山遺跡でも基部にえぐりのあるナイフが出土する。いっぽう、四遺跡とも石材選択は珪質頁岩を主体として

図2-10　樽口遺跡A-KSE石器群のナイフ型石器（新潟県朝日村教育委員会，1966より）

おり、東北日本在来の石器群と共通している。

ここで注目したいのは、上ミ野Aや円山で認められる広い平坦打面の石刃である。各種調整技術の発達しない石刃技術の存在を示すもので、石刃剝離は硬質石ハンマーの直接打撃によるものだろう。この剝離技法（打ち割り方）は後期旧石器時代前半期の石刃技術に相通じるが、大型石刃石器群の石刃技術には認められない。この技術が西日本に由来するのか、東北日本の前半期石器群から潜在的に受け継がれたのか解釈に悩むところではあるが、瀬戸内技法が硬質石ハンマー直接打撃を中心としていることから、西日本由来を第一案としたい。

このように、樽口遺跡ほかの四遺跡はナ

石器製作・石材消費	生　　業	遊動形態
各遺跡で石器製作（尖頭器加工） 珪質頁岩原産地遺跡を形成	中・小型ほ乳類か（シカ，イノシシなど） 待ち伏せ猟など？	薄型石刃石器群を継承か？
石材獲得時に集中的な石刃製作 彫刻刀を刃部再生しながら長期間携帯 大規模な原産地遺跡は未確認		遊動範囲狭まる 列島横断方向の遊動あり
珪質頁岩を集中利用 珪質頁岩産地周辺で集中的に石刃製作 原産地遺跡を形成	北海道から流入した大型ほ乳類（ヘラジカ，野牛など）が主要な対象か 開けた景観での狩猟？	広域遊動 列島縦貫方向の遊動あり
各遺跡で剝片剝離 石刃は集中的に製作して携帯	ナウマンゾウ，オオツノシカなど在来の大型獣中心か	大型石刃ナイフ石器群より狭い

イフの形態、道具類の組成、剝片剝離技術に国府石器群の要素が確認できる。そのいっぽうで、石材選択や真正の石刃技術、石刃素材のエンド・スクレイパーなど東北日本の要素も認められる。前述の二遺跡同様、西日本由来の集団が残したものではあるが、東北日本在地集団との接触による情報・技術の伝達を受けてその要素を受容したことがうかがえる。上ミ野A遺跡では西日本系石器群

表　東北日本後期旧石器時代石器群の変遷と環境

calYBP	気候	植生	石器群	主要道具類
21000頃	寒冷	亜寒帯針葉樹林 日本海側南部は針広混淆林（一時的な広葉樹増加ありか？）	尖頭器石器群	尖頭器◎ スクレイパー○ 彫刻刀△
23000			薄形石刃ナイフ石器群	ナイフ◎ 彫刻刀◎ エンド・スクレイパー△
28000	最寒冷期	亜寒帯針葉樹林 日本海側南部は針広混淆林	大型石刃ナイフ石器群	ナイフ◎ エンド・スクレイパー◎ 彫刻刀○
38000頃	寒冷化（やや温暖）	太平洋側は疎林と湿原 日本海側は針広混淆林	台形様石器群	台形様石器◎ ナイフ○

主要道具類の◎○△は量比を表す．◎多，○定量，△少．

のブロックと東山石器群のブロックとが隣接して発見され、異文化集団接触の具体的証拠の存在が期待されたが、接合資料や同一母岩《ぼがん》資料の共有がなく、両者の厳密な同時性は確認できなかった（鹿又、二〇一二）。

このように旧石器時代の人びとの間では、異質な文化を持った集団であっても接触や技術の伝達、物の交換などの交流があったことがわかる。さらには考古学的な証拠は残らないが、異文化集団間での婚姻もあっただろう。そして、ここで説明したような国府石器群への大型石刃ナイフ石器群からの影響は、こうした異文化接触が石器群自体の変化の要因になりえたことを示している。

東北日本における石器群の変遷と環境

旧石器時代の人類文化は当時の人が取りまく環境に適応するための手段が反映されたものと考えられる。したがって、石器群の変遷の背景には環境の変化とそれに適応しようとした人間の営みがあったことが想定される。本章の対象とした石器群は、台形様石器群が最終氷期最寒冷期前の比較的温暖な時期、大型石刃石器群は最終氷期最寒冷期の最も寒い時期で草原や湿地が拡大した時期、薄形石刃石器群・尖頭器石器群は最終氷期最寒冷期は過ぎつつも寒冷な気候が継続していた時期におおむね対応すると考えられる（表参照）。

狩猟対象となった動物相については、台形様石器群の時期にはナウマンゾウなどの大型動物がまだ残存していた。つづく大型石刃ナイフ石器群の時期にはヘラジカ、ヤギュウなどのマンモス動物群が流入したと考えられ、この時期の広範囲を遊動する居住形態は、移動性の高い大型動物を追った結果と考えたい。また、この頃は仙台市富沢遺跡で復元された湿原・草原と明るい林のような開けた景観での狩猟が主だったのではないかと思われる。この時期に西日本から国府石器群などが流入した背景としては、国府石器群の本場の近畿・瀬戸内地方で遺跡数が急激に増加したことから、ひとまず環境を要因とする西日本での人口増加を想定しておこう。

薄形石刃石器群は森林環境にあった東北日本南部の日本海側に遺跡が多いことから、そうした環境に適応した石器群であろう。そして、シカなどの中・小型動物を主な狩猟対象とし、森林のなかでの待ち伏せ猟などが行なわれたのではないだろうか。遊動範囲の狭さもこうした環境や生業を反映していたのだろう。尖頭器石器群は詳細は不明であるが、基本的にはこうした薄形石刃石器群の環境や狩猟行動を受け継いでいたと推察している。

ここで示したような東北日本における後期旧石器時代の石器群とその背景となる環境との関係、当時の人類がどのような生業を営み、どのような社会組織を築き、どのようにくらしていたかについては、わからないことの方が多いのが現状である。しっかりとした目的を持った発掘調査や研究、当時の環境の復元などをつうじて、少しずつでも理解を深めていくことが今後の課題であろう。

コラム

年代測定と暦年較正

鹿又喜隆

〔放射性炭素年代〕

放射性炭素（^{14}C）年代測定は、第二次世界大戦直後、アメリカ・シカゴ大学のリビー（W. F. Libby）によって開発された。それから半世紀以上が過ぎ、考古学において最も一般的な年代測定法として普及した。一九九〇年代から、加速器質量分析（Accelerator Mass Spectrometry＝AMS）法が広まり、測定の精度が高まった。特に、自然科学や歴史学との接点として、その実年代の推定に果たした役割は大きい。その原理は、五七三〇±四〇年という^{14}Cの半減期を利用したものである。つまり、動物や植物などの生命が活動を停止してから五七三〇年が経つと、その体内に含まれる^{14}Cが半分になり、さらに五七三〇年後には四分の一になる性質を利用したのである。しかし、放射性炭素年代の算出には、以下の五つの前提があり、その点に注意しなければならない。

①^{14}Cの半減期は五五六八年を使用する。これは、リビーが当初から用いた値であり、より正確

な五七三〇年ではない。

②大気中の^{14}C濃度は過去において常に一定であったと仮定する。実際には、^{14}C濃度は変化しており、一定ではない。また、大気圏内核実験がつづけざまに実施された一九六〇年台には、大気中の^{14}C濃度が通常の約二倍に達し、それ以降の有機体の放射性炭素年代測定はかなり難しくなった。

③シュウ酸、または二次的な既知の物質（ANU sucrose など）を標準試料として使用する。

④同位体補正δ^{13}C＝−25‰を基準として行なう。例えば、植物では、δ^{13}C＝−25‰となる多くの樹木やイネなど以外に、δ^{13}C＝−10〜−15‰となるC4植物（トウモロコシ、サトウキビなど）やδ^{13}C＝−18‰となるCAM植物（サボテン類）がある。動物でもその生活環境がもつリザーバー効果（生命の閉ざされた生育環境が保有した^{14}Cの差）によって海洋生物などがδ^{13}C＝0〜−10‰ほどの値をもち、また地域性を有する。そのため、δ^{13}C補正が不可欠となる。

⑤一九五〇年を0yearsBPとして、これより何年さかのぼるかを示す。BPはかつてBefore Presentを示したが、近年はBefore Physicsの意味とされる。

〔暦年較正年代〕

放射性炭素年代を実年代へ近づけるには、暦年較正年代を算出する必要がある。現在、年輪年代や年縞堆積物などの暦年代がわかる試料を用いて暦年較正用のデータベースが蓄積されている。

最も有名なのが、IntCal13であり、放射性炭素年代を絶対年代に換算する基準となる較正曲線が作成される（P. J. Reimer, et al. 2013）。

暦年較正プログラムでは、CALBとOxCalが国際的によく利用されている。この較正プログラムによって算出された暦年較正年代は、放射性炭素年代よりも実年代に近い。しかしながら、較正プログラムとバージョンの違いによって、提示される年代値にわずかな差が生じる。そこで、利用するさいには、較正ソフトの種類やバージョンなどを明示する必要がある。なお、現在のところ、年輪年代によって変換できる年代は、およそ一万二六〇〇年前まででであり、それ以前についてはサンゴや海洋試料などをデータの対象として用いている。暦年較正プログラムのもととなるデータベースでは、IntCal13が代表的である。IntCalは、二〇〇九年十二月にバージョンアップされ、約五万年前までの暦年較正が可能となった。これは、放射性炭素年代の測定限界にかなり近い値であり、実用面では大きな問題をクリアしつつある。いっぽう、較正データベースの対象が、年輪年代や有孔虫の放射性炭素年代、サンゴのウラントリウム（U-Th）年代であるという、時期による相違が依然として残されたままである。また、約六万年前までの暦年較正が可能であるCalPal-2007HULUと較正結果を比較すると、特に古い年代の一部では最大で一〇〇〇年ほどの年代差が存在する。したがって、年輪年代の限界である約一万二六〇〇年前を超える年代値に関わる厳密な議論には、現段階では慎重さが必要といえよう。

今後、福井県水月湖《すいげつこ》の年縞堆積物の年代が確定し（R. A. Staff, et al. 2013）、IntCal データベースに加わっていけば、暦年較正の精度が大幅に高くなり、さらに、リザーバー効果や、^{14}C濃度の地域差、ほかの年代測定による誤差などの諸問題が解決されるため、特に日本列島の考古学的編年を行なう上では、大きな躍進となろう。

〔遺跡出土資料の検討〕

放射性炭素年代の分析が進むと、その測定結果のみが独り歩きしてしまう危険性がある。そのため、測定結果の妥当性を評価する基準が必要である。具体的な妥当性評価の基準をあげれば、①人類活動に関連する有機質試料を選ぶこと、②土壌の亀裂や二次堆積物中の試料を避けること、③何らかの二次的汚染を受けた試料を避けることがあげられる。③の基準では、a適切な化学処理を受けること、b適当な炭素含有率かどうか確かめることなどの評価が必要となる。この基準に沿わない試料は、大きく年代がずれてしまう危険性がある。小さな年代差が出る場合には、年輪の影響（古木効果）や、炭素の由来の問題、リザーバー効果の問題などがある。さらに、層位学、型式学によるクロスチェックは、考古学的評価のためには欠かせない。以下では、具体的事例によって解説したい。

①人類活動に関連する有機質資料を選ぶこと

山形県丸森《まるもり》1遺跡では、石器製作跡と思われる遺物集中地点が確認された。そこには、炭化物集中と焼けた礫と石器が確認された。それらの分布関係から、石器製作と火の使用活動は、ほぼ同時に行なわれた可能性が高い（評価基準①をクリア）。このなかの炭化物二点は、二万五四九〇±一〇〇、二万五四六〇±九〇BPという放射性炭素年代となった。両者は、放射性炭素年代自体、測定誤差範囲内に収まり、同じ年代のものといえる。発掘中には、地層を丁寧に削り、クラックや土壌の汚染に含まれていないことを確認している（②をクリア）。さらに、いずれの炭化物も樹種同定を行ない、樹木であることが確認された。それらの炭素含有率は約七〇％であり、木炭として十分な値であった（③ｂをクリア）。化学処理では、ＡＡＡ処理（酸・アルカリ・酸）において十分なアルカリ処理濃度まで上げた。また、保存処理などを実施していないため、ＡＡＡ処理前のアセトン処理（保存処理剤の除去）を実施していないが、調査後すぐに測定したため問題ない（③ａをクリア）。このような諸点から、丸森1遺跡の二点の放射性炭素年代は妥当であると判定される。

考古学的なクロスチェックを加えれば、出土したナイフ形石器やエンド・スクレイパーの形態、石刃技法の特徴から、広域火山灰の姶良丹沢火山灰（ＡＴ）前後の石器群との関係が指摘できる。また、層位的には、ＡＴ下位の暗色帯上部からその直上のローム層下部にピークをもつ出土状況である。このように考古学的な状況からも問題ないことが指摘できた。

②土壌のクラックや二次堆積物中の試料を避けること

丸森1遺跡では、離れた調査区からも石器が出土した。こちらは前述のブロックとは異なる石器群の可能性が高い。石器が出土した場所は、すぐ上部が削られており、耕作土がのっている状態であった。そのため、土壌の汚染やクラックを十分に排除することは困難であった。チップの出土場所に近い、炭化物一点を測定してみると、四五二〇±三〇BPと測定された。層位的には、先述の二点よりも下位に位置するのに、若い年代となった。さらに、石器群との共存関係も保証できる状況ではなく、精査時に汚染土の排除も困難であった。測定自体は、炭素含有率や前処理には問題がなく、サンプリングの問題であることが明らかである。

③何らかの二次的汚染を受けた試料を避けること

秋田県地蔵田遺跡は、環状ブロック群が検出された、後期旧石器時代初頭の遺跡である。環状ブロック群内の各ブロック間には接合関係があり、限られた時間幅のなかで形成されたと考えられる。ブロック内には炭化物集中も確認されている。ブロック三、四、七の三ヵ所から得られた炭化物を一点ずつ選択し、年代測定を実施した。その結果、二万九七二〇±二三〇BP（ブロック三）、三万一一〇±一四〇BP（ブロック四）、二万八〇八〇±二二〇BP（ブロック七）との結果であった。接合資料によって保証される限定的な時間幅というには、約二〇〇〇年もの大きな差がある。いずれも遺物分布からは、人為的な焚火などによって残された可能性が高く、サンプリングに問題はなさそうである。前処理や炭素含有率に注目すると、それらの年代差の意味が読み取れる。炭素含有率は、七〇％（ブロック三）、七三％（ブロック四）、五五％（ブロック七）であり、炭素含有率が低いほど、年代値が若くなっている。また、前処理をみると、ブロック七の炭化物のみ、アルカリ処理濃度を高くしていない。それは、サンプル重量が軽いため、濃度を上げられなかったせいである。放射性炭素年代測定では、同じ汚染量でも、古ければ古いほど、その影響が大きく、年代差も拡大する。付着土壌などの汚染が残ったサンプルほど、若い年代となったと考えられる。総合的に考えれば、地蔵田遺跡では、ブロック四の年代が最も妥当と考えられ、約三万BPの石器群といえる。

三 地球温暖化と縄文的適応へ

鹿又喜隆

1 更新世末から完新世初頭の環境変動

人類史のなかの東北地方

旧石器時代から縄文時代にかけての環境変動は、ホモサピエンスが直面した最大級の気候変動である。まさに、地球の急激な温暖化であり、現代の我々が抱える温暖化問題にも直結する。そもそもグローバルな気候変化は、惑星地球の運動や太陽活動、海洋深層循環、火山噴火などの自然要因によって誘発される。さらに、現代では、化石燃料の大量消費や森林伐採などの人為的な要因が加わった。この環境変動の記録は、極地の氷床や世界各地の湖沼の年縞堆積物などに蓄積されている（R・B・アレイ、二〇〇四・Y. J. Wang, et al. 2001）。図3−1は、グリーンランド氷床コアとフールー洞窟の石筍《せきじゅん》サンプルの酸素同位体比にもとづいた環境変動を示している。曲線が上昇すれば温暖化、下降すれば寒冷化したことをあらわす。さらに、福井県水月湖の年縞堆積物は、近い将来、日本列島の先史時代の環境変動と暦年代の解明のための最良のデータ

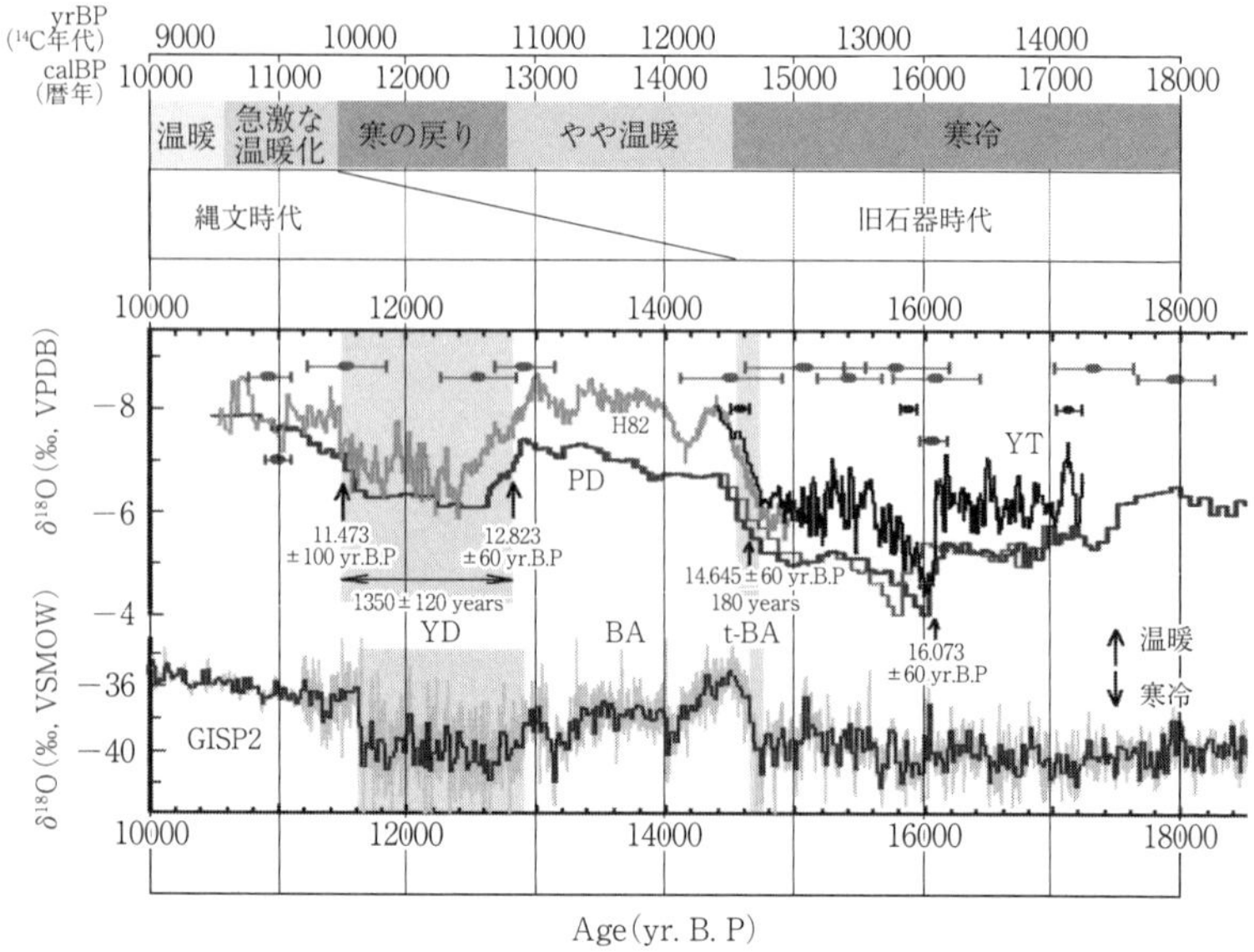

図 3-1　環境変動（Y. J. Wang, et al. 2001）と時代・年代の関係

を提供してくれるだろう（R. A. Staff et al. 2013・V. C. Smith et al. 2013）。

現在、世界各地でさまざまな時間スケールで保存された環境データが読み解かれ、自然環境が復元されている。とりわけ約一万年前の更新世から完新世への移行にあたる変化は大きく、地球規模で気温が短期間で上昇した。日本列島でも海水準が上がり、降水量が増加した。動植物相の変遷や地形・海洋環境の変容をみると、数度の気温上昇に反映された環境変動の大きさを改めて感じる。

人類は、温暖な環境がつづいた完新世・約一万年間に、文明をうみ、産業を起こし、都市をつくり、現代社会を築いてきた。このような長期におよぶ安定した温暖環境は、人類史上なかった好条件であり、私たちの文明が奇跡的な状況下で成立したことを示唆する。

さて、本章で扱う時代は、およそ一万八〇〇〇～七〇〇〇年前（暦年較正）までの約一万年間にあたる。放射性炭素年代でいえば、およそ一万五〇〇〇～六〇〇〇年前に該当する。本書は通史として暦年記載でおよそ統一されているため、本章でも暦年較正年代を使用した。考古学の時期区分でいえば、後期旧石器時代終末から縄文時代早期までに該当する。更新世末の寒冷な環境から、完新世のなかでも最も温暖な時期に至るまでの年月を含む。そのなかでヒトは、定住生活を採用し、地域性が形成され、最終的に現代社会につながっている。この変化がもたらした人類史的意義について、東北地方の遺跡事例から考えていきたい。縄文時代への移行は、完新世の温暖環境への人類の適応行動という視点でとらえることができる。このような環境変動に対して、ヒトはどのように自然と関わり、くらしを変えていったのだろうか？　この時代を知ることは、現代の我々が、未来をみすえた生き方を考える上で意義あることであろう。

道具の変遷

当該期の研究は、縄文文化の起源に結びついて深まっていった学史をもつ。その鍵として、土器や弓矢、磨製石器の出現があげられる（芹沢、一九六二・山内 佐藤、一九六四）。縄文文化のはじまりは、これらの道具の出現と関連して理解された。さまざまな道具の出現は、狩猟・採集・漁撈《ぎょろう》の変革に関係し、資源利用を拡大させた（稲田、一九八六）。また、竪穴住居の出現・増加や貝塚の形成を含めて、移動生活から定住生活への変化として語られる（原田、一九九三）。近年は、当該期の環境データが読み解かれたことで、精緻な環境変動との対比が図られ、居住形態の変化（藤山、二〇〇九）や生態環境との関係（工藤、二〇一二）が理解されてきた。このようにさまざまな視点から詳細な研究がすでに実施されている。

しかしながら、先行研究では、道具や技術の発生（創造）が過大評価される傾向にあった。例えば、「縄文革命」と呼ばれ、あたかも輝かしい発明・業績のような評価されることや、土器の発生をもって「縄文時代の始まり」とする考え方である。

筆者はそれらの見解に違和感をおぼえる。そもそも「創造」とは「二つ以上の、以前は無関係であった技能や思考的枠組みが、突然連動すること」（A・ケストラー、一九六六）ととらえることができる。そして、歴史を形づくるのは、突然変異的・突発的な出来事ではなく、その発展を可能にした動向である。道具や技術の発明や創造自体が歴史をつくるのではない。その新たな道具や技術を普及・発展させた要因が重要であり、それによって新たな時代・文化の方向性が決まったと考えている。

本章で扱う一万年間の歴史の動向でも、実際にはさまざまな技術が発明・採用され、ある時期に特定の技術が隆盛する。その動きは、他の時代に比べて起伏に富んでいる。そのような歴史の激しい脈動の要因が自然環境であり、さらに社会環境が加わる。本章では、この長期にわたる人類の営みの動態を、環境変動と並列させせて追ってみたい。

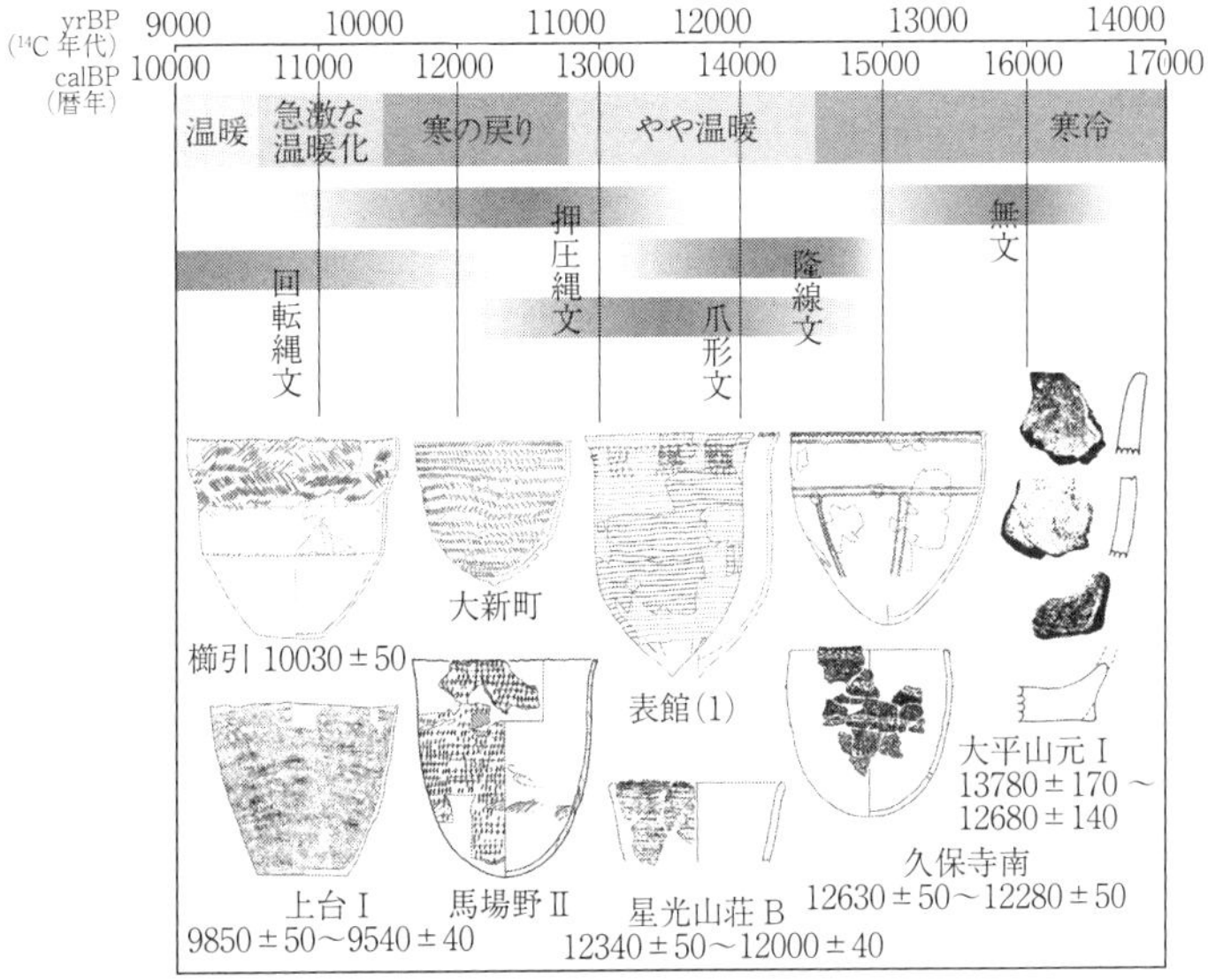

図 3-2　出現期の土器の変遷

当該期の編年は、遺跡での層位的出土事例と土器・石器の型式学的な検討、および放射性炭素年代の集成によって、一定の時間スケールで整理できる（小林編、二〇〇八・谷口、二〇一一・工藤、二〇一二・鹿又、二〇〇七a・Y. Kanomata 2012）。出現期の土器型式は、本州から九州の広範囲に共通するため、各地の層位的出土事例も参考にした。東北地方では層位的出土事例は少ないが、山形県高畠町火箱岩《ひばこいわ》岩陰や秋田県岩《いわ》瀬《せ》遺跡、福島県南諏訪《みなみすわ》原《はら》遺跡、西会津町塩《しお》喰《ばみ》岩陰などの成果が重要である。また、青森県東南部の十和田《とわだ》八戸《はちのへ》火山灰や千曳《ちびき》浮石、十和田二ノ倉、十和田南部火山灰との層位的対比によって、長者久保《ちょうじゃくぼ》、幸畑《こうはた》（7）、表館《おもてだて》（1）、滝端《たきはた》、櫛引《くしびき》などの遺跡の位置

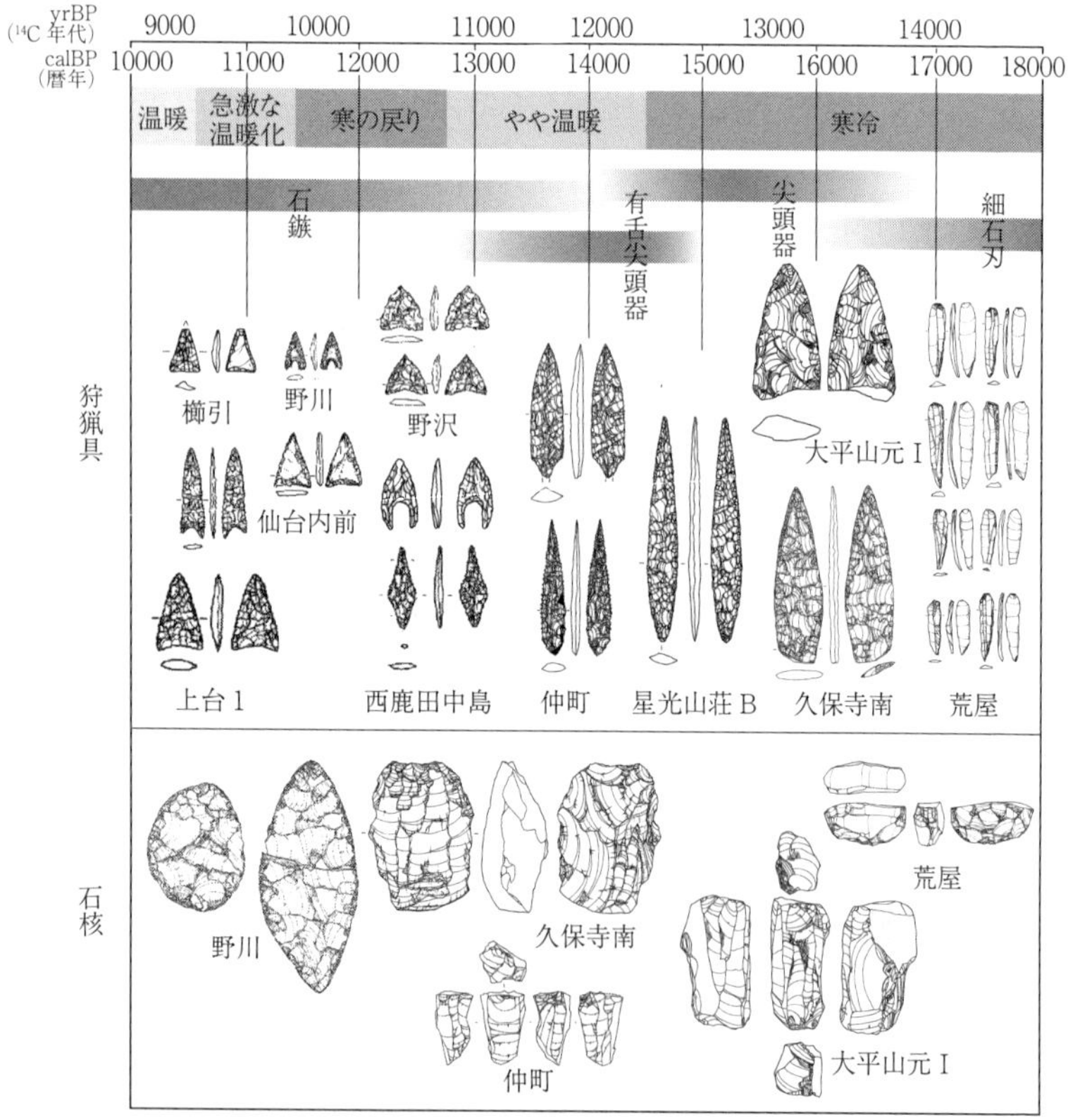
yrBP
(14C年代)
9000
10000
11000
12000
13000
14000
calBP
(暦年)
10000
11000
12000
13000
14000
15000
16000
17000
18000
温暖
急激な温暖化
寒の戻り
やや温暖
寒冷
石鏃
有舌尖頭器
尖頭器
細石刃
狩猟具
櫛引
野川
仙台内前
上台1
野沢
西鹿田中島
仲町
星光山荘B
大平山元Ⅰ
久保寺南
荒屋
石核
野川
久保寺南
仲町
荒屋
大平山元Ⅰ

図3-3　石器の変遷

づけが確定し、編年の基準となった（鹿又、二〇〇七b）。

さらに土器と石器の型式学的検討を踏まえて、細分編年案を提示した（図3‒2・3・7）。放射性炭素年代で一万五〇〇〇〜六〇〇〇年前に該当する年表であり、暦年較正ソフト（online CalPal quickcal2007 ver.1.5; CalPal2007 HULU）を使用して実年代に近づけ、暦年較正年代を提示した。

2 旧石器時代の終わりと寒冷化

後期旧石器時代終末期の社会

一万八〇〇〇〜一万六〇〇〇年前頃、現在よりも気温が四〜五度低く、降水量も少なかったといわれる。海水準も一〇〇㍍以上低かったと考えられるが、東北地方と北海道は、津軽海峡で隔てられていた。しかし、その海峡を越えて、北海道から渡ってきた人たちがいた。彼らが一時的に凍結した海面を歩いてきたのか、あるいは渡航技術があったのかは不明である。北海道から渡って来たのは、湧別《ゆうべつ》技法（札滑《さっこつ》型）という細石刃製作技術をもつ人びとである。また、荒屋《あらや》型彫刻刀形石器もあわせもっていた。この石器群は、シベリアを含めた東北アジアに広く分布する。本州からみれば、北からやってきたグループという意味で、「北方系」細石刃石器群と呼ばれる。

さて、北方系の人びとは、主に東北日本でくらしており、太平洋側では利根川流域以北に分布していた。この分布範囲はサケ・マスの遡上地域に一致するため、河川漁撈を行なう集団であろうと考えられてきた（佐藤、一九九二・堤、二〇一一）。この集団が所有した石器のほとんどは、東北地方の日本海側産の頁岩である。関東南部の遺跡でも石器の多くがこの岩石を材料とするため、頁岩産地に定期的に戻って、石器を補給していたのだろう。その移動距離は数百キロにおよんでおり、長距離移動を行なうくらしであった。

こうした移動生活によって各地に石器が残されたが、いずれの遺跡でも石器の器種が共通する。主な種類は、細石刃、彫刻刀形石器、エンド・スクレイパーである。細石刃は骨角製槍先の側縁の溝にはめ込まれ、組み合わせ道具として使用された。新潟県荒屋遺跡では、石器の使用法や遺跡内での活動内容があきらかにされた（芹沢ほか、二〇〇三・鹿又、二〇〇三・二〇〇四・二〇〇五）（図3－4）。組み合わせ道具の製作は最も重要な活動の一つであり、細石刃の着柄法と使用法が推測された。骨角製槍先をつくるのに使用されたのが、彫刻刀形石器である。その刃部中央を骨角に当てて削る作業が繰り返し行なわれた。その刃には骨角加工に特有の使用痕光沢が残される。このような骨角器の製作は、北海道では細石刃石器群が登場した約二万四〇〇〇年前にはじまっていたことが、柏台《かしわだい》1遺跡の分析から明らかになった（鹿又、二〇一三a）。骨角器の製作技術は、細石刃をはぎ取るさいの「押圧剥離技術」とともに、当時の集団には不可欠であった。

いっぽう、彫刻刀形石器は皮なめしにも使用された。皮なめしとは、動物からはいだ毛皮の内側を

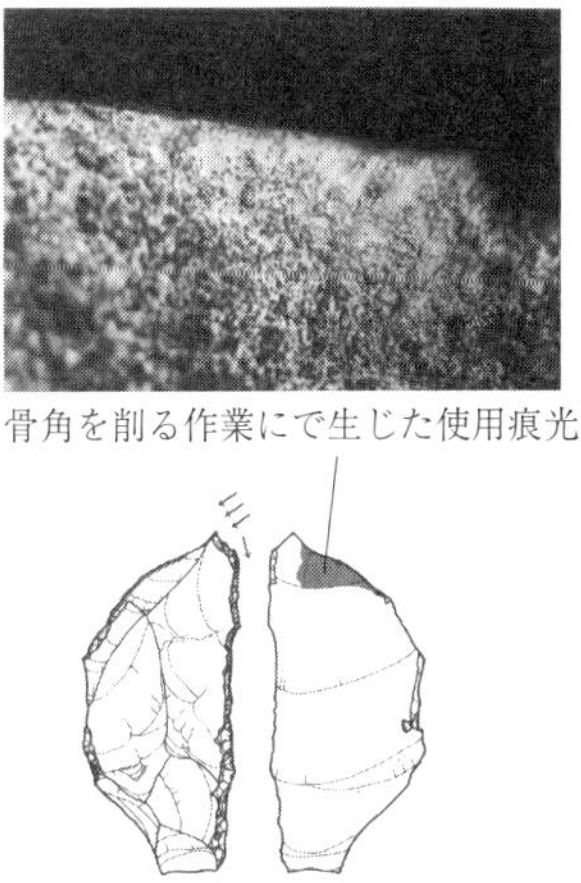

骨角を削る作業に使用された
彫刻刀形石器

細石刃の着柄復元図

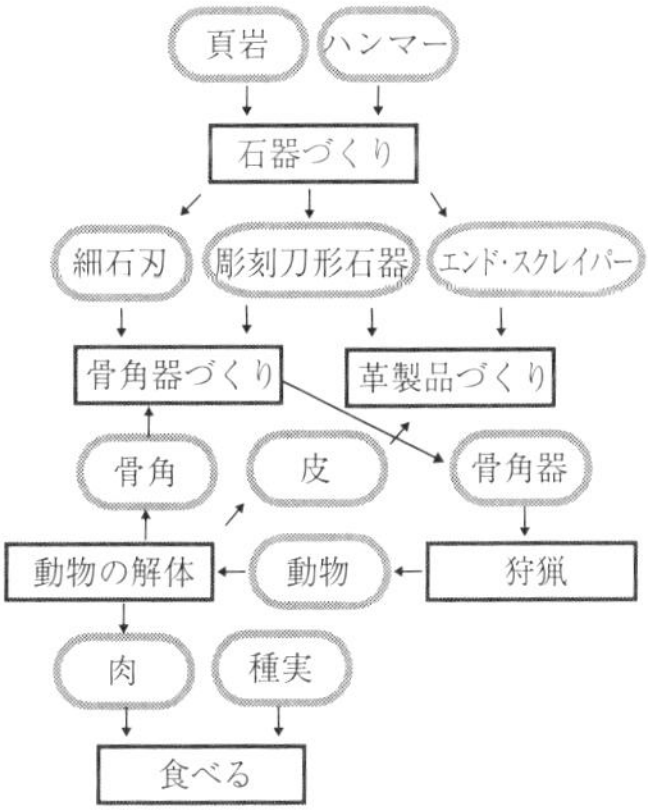

荒屋遺跡における狩猟を
めぐる活動

図 3-4　荒屋遺跡出土石器の分析

削ったり、擦ったりして皮製品に加工する作業である。さらに、エンド・スクレイパーは皮なめしを専門に行なう道具である。彫刻刀形石器は、使用後に刃部がはぎ取られ、新たな刃部がつくり出されるため、同じ石器を繰り返し効率的に使用できる。このように当時の石器の装備は、動物の狩猟と動物質資源の加工のための道具のセットであった。したがって、彼らの生業活動の中心は狩猟であったと考えられる。そして、彼らの行動パターンから、狩猟対象はシカの群れのような季節的に長距離移動を行なう動物であったといえよう。

　しかしながら、彼らがどの遺跡においても同じような活動を行なってくらしていたかというとそうではない。短期的な居住と考えられる遺跡（秋田県狸崎《むじなざき》B遺跡、茨城県東岡中原《ひがしおかなかはら》遺跡、千葉県大網山田台《おおあみやまだだい》No.8遺跡など）では、出土遺物が少なく、そこで行なわれる活動は、わずかな石器製作と限定的な石器の使用であった（鹿又、二〇一一）。細石刃の製作や、彫刻刀形石器の使用と刃部再生はあまり行なわれていない。いっぽう、やや規模が大きい遺跡（埼玉県白草《しらくさ》遺跡、福島県笹山原《ささやまはら》No.27遺跡など）になると、彫刻刀形石器による骨角加工と、細石刃生産が多くなる（堤、二〇一一・鹿又、二〇〇九a）。つまり、骨角製槍先の製作と、それにはめ込むための細石刃の製作が盛んに行なわれる。この一連の作業は、狩猟の成功（獲物の獲得）によって得られた資源をもとに行なわれる。結果的に、さまざまな活動が組織的に同一地点で行なわれ、長期間滞在する。

このような活動が最も多く繰り返された遺跡が、荒屋遺跡であった（芹沢ほか、二〇〇三）。当時、人びとは竪穴住居をつくらず、おそらく簡易的なテントのような住居に住んでいたが、荒屋遺跡では竪穴住居状遺構や多くの土坑《どこう》が検出された（図3-6）。これらの施設が重複関係をもつことは、繰り返し遺跡が利用されたことの証しである。また、オニグルミなどの堅果類の採取や、キハダなどの特定の木材の利用などの活動もあった。火の使用痕跡も明瞭であり、炉跡や重層する焼土が検出され、多数の炭化物が残された。

このように荒屋遺跡が繰り返し集中的に利用されたのは、その立地環境に理由があるのだろう。遺跡は信濃川と魚野川《うおのがわ》の河川合流点に位置する。そのような場所では、群れをなして移動する動物や渡河性の動物、ヌタ場に集まる動物などを追い込んで狩猟がなされることが、民族学的事例から推測される。荒屋遺跡においても同様な狩猟活動が行なわれたのだろう。当該石器群が出土する遺跡は、このような河川合流点に立地することが多い。そのため、河川漁撈との関係も示唆されているが、魚骨などはみつかっていない。

東北地方には、北方系のもうひとつの石器群があり、それは白滝《しらたき》型細石刃核を指標とするグループである。この白滝型細石刃核は札滑型と同じ湧別技法で製作されるが、小型で、打面に擦痕があることが特徴である。山形県湯ノ花遺跡の原産地分析では、北海道産の黒曜石が含まれていることが示された（建石ほか、二〇一二）。このような海を越えた移動を示す証拠もみつかっている。

東北地方では、湧別技法が南下する以前に、すでに稜柱《りょうちゅう》形細石刃核を特徴とする石器群が存在した。下北《しもきた》半島の付根に位置する五川目《いつかわめ》（6）遺跡では、約一万八〇〇〇年前の一括資料が確認された。その細石刃製作技術は、新潟県荒川台遺跡で設定された「荒川台技法」であろう。この石器群には、彫刻刀形石器やスクレイパーなどのトゥールが少なく、確認された遺跡数もわずかである。もしかしたら、湧別技法（札滑型）の細石刃石器群とは全く異なる生業活動を行なっていたのかもしれない。

寒冷期の社会

一万六〇〇〇～一万四五〇〇年前、最古の土器が出現したのが、この時期である（図3-2）。具体的には、青森県大平山元Ⅰ遺跡や赤平《あかひら》（1）遺跡、茨城県後野《うしろの》A遺跡、神奈川県宮ヶ瀬《みやがせ》遺跡群北原《きたはら》遺跡などで出土した。土器には文様がなく、平坦な口縁と平らな底を

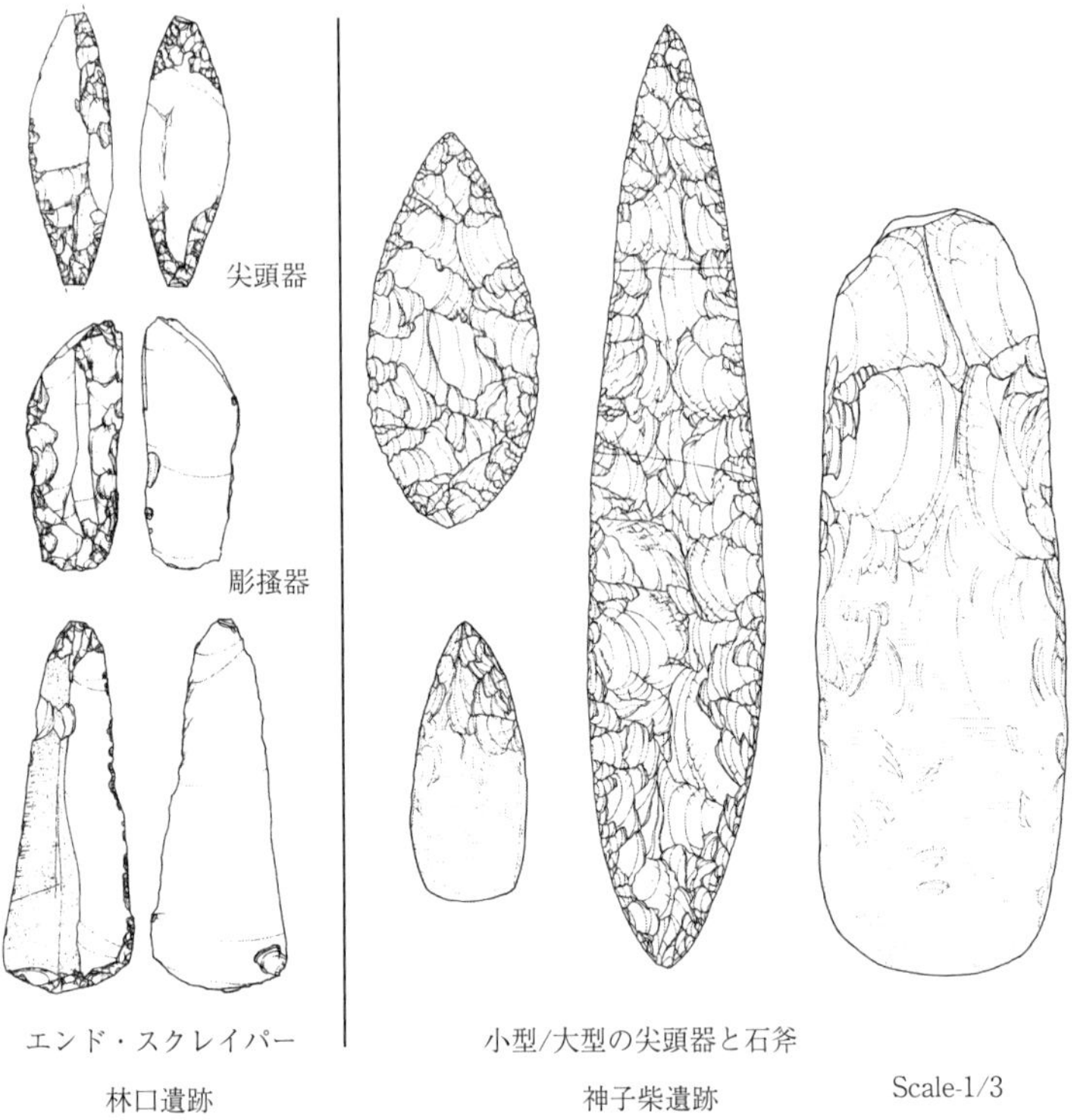

図 3-5　神子柴石器群の石器

もつ。発見された土器は、小破片ばかりであり、全体形状を復元できる資料は認められない。土器は出現当初から煮沸《しゃふつ》用であったと考えられ、煤《すす》状の付着物も確認される。その後、神奈川県御殿山《ごてんやま》遺跡や相模野№149遺跡のような刺突や円孔のある無文土器が出現する（鹿又、二〇〇八ａ）。

石器は、長大な石槍（尖頭器）と石斧（斧形石器）、石刃を加工した道具が中心であり、神子《みこ》柴《しば》・長者久保石器群と呼ばれる（図3－3・5）。尖頭器は狩猟具であるが、切削具《せっさくぐ》としても使用されたことが長野県神子柴遺跡での石器使用痕分析によって示された（堤、二〇一三）。長い刃縁をもつ狩猟具は、刺突の機能だけでなく、ナイフのような機能を兼ねることが民族学的事例でも一般的である。ただし、長さ一〇チセン以上、最大二五チセン超にもなる神子柴型の尖頭器は、歴史的・民族学的に実用とされる槍先の大きさをはるかに超えるため、シンボリックな存在でもあったのだろう。

さて、当時の石斧には局部磨製と打製の二種がある。いずれのサイズも長さ二〇チセンほどと、長さ一〇チセンほどの大小に分かれる。局部磨製石斧は後期旧石器時代初頭に出現するが、その後、姿を消し、この時期に再びあらわれる。その形態は、後期旧石器時代初頭のものよりも、長くて厚手であり、石材も硬質である。その相違の背景には機能差が予想されるが、具体的な機能は未解明である。神子柴型石斧は大型の尖頭器と同様に実用的なだけでなく、威信財としても機能したと予想される。特別な財の所有が、集団内での個人の地位を象徴するという概念がこの頃できあがったことは、社会変化の観点からも興味深い（安斎、二〇一〇・谷口、二〇一一）。

大平山元Ⅰ遺跡や赤平（1）遺跡、神子柴遺跡、福島県林口《はやしぐち》遺跡のエンド・スクレイパーには皮なめしの機能が推定されている。また、エンド・スクレイパーの刃部と彫刻刀形石器の刃部を合せもつ「彫掻器《ちょうそうき》」と呼ばれる石器が特徴である。林口遺跡では、「彫掻器」の上下二つの刃部が共に使用されていた（鹿又、二〇一三b）。刃部再生の過程での器種替えの事例であろう。彫刻刀面を積極的に

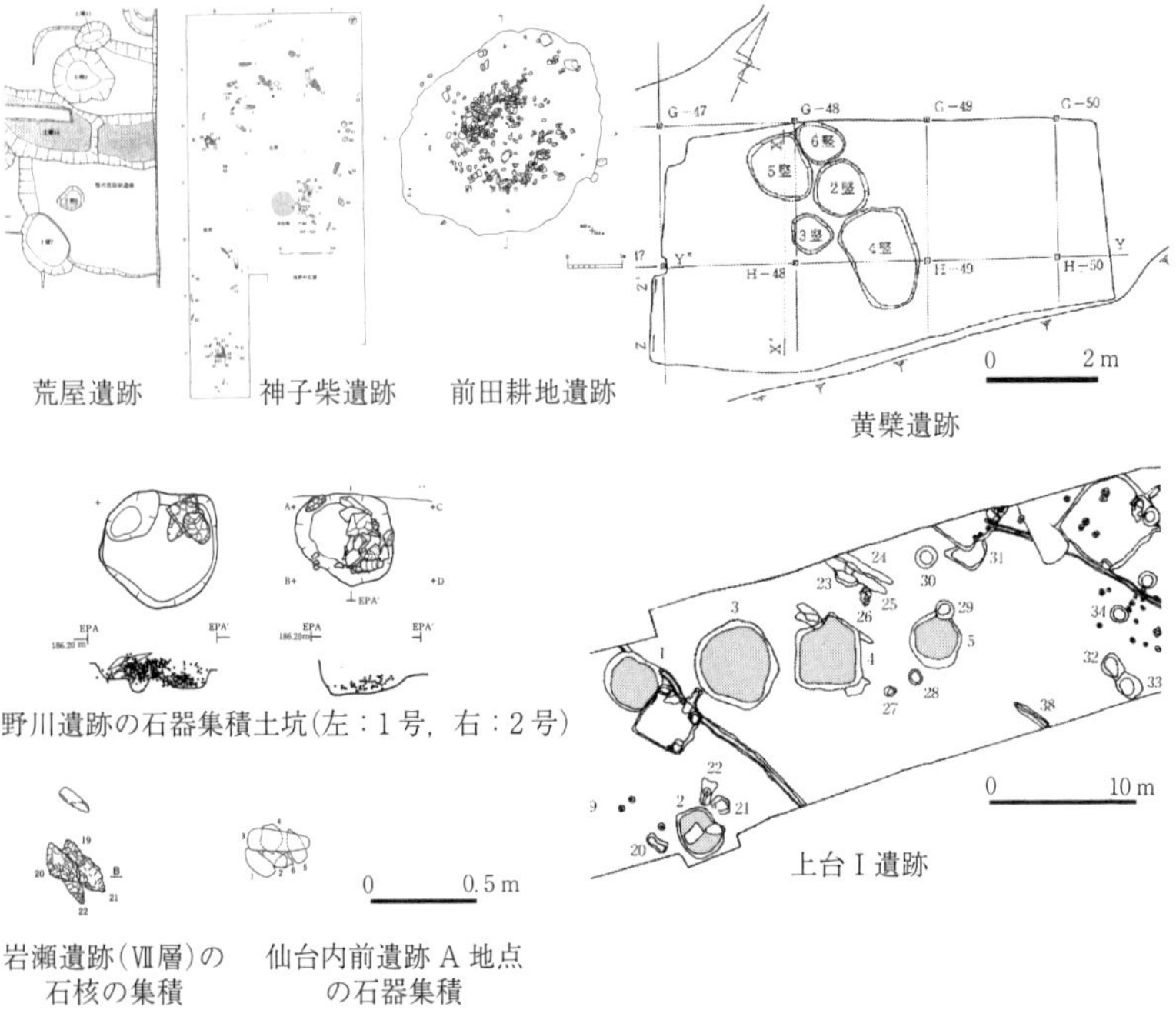

図 3-6　遺構と集落の変遷

皮なめしに使用する操作法は、直前の細石刃文化より前には本州では認められていないため、おそらく北方系の細石刃集団との接触の下に成立したのだろう。いっぽうで、石器の装備や製作技術は、細石刃石器群とは異なることから、接触がありながらも、別々の集団関係を維持していたと推定される。

　また、後期旧石器時代を特徴づける「石刃技法」が依然として認められる（図3−3下段大平山元Ⅰ）。石器の器種構成も後期旧石器時代に共通するため、基本的には従来の技術伝統を受け継いでいたといえよう。

この頃、気候環境は依然として乾燥・冷涼であった。北海道から本州にかけての遺跡では、竪穴住居のような明瞭な居住施設がみつかっておらず、テントのような簡易的住居でくらしていたのだろう。また、大型の完成された優美な石器が集中して出土する「デポ」が確認され（図3-6神子柴遺跡）、財を蓄積・交換するための施設と考えられる（田中、二〇〇一・谷口、二〇一一・堤、二〇一三）。この特徴的な大型遺物の分布は、三〜五メートルほどの環状をなすことが多く、テント内の道具の配置を反映した可能性もある（稲田、二〇〇一・鹿又、二〇〇八b）。

さて、この頃の石器には、東北日本では頁岩が広く使用されるが、黒曜石や下呂石《げろいし》、ガラス質黒色安山岩も数百キロ以上の広域に流通した。神子柴遺跡では、岐阜県の下呂石製の尖頭器や東北地方西部の頁岩・玉髄製の尖頭器や利器が完成品で持ち込まれている。千葉県六通神社南《ろくつうじんじゃみなみ》遺跡でも、下呂石製石器がはるばる搬入された。また、茨城県後野A遺跡では、青森県深浦産の黒曜石製石器が出土した。このように長距離をさまざまな石材が多方向的に流通しているため、石器を貴重品として蓄える技術と、その流通を可能にするネットワークがあったと考えられる。

3 温暖化と寒の戻り

一万四五〇〇〜一万三〇〇〇年前は、直前の時期に比べて気温が二度ほど上昇し、降水量も増加した時期にあたる。ベーリング／アレレード期（図3‒1のBAの期間）と呼ばれる世界的な一次的温暖期に対応する。

一時的な温暖期の生活

本州から四国・九州では、隆線文《りゅうせんもん》土器が主体になり、土器も増加する（図3‒2）。やや遅れて爪形《つめがた》文《もん》土器が出現し、隆線文土器に替わって徐々に主体的になる。北海道と沖縄を除く列島規模の広い土器文化圏が形成された。土器の隆盛は、この一次的な温暖化に連動していた。かつて、土器は完新世の温暖化に伴って発生し、堅果類の煮沸用の鍋として発明されたと予想されていた。しかし、先述の通り、土器がそれ以前の寒冷期に出現したことがあきらかとなった。さらに、土器内容物の安定同位体比分析などの成果から、北海道大正《たいしょう》3遺跡の土器が、サケなどの遡上魚類を含む海洋資源の煮沸に使用された可能性が高いことが指摘された（O. E. Craig, et al. 2013）。また、本州から九州のいくつかの遺跡では、この時期の土器が草食動物やC3植物、堅果類の煮沸にも使われたことが指摘されている（小林 工藤編、二〇一一など）。このように、出現期の土器に関する理解は、近年、大幅に変更されている。

堅果類が出土した事例は、南九州などに少数ながらみられる。南九州を中心に石皿や磨石などの礫石器が増加するが、全国的には植物利用は活発ではなかった。河川漁撈が一部の遺跡で開始され、東京都前田《まえだ》耕地《こうち》遺跡では、住居跡（図3—6）から多くのサケの顎骨《がっこつ》が出土した。新潟県小瀬《こせ》ヶ《が》沢《さわ》洞窟でもサケの椎骨《ついこつ》やウミガメの骨、海産二枚貝が出土し、各種の漁撈がはじまっていた（小熊、二〇〇七）。

この一次的な温暖期に、本州では、細身の尖頭器、有舌尖頭器、石鏃《せきぞく》などの狩猟具があらわれる（図3—3）。それらは順次出現するが、いずれも狩猟用の刺突具としての機能をもつ。矢柄研磨器の登場とあわせて、弓矢猟が開始された。狩猟具の形態差による型式設定にもとづけば、細長く茎部《けいぶ》のえぐりが不明瞭な「本ノ木《もとのき》型」尖頭器は、関東地方から新潟県に分布する。また、小型で茎部がT字状となる「花見山《はなみやま》型」有舌尖頭器は、関東地方を中心に分布し、東北地方には少ない。このような尖頭器の形態の相違は、時空間的な差異を示している。また、この時期の終末にあたる厚手爪形文土器が隆盛する段階には、東北地方南部から関東・中部地方にかけて長脚鏃《ちょうきゃくぞく》が分布する。

この時期に、北海道と九州では、後期旧石器時代以来の細石刃が残存する。また、北海道と本州以西では有舌尖頭器の剥離手順が違い、剥離面の傾きが逆である（長井、二〇〇九）。そこには、慣習的な製作方法の違いが反映される。東北日本の石器製作技術は、両面調整石核からの縦長剝片剥離が前半期にみられる（山形県日向《ひなた》洞窟、新潟県久保寺南《くぼでらみなみ》遺跡〈図3—3下段〉、群馬県白井《しらい》北中道《きたなかみち》遺跡など）。この剝離技術は、大型の両面加工尖頭器製作に連動するため、尖頭器製作の衰退とともに消えていく。石匙《いしさじ》は、新潟県屋敷前《やしきまえ》遺跡の事例から、この時期に出現したとされるが、多くの遺跡に確認できる状況ではない。石斧は、神子柴石器群の時代よりも細身で小型になる。

竪穴住居はこの時期から列島各地で認められるようになる。住居は緩斜面に立地することが多く、竪穴が半地下の構造となることも多い。竪穴の規模は長軸三〜五㍍、深さは五〇㌢以下が多い。栃木県野沢《のざわ》遺跡では、約一万三七〇〇年前の竪穴住居から柱材が検出されたが、その用材はクリであった。クリは縄文時代を通じて住居の部材に利用されつづける。東北地方では日向洞窟西地区や青森県黄檗《きわだ》遺跡において竪穴住居や複数の土坑がみられる（図3―6）。土器が遺構からまとまって出土する事例も多くなる。

本州から九州では、竪穴住居と同様に、洞窟の利用が増加する。このような居住形態の変化は、降水量の増加などの気候変化に影響されたものであり、結果として定住への移行を促した。洞窟は、通年利用されたものではなく、回帰的な土地利用が増加したことを示している。また、この時期から南九州では、炉穴《ろあな》が確認されるようになる。温暖化に伴う食糧の加熱・燻製《くんせい》のための施設と考えられ、この後、温暖化の進行とともに七〇〇〇年前には南関東まで分布が拡大する。この炉穴は、東北地方以北にはみられない。

再び寒冷化した頃のくらし

一万三〇〇〇～一万二〇〇〇年前、やや暖かくなったのも束の間、再び寒冷で乾燥した時期になる。降水量は夏冬とも少ない。これは、ヤンガードリアス期（図3–1のYDの期間）と呼ばれるグローバルな寒の戻りである。海水準は低下したか、少なくとも上昇が停滞した。この寒冷化は地域性があり、日本列島への影響は比較的小さいといわれる。

この時期の初期には爪形文土器が残るが、やがてほとんどみられなくなる。その後、土器には縄による文様があらわれ、押圧施文から回転施文へ変化する（図3–2）。回転施文は、縄文時代を通じて列島規模に広がる施文法である。アジアの周辺地域にはみられず、縄文文化を象徴する技術がうまれたといえよう。

関東地方以南では、各地で竪穴住居跡が確認される。静岡県では、大鹿窪《おおしかくぼ》A遺跡、葛原沢《くずはらざわ》第Ⅳ遺跡で竪穴住居が検出され、特に後者ではクリ中心の建築材が利用されている。静岡県あたりの暖かい地域では、寒の戻りの影響が少なかったのだろう。いっぽう、北海道では、遺跡が少なく、竪穴住居と土器のセットが依然認められない。

本州では、狩猟具が石鏃主体となり、群馬県白井《しらい》十二《じゅうに》遺跡では、爪形文・押圧縄文段階の長脚・菱《ひし》型《がた》・五角形の鏃《やじり》から、多縄文段階の凹基《おうき》鏃《ぞく》への変化が確認された。関東地方では、局部磨製の石鏃も認められる。宮城県野川《のがわ》遺跡の石鏃には、器体を縦断する破損があり、強い力での刺突の結果と判断できる。おそらく弓矢の登場によって、狩猟具が受ける衝撃が強くなり、結果として、大きな破損が生じたのだろう。

石匙は、秋田県岩瀬遺跡において薄手の爪形文土器に伴って三点が出土した。一点にイネ科植物を切断した使用痕が確認されており、以降の縄文時代の石匙の機能と一致する（高橋、二〇〇七）。この頃は一遺跡から多数の石匙が出土することはない。

剝片生産技術の面では、東北地方において、特徴的な両面加工の円盤状石核がみられる（図3−3下段野川）。後期旧石器時代以来の伝統を受け継ぐ両面調整技術である。さらに、東北地方では石核などが集積された遺構が各地でみつかっている（図3−6、岩瀬、野川、福島県仙台内前《せんだいうちまえ》A地点）。キャッシュと呼ばれるこの施設は、住居外の施設であり、繰り返し同じ場所を訪れ、石器を使用することを前提に設置された道具箱であろう。すなわち、回帰的移動を示す証拠でもある。近くに竪穴住居は発見されておらず、唯一、岩瀬遺跡で直径二<ruby>メートル</ruby>ほどの小竪穴が検出されたのみである。野川遺跡では、キャッシュ土坑周辺の活動が復元されている（鹿又、二〇一〇）。第1号土坑とその周辺では、石鏃の製作と、破損石鏃の補給、スクレイパーによる木の加工などが行なわれている。第1土坑内には、石核や石鏃素材となる小型剝片も多数納められた。おそらく第1土坑は狩猟具の製作に関わる道具箱であろう。第2号土坑には、スクレイパーや篦《へら》状石器など、皮なめしに使われた道具と、その素材となる大型剝片が納められていた。民族学的には、女性が狩猟具に触れることを禁じる事例が報告されており、さらに、石器製作と狩猟が一般に男性の仕事であることを加味すると、男女の道具箱を意識的に分けて設置したと解釈できる。

④ 温暖化と縄文社会の成立

再び温暖化した頃の生活

一万二〇〇〇～一万五〇〇〇年前、気温が再び上昇し、海水準も徐々に上がりはじめる。夏季降水量は増えるが、冬季には降水量が少なかった。関東地方以西と同様に、東北地方でも長軸五〓《メートル》に達する竪穴住居が青森県櫛引遺跡や岩手県上台《うわだい》Ⅰ遺跡、福島県仙台内前遺跡F地点などでみられる。各地にあることから、竪穴住居が一般化してきたと評価できる。竪穴内の炉跡は明瞭ではないが、柱穴がこの時期になって多く認められる。

東北地方では、室谷《むろや》下《か》層式《そうしき》に代表される多縄文（回転縄文）土器から、薄手無文の平底土器主体へと変化する。この頃、両面加工の石核がなくなり、特定の剝片生産技術が認められない。石器の組成にも、石皿・磨石《すりいし》・敲石《たたきいし》のセットが加わる。狩猟具は、石鏃にほぼ限定され、平基か凹基の形態になる。また、石匙も未だ安定した数が出土せず、それに比して、スクレイパー類が多くみられる。さらに、櫛引遺跡では網漁に使われた石錘《せきすい》が出土した。櫛引遺跡の石錘は、当該期に属するか疑問視されることもあるが、福井県鳥浜《とりはま》貝塚でも出土しているので、この頃までに網漁が開始されたと考えて問題ないだろう。

なお、鳥浜貝塚では、土器内容物の分析から、多縄文土器が海産資源の煮沸に使われた可能性が指摘された（O. E. Craig, et al. 2013）。釣針も長野県湯倉《ゆくら》洞窟や栃原《とちはら》岩陰のような内陸部で出土している。サケ科の椎骨が塩喰岩陰で出土しており、河川漁撈の証拠となる。この時期になってようやく、狩猟、植物採集、漁撈の生業が組織的に開始されたと評価できる。

温暖化促進期のくらし

一万年前以降、気温は七〇〇〇年前をピークにどんどん上昇し、最終的に現在より一～二度高い気温となる。約八五〇〇年前が環境の変換点であり、その後に冬季降水量が多くなる。この要因には、日本海への対馬海流の流入があげられる。結果的に日本海側を中心とした多雪化が促され、東北地方でもブナ林が成立する。

土器には、撚糸文《よりいともん》や押型文《おしがたもん》が主体的になり、尖底が一般的になるが、鉢か深鉢のみの形態であり、煮沸用が主であったと考えられる（図3‐7）。この時期の前半、人びとのくらした竪穴住居は、長軸三～四メートルが主体であった。後半になると、三～八メートルほどとなり、なかには青森県中野《なかの》平《たい》遺跡のように長軸一〇メートルを超えるものもみられる（鹿又、二〇〇九b）。竪穴住居の大型化は、その製作に要する手間なども考えると、定住化の促進を反映しているといえよう。

気候変化によって、堅果類利用にも変化がみられる。東北地方では、縄文時代早期前葉の福島県塩喰岩陰や岩手県馬場野《ばばの》Ⅱ遺跡において、クルミが出土している。早期中葉には、青森県西張《にしばり》（2）遺

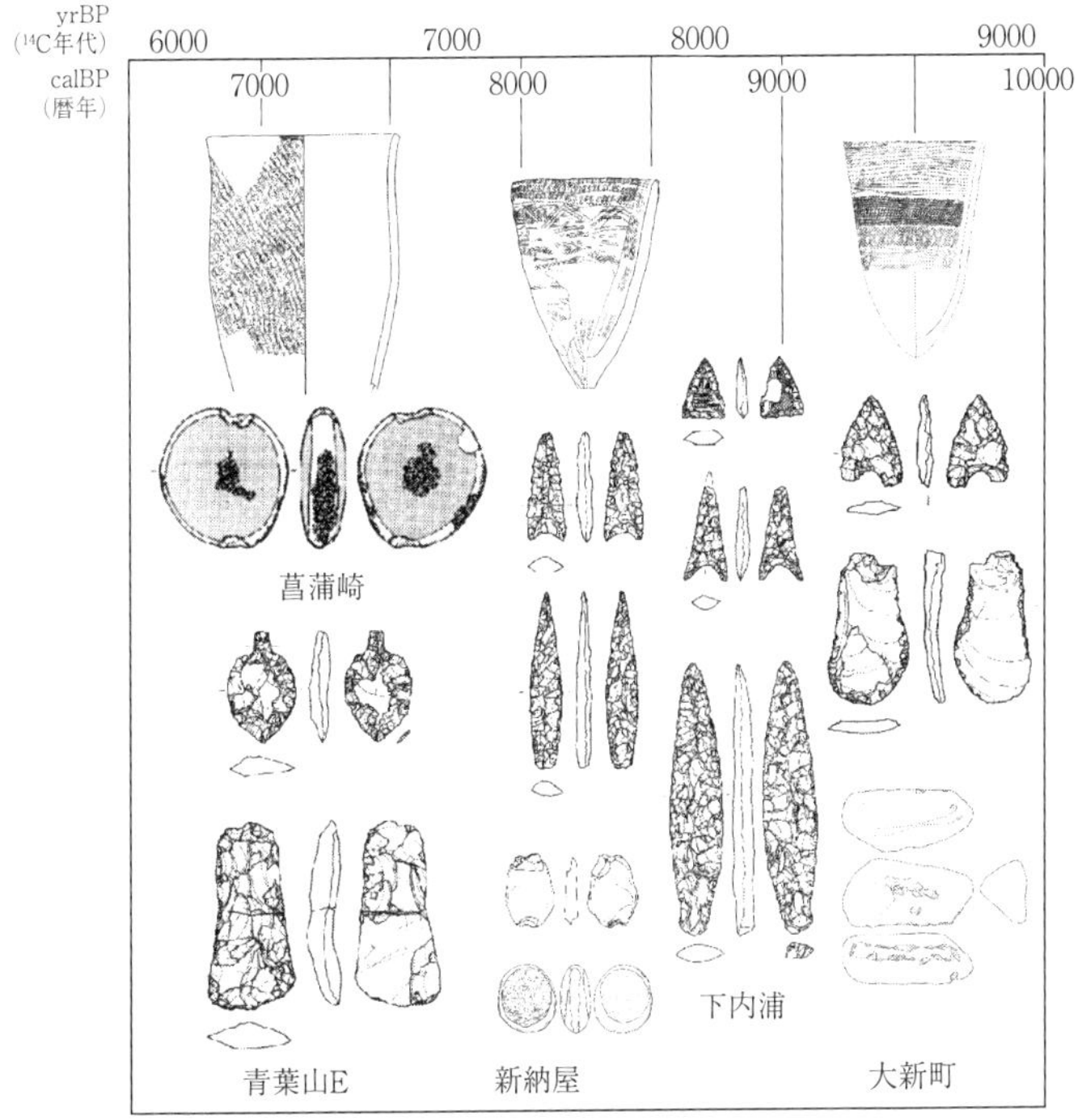

図3-7　縄文時代早期の遺物

跡、中野平遺跡、新納屋《しんなや》遺跡でも出土し、東北北部まで堅果類利用が盛んになったことがわかる。それに連動して、敲石や磨石などの礫石器も増加した。いっぽうで、主要な剥片石器の組成は、前段階と大きく違わないが、石匙が増加する。

関東地方や東海地方では、神奈川県夏島《なつしま》貝塚や、千葉県鴇崎《ときざき》貝塚、西之城《にしのじょう》貝塚に代表される貝塚が形成されはじめるが、東北地方では認められない。

早期末の年代は、東海地方以西では、アカホヤ火山灰の下位とすることが多く、その年代は約およそ七三〇〇年前である。いっぽう、東日本では、早期の土器には、約七〇〇〇年前までのものが含まれる。

温暖化のピークまでのくらし

この時期の竪穴住居は、前段階と大きな変化は無い。長軸は三〜六メートルほどである。東北地方の南部の住居数をみると、一万〜七〇〇〇年前の間、徐々に増加していく。いっぽう、東北地方の北部では、約八五〇〇年前頃に、住居数がピークをむかえる。ひとつの遺跡内の住居数からみれば、青森県田向《たむかい》遺跡や中野平遺跡、岩手県小松《こまつ》Ｉ遺跡、山形県二夕俣《ふたまた》Ａ遺跡のように、八五〇〇年前頃に一〇棟程度が集まる事例が増加する。七〇〇〇年前になると、青森県潟野《かたの》遺跡、福島県山田Ｂ遺跡、八重米坂《やえごめざか》Ａ遺跡のように一〇棟近くの住居数をもつ遺跡があり、同規模の集落が継続していた。しかしながら、縄文時代前期以降になると、一遺跡あたり数十棟の住居が確認されるため、約七〇〇〇年前以降に集落規模の拡大があった。

この頃、植物利用の面では、ブナ林の形成が生業活動に大きく影響した。堅果類では、クルミが依然として多く利用されるが、徐々にクリも増加する。秋田県菖蒲崎《しょうぶざき》貝塚では多量のクルミが出土し、福島県仁井殿《にいどの》遺跡でも住居埋土へのクルミの廃棄が確認されている。福島県中ノ沢Ａ遺跡２号住居や関林《せきばやし》Ｄ遺跡15号土坑で貯蔵穴からクリが出土している。縄文時代前期になると、青森県三内丸山遺跡などにおいて、クリ主体への移行が確認される。

漁撈活動では、八五〇〇年前頃から沿岸部で石錘が増加し、網漁が盛んになった。この傾向は、東北地方のみではなく、北海道西南部でも共通する。北部東北と北海道西南部は一つの文化圏を形成し、その後の時代につづく。縄文時代前期・中期の円筒土器文化につながるものである。同じ頃、東北地方では貝塚も増加する。貝を含めた海産資源の活用も活発化した。土器に貝殻を使った施文がみられるのも、その影響の一つだろう。この時期になって、沿岸部へ居住域が拡大した。

この頃の住居は、縄文時代前期以降のように、一集落内の住居間のサイズの格差が認められない。集落間の住居数の差も小さく、階層化社会には至らなかったと考えられる。明確な墓域の形成もなく、土偶や祭祀的遺物とされる品々も少ない。このように、約七〇〇〇年前に一つの社会的な画期を見出せる。

環境変動の波と適応行動

約一万八〇〇〇～七〇〇〇年前までの一万年間あまりを環境変動の観点から七つの時期に分けて、それぞれの人類活動の内容を通史的にまとめた。すべての人類活動の変化が、必ずしも環境変動に連動していたわけではないが、広い地域に共通した活動の変化の場合には、グローバルな環境変動と連動している。氷期の最後であった時期から、完新世でも最も暖かかった時代への一方的な変化のようだが、道具や技術の開発と採用、または、移動生活から定住生活へという単純なシナリオでは語り切れない。各時期の技術的な状況のなかで、それぞれが最適な活動スタイルを模索しての変化であったと推定される。そのなかで、移動生活に適した装備や生活スタイルを放棄し、拠点的な土地を巡回する方向へ推移することになり、最終的には、定住的な生活とそれを可能にした交易ネットワークを確立していった。

長期におよぶ人類動態の変化に着目すると、道具・技術の消長の不思議がみえ隠れする。例えば、局部磨製石斧や石刃、両面調整石核のように、消えてはふたたびあらわれる道具が存在する。道具としては、それらは、ある段階には見当たらないが、その製作技術は、研磨や石器製作の日常的な技術のなかに潜みながら、生きつづけている。つまり、かつて獲得された技術は、道具の衰退に伴い完全に失われるのではない。それに気づかず、道具の消長にのみ注目すると、ある技術がふたたび復活したかのような錯覚に陥るのではないだろうか。いっぽうで、道具の隆盛という意味でみれば、土器の出現と隆盛の時間のギャップも、同様の理解が可能である。土器があらわれてから一〇〇〇～二〇〇〇年もの間、その繁栄はみられなかったが、温暖化とともに一端隆盛する。その後の寒の戻りで再び下火になり、土器出現から五〇〇〇年後の完新世のスタートとともに息を吹き返す。そこには、自然環境と人類活動との相互的な関係が常に成立している。

このように約一万年間の人類史を通じて理解できるのは、人類の歴史が、自然的・社会的環境によって決定されるのでなければ、人類の技術や能力にのみ影響されるのでもなく、両者の関係によって、その方向性が変わっていくということである。そして、この気候と人類行動の変化は、前後の時期に比べて大きく、歴史的な変動期・移行期として評価できる。今、我々人類はさらなる温暖化期をむかえ、新たな変動期に直面しているのかもしれない。そして、今後どのような環境変動が我々を待ち受けているかはわからないが、人類は、その時までに経験し、獲得したはずの潜在的な技術・能力も含めて、自然環境・社会環境と対話しながら、自らの生き方を変えていくのであろう。

四　東北縄文集落の姿

菅野智則

1　集落の概念と対象年代・地域

集落のもつ意味

考古学における集落は、「単なる住居の集合体ではなく、人のすむ場所を包括する生活舞台全般をさす。集落跡は、住居跡・建物跡・倉庫跡・墓地・貯蔵穴・おとし穴・水田跡などの遺構として発掘調査によって発見される」ものとしてとらえられてきた（江坂ほか編、一九八三）。さらに、これらの遺構だけではなく、同時に発見される遺物も、その場での人間活動の痕跡を示すものとして重要である。そう考えるならば、考古学における集落遺跡研究の分析対象範囲は非常に広い。

本章では、特に遺構に関する検討を主としつつ、前期から後期における集落の特徴の把握を主な目的とする。また、時期の呼称については、さまざまな意見はあるが左の表のように整理した。

年代と地域

本章では北上《きたかみ》山地、北上低地帯、仙台平野、八幡平《はちまんたい》山地、真昼《まひる》山地、船形《ふながた》・蔵王《ざおう》山地に含まれる地域（小池ほか編、二〇〇五）に関する事例を主に取り上げる（図4―1）。これらの地域は、現在の行政区画でいえば岩手県と宮城県にあたる。仙台湾付近に位置する北上低地帯南部（岩出山《いわでやま》丘陵・仙北《せんぼく》平野）、仙台平野、船形・蔵王山地を仙台湾周辺地域とまとめる。それ以外は岩手県となり、北上川中・下流域として呼称する。

また、縄文時代前期の北海道渡島《おしま》半島・東北地方北部には「円筒土器」、南部には「大木《だいぎ》式《しき》土器」が分布する。その後の各時期・時代を通じて、北緯四〇度付近で分布範囲を変化させながらも、おお

表　名称と土器型式の対応

大別時期	細別時期	土器型式名
前　　期	前期初頭	上川名Ⅱ式
	前期前葉	大木１式 大木 2a 式 大木 2b 式
	前期中葉	大木３式 大木４式
	前期後葉	大木５式
	前期末葉	大木６式
中　　期	中期初頭	大木 7a 式
	中期前葉	大木 7b 式
	中期中葉	大木 8a 式 大木 8b 式
	中期後葉	大木 9a 式 大木 9b 式
	中期末葉	大木 10a 式 大木 10b 式
後　　期	後期初頭	観音堂式・ 門前式
	後期前葉	宮戸 Ib 式
	後期中葉	宮戸 IIa 式 宮戸 IIb 式
	後期後葉	西ノ浜式 宮戸 IIIa 式
	後期末葉	宮戸 IIIb 式

むねその範囲内において、それぞれに特徴的な遺物が出土する（冨樫、一九七四・高木　佐々木　鎌田、二〇〇五）。岩手県盛岡市以北は、その「円筒土器」分布圏にあたる。本章の検討対象範囲は、基本的にはそれ以南の「大木式土器」が主体的に分布する地域となる。

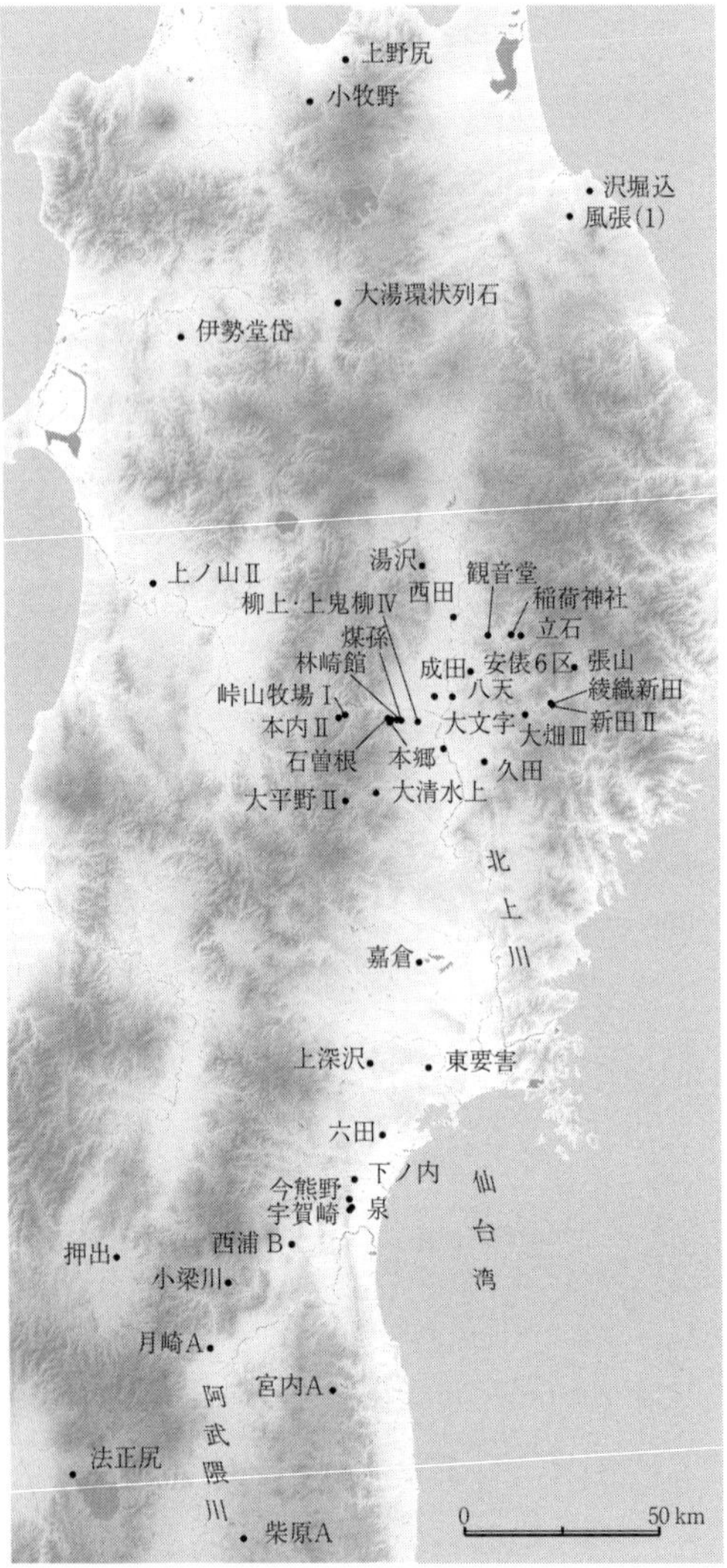

図4-1　本章で関係する遺跡の分布図

[2] 前期集落の盛衰——前期初頭から前期末葉——

仙台湾周辺地域の遺跡

仙台湾周辺地域の集落遺跡は、早期後半になると増加するが、一つの遺跡あたりの竪穴住居跡数は少ない。そして前期になると、宮城県名取市今熊野《いまくまの》遺跡（図4―2）や同市泉《いずみ》遺跡のように五〇軒以上の竪穴住居跡が発見される規模の大きな集落遺跡が出現する。この二遺跡の前期前葉前半（大木1式期）の竪穴住居跡は、方形あるいは長方形を呈し、中心に主柱となる深い柱穴が位置する。そして、壁際には小さな柱穴（壁柱穴）をめぐらせていることから、側壁を構築した壁立式の竪穴住居跡と考えられている（宮本、一九九六）。炉は、床面をそのまま燃焼面として用いた地床炉《じしょうろ》か、あるいは掘りくぼめた炉がごく少数存在する。今熊野遺跡では、竪穴住居跡が集中する区域が認められる。その集中区域より北側の丘陵頂部平坦地には、貯蔵穴と考えられる土坑が分布する。いっぽう、泉遺跡では、類似した形態の竪穴住居跡が広範囲に散在しているが、時期ごとに竪穴住居跡が集中する区域が見受けられる。貯蔵穴は、今熊野遺跡と同様に丘陵頂部平坦地から発見されている。この二遺跡では、限られた区域を居住地として繰り返し利用し、その居住地とは少し離れた場所に貯蔵施設の区域を設定していたことがわかる。また、この二遺跡は、前期前葉後半（大木2b式期）になると縮小あるいは消滅する。この二遺跡は、竪穴住居跡の形態が定型

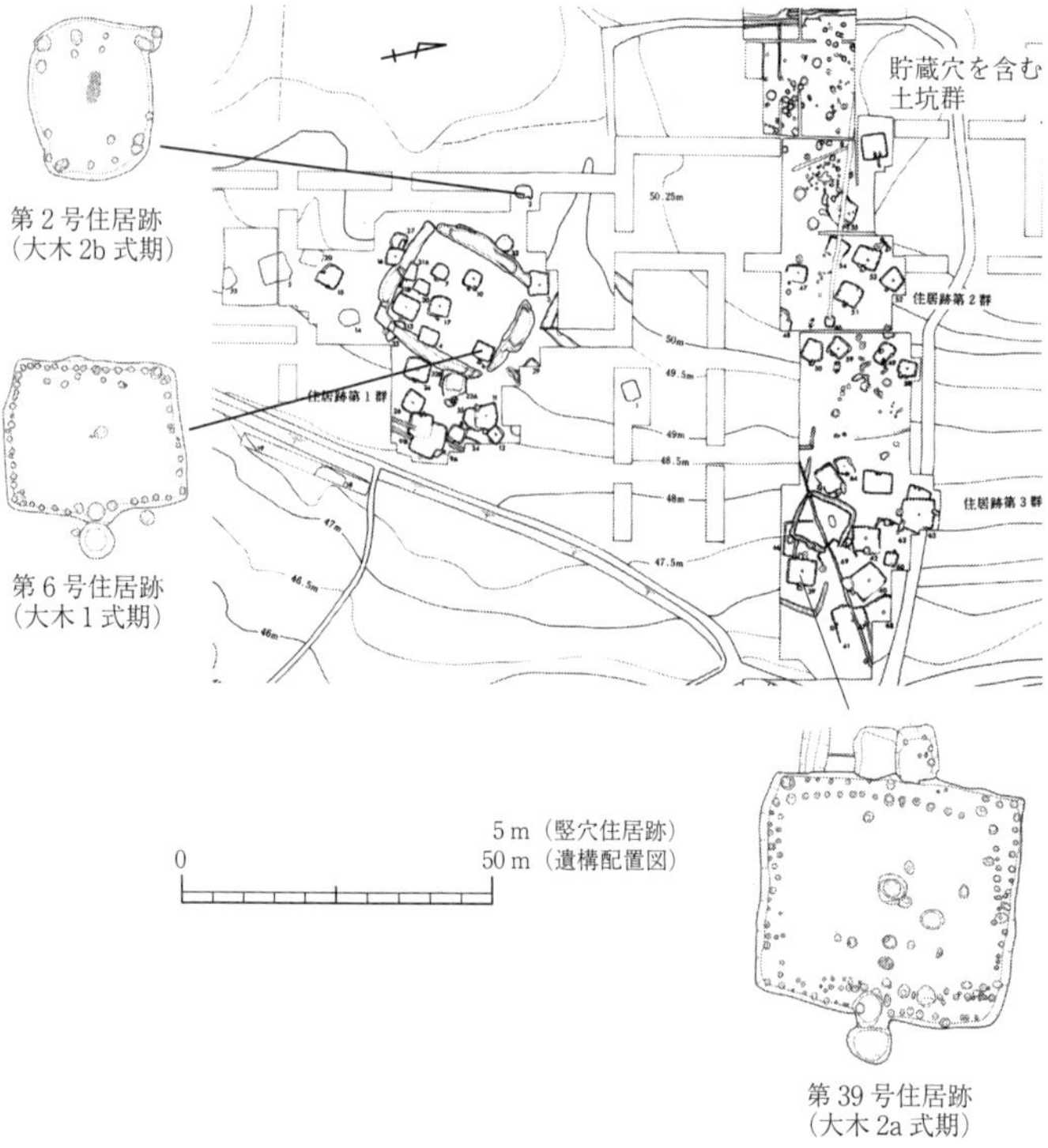

図4-2　今熊野遺跡の遺構配置と竪穴住居跡

的であることや、限られた期間における急激な住居跡数の増加・減少が認められることから、早期からの継続的な集落遺跡というよりは、一時的に出現した集落遺跡である可能性がある。なお、類似する竪穴住居跡は、青森県八戸市沢堀込《さわほりごめ》遺跡などでも存在し、東北地方の太平洋岸に広く分布する（斉藤、二〇〇九）。

また、鳴瀬《なるせ》川《がわ》流域に位置する宮城県大崎市東要害《ひがしようがい》貝塚では、前期前葉（大木1〜2a式期）の掘立柱建物跡五棟が発見されている。これらの掘立柱建物跡の規模は、梁行《はりゆき》一間、桁行《けたゆき》三〜四間となり、その柱に囲まれた面積は同時期の竪穴住居跡と同程度である。この掘立柱建物跡には炉などの諸施設はなく、同時期の類例も少ないいため、その機能を判断することは難しい。ただ、規模の点からすると居住可能な平地式の住居跡の可能性もある。この東要害貝塚が集落遺跡だとすれば、前期前葉前半には、竪穴住居跡あるいは掘立柱建物跡による集落遺跡が登場しつつも、その後の時期には継続していないこととなる。

次の前期中葉前半（大木3式期）の集落遺跡は、宮城県利府町六田《ろくだ》遺跡などにおいて数軒程度の竪穴住居跡が認められる程度であり、非常に少ない。これらの竪穴住居跡は不整形であり、前時期に比べ定型的ではない。貯蔵穴の存在も明確ではない。さらに次の前期中葉後半（大木4式期）の住居跡は、現在のところ全く発見されていない。ただし、宮城県名取市宇賀崎《うがさき》貝塚などでは、同時期の貝層から豊富な種類の遺物や動物遺存体などが発見されており、居住する人びとが全く存在しなかったわけではない。この点に関しては、同時期の集落遺跡である山形県高畠町押出《おしだし》遺跡の存在が参考となる。押出遺跡は、低湿地部に位置するため、底面に丸太材を敷き、その上に盛り土をした上で、内部あるいは周囲に柱を打ち込んだ構造の壁立式の平地式住居が確認されている。この時期における同構造の住居跡はほかの地域では発見されていない。低湿地に居住域が位置することも稀なことであり、前期中葉後半にはそれまでの集落形態が大きく変化したものと考えられる。

長方形大型住居跡による環状集落の出現

北上川中流域の前期前葉後半には、長軸方向が特に長い長方形あるいは楕円形を呈する竪穴住居跡（以下、長方形大型住居跡と呼称する）により構成される環状集落遺跡が出現する。岩手県遠野市綾織新田《あやおりしんでん》遺跡では、前期前葉後半から前期中葉後半までの長方形大型住居跡が存在する（図4―3）。これらの竪穴住居跡は、中央部に複数の地床炉が連続し、その左右には柱穴が並ぶ。周溝が複数あるものもあり、住居の拡張などの複数回の建て替えがあったことがわかる。長方形大型住居跡のなかには、同構造ではあるが、床面積がそれほど大きくはなく、大型竪穴住居跡と言い難いものもある。さらに非常に小型で柱穴あるいは炉跡が全く存在しないものも存在し、大小の規模のものが混在する。長方形大型住居跡は、北と南に分かれて分布する。これらの竪穴住居跡の長軸方向は、中央部に向く傾向が強いことから、完全な環状とは言い難いが、求心性を有した集落構成であるとはいえる。そのほかには、貯蔵穴と考えられる円形の土坑があり、竪穴住居跡の近辺に分布する。その後の前期後葉を主体とする岩手県奥州市大清水上《おおすずかみ》遺跡では、完全な環状構成となる（図4―4）。その住居構造は、綾織新田遺跡と基本的には同一であるが、楕円形に近い形態のものも多く存在する。また、周溝と柱穴のみを有する小型円形の竪穴住居跡も多く認められる。そのほかの遺構としては、やはり貯蔵穴として考えられる土坑群がある。綾織新田遺跡と同様に住居跡に近接して分布する。墓と想定されている土坑もあるが、明確に判断できるものはない。このような長方形大型住居跡が、中期初頭まで存在する。なお、この大型竪穴住居跡の

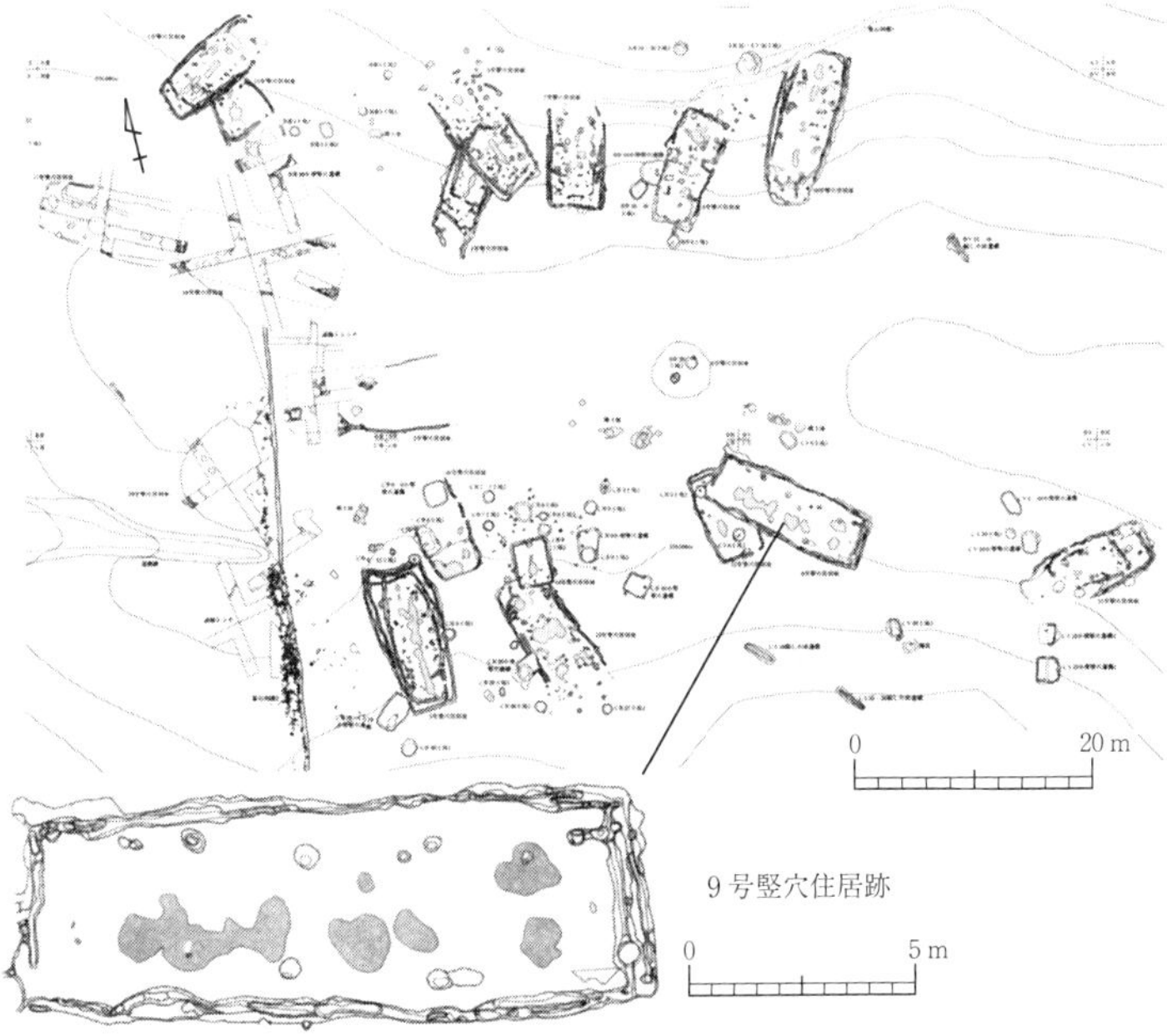

図4-3　綾織新田遺跡の遺構配置と竪穴住居跡

機能に関しては、さまざまな議論がある。冬期間における食品の加工を目的とした共同作業家屋であり、屋根裏にて乾燥貯蔵を目的としているという意見（渡辺、一九八八など）や、民族誌の事例から多家族が居住する家屋（武藤、一九九七など）などの意見もある。有する設備からは、長方形大型住居跡が居住可能な家屋であることは確かであり、その内容が問題となろう。

北上川下流域では、宮城県栗原市嘉《か》倉《くら》貝塚にて、前期後半（大木5・6式期）を主体とした同様の環状集落が発見されている。前期後葉には、長方形の単軸方向もやや拡大した、

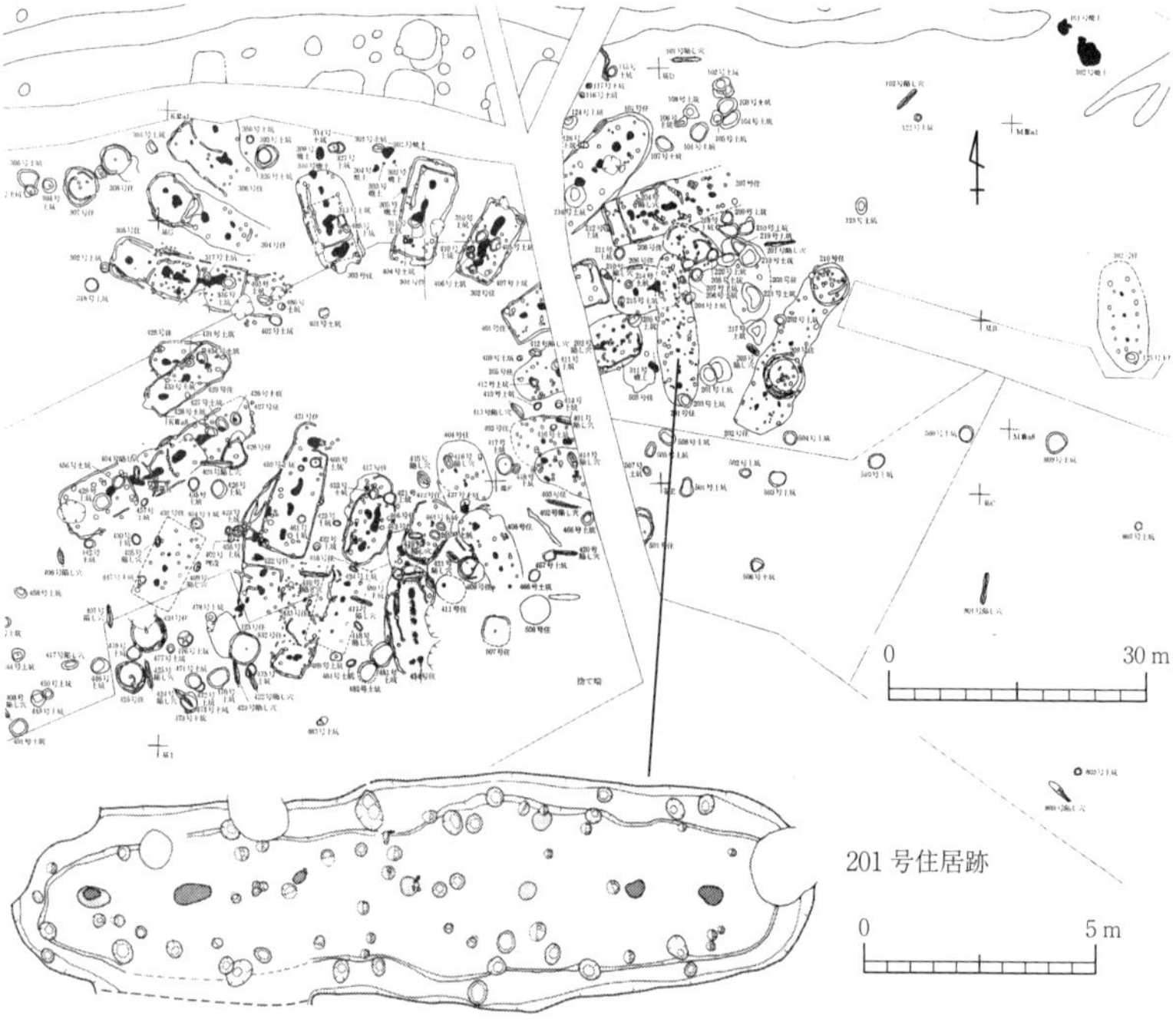

図 4-4　大清水上遺跡の遺構配置と竪穴住居跡

面積がより大きい長方形大型竪穴住居が出現する。その後、この非常に大型のものから、正方形に近い小型のものまでさまざまな種類が揃う。嘉倉貝塚のほかの遺構としては、梁行一間、桁行三〜四間ほどとなる掘立柱建物跡が複数存在する。前期末葉から中期初頭において竪穴住居跡と部分的に重複しつつも、西側と東側に分布している。貯蔵穴と考えられる土坑は、平面的に二群に分かれるようであるが、竪穴住居跡や掘立柱建物跡の近辺に構築されていることには変わりがない。こうした嘉倉貝塚の存在からは、類似する集落がある程度広域的に分布していたことがわかる。そして、このような形態の集落は、後には奥羽山脈を越え秋田県大仙市上《うえ》ノ山《やま》Ⅱ遺跡などの日本海側へもおよんでいる。

顕著な地域性の出現

これらの様相からは、東北地方太平洋岸地域に共通する特徴が、各時期を通じて継続的・安定的に発展していたのではなく、地域ごとに大きな変化が生じていたことがわかる。そして、この現象は、北上川中・下流域と仙台湾周辺地域における明瞭な地域性の出現と展開を示している。また、低湿地の集落遺跡である山形県押出遺跡の特徴的なあり方は、この変化期における地域的な特徴の一つとして理解することが可能であろう。

ところで、長方形大型住居跡の主体的な分布域である北上川支流和《わ》賀《が》川《かわ》流域の前期前葉から中期初頭にかけての集落遺跡からは、大量の石錘が出土する（菅野、二〇一二）。この石錘を、漁撈網として利用していたと考えるならば、和賀川において積極的な河川漁撈活動が行なわれていたことが推察できる。そして、前期末葉には、岩手県西和賀町峠山牧場Ⅰ遺跡などのように、和賀川沿いに集落遺跡が展開することからも、ほかの地域・時期に比べ河川と密接な関連があったことがうかがえる。同時期のほかの河川流域の集落遺跡、あるいは中期中葉以降の和賀川流域の遺跡群ではそのようなことはなく、この時期に限られた和賀川流域における固有の生業活動であるといえる。長方形大型住居跡による環状集落としてあらわされる社会構造は同一であるが、個々の地域に即した生業形態にはさらに細かな地域性の存在が推定できる。

このような地域性が出現する背景には、前期前葉後半における青森県と秋田県の県境にある十和田火山の噴火が大きな影響を与えたものと考えられる。そのさいに降下したテフラ（火山砕屑物《さいせつぶつ》）として十和田中掫《ちゅうせり》テフラがあり、前期前葉後半（大木2a式期）より後に堆積したことがわかっている（星、二〇〇二）。このテフラは、東北南部でも確認されており、広域的な時期的指標となる。十和田火山の影響を強く受ける東北北部では、その噴火により生態系が壊滅的打撃を受け、その後急激に展開する円筒土器文化が誕生する契機となったことが指摘されている（辻ほか、二〇〇五）。このような噴火の結果、東北南部においても当時の縄文社会において大きな影響があったことは推定できる。そして、同時期の東北南部における時期的変化も、決して無関係ではないだろう。前期前葉前半の頃、大規模な集落遺跡を形成した東北地方の前期縄文社会は、急激な環境変化に伴い大きな変化を生じざるを得なかったのではなかろうか。その変化のなかで、広域的に展開した前期縄文社会が、個別の地域環境に応じた社会へと変質していったものと理解したい。

3　前期的集落の変質――中期初頭から中葉――

長方形大型住居跡による環状集落の消失

北上川中流域における長方形大型住居跡による環状集落は、中期初頭に終焉を迎えつつあり、この時期の長方形大型住居跡は多くはない。この地域で特に調査事例が多い和賀川流域の中期初頭から中期中葉前半（大木8a式期）の時期の竪穴住居跡は、円形あるいは楕円形プランで、地床炉、石囲炉《いしがこいろ》、土器埋設炉、土器埋設石囲炉などの各種の炉を有するものが一般的である（菅野、二〇一二）。前期末葉から中期初頭の集落遺跡である岩手県北上市煤孫《すすまご》遺跡では、長方形大型住居跡は存在せず、そうした通常の竪穴住居跡が点的に密集して分布する。また、中期初頭から中期中葉前半の同市本郷《ほんごう》遺跡における、竪穴住居跡の特徴や分布状況も同様である。その後の中期中葉後半（大木8b式期）の同市石曽根《いしそね》遺跡では、環状に近い構成が認められる。同時期の同市林崎館《はやしざきだて》遺跡では、明確な構成形状を示しているわけではないがほぼ列状に広く分布しており、前時期までのように点状に密集して分布するという状況ではない。また、それまでと同様、住居跡の側に貯蔵穴を構築するようであるが、林崎館遺跡では、列状に並ぶ竪穴住居跡と分布域を別にして存在しており、中期中葉後半には遺構の配置関係が異なっている可能性がある。

中期中葉前半の北上川中流域には、明確な環状構成となる岩手県紫波町西田遺跡が出現する（図4−5）。西田遺跡では、中央に土坑墓を有し、その外側に掘立柱建物が環状にめぐる。さらに、その外に竪穴住居跡と貯蔵穴が位置している。また、明確な墓と共に墓域と考えられる区域が出現することも特徴的である。ただし、この構成は、中期中葉後半には、竪穴住居跡が掘立柱建物の区域に構築さ

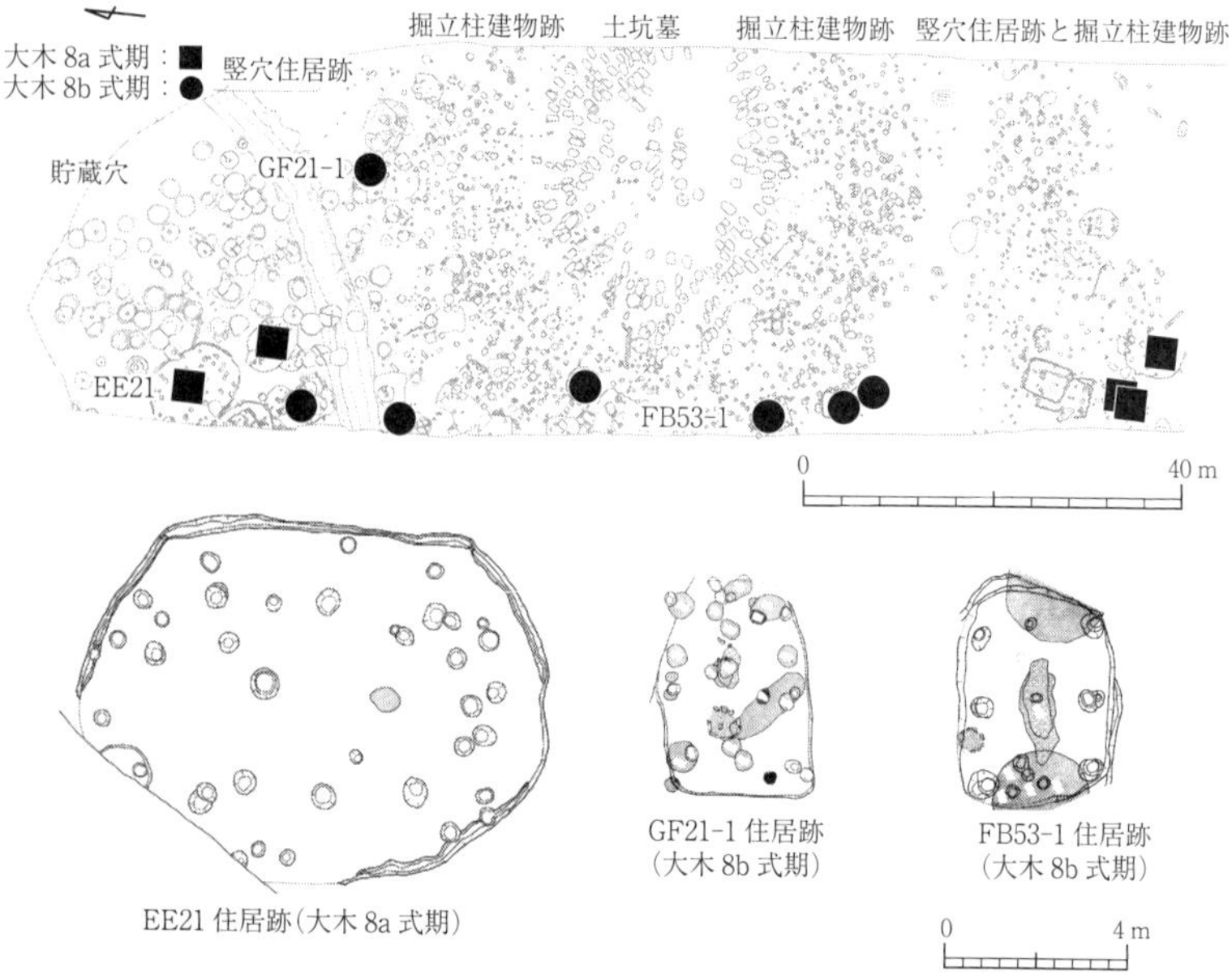

図 4-5　西田遺跡の遺構配置と竪穴住居跡

れることにより崩れており、この頃には環状集落ではなくなっていた可能性が高い。限られた時期ではあるが、このような整った構成となる集落遺跡は、この地域・時期においては非常に稀である。また、中期中葉前半の竪穴住居跡は、規模が大きく長楕円形を呈し、地床炉、石囲炉、土器埋設炉を有する。これらの特徴は、和賀川流域の事例と同じである。しかし、中期中葉後半の住居跡は、地床炉と石囲炉を有し、小型の長方形を呈するものが多い。そして、その柱配置は、掘立柱建物跡に近い。これらの特徴は前時期と全く異なり、同時期の周辺遺跡では類似する竪穴住居跡は発見されていない。このような西田遺跡のあり方は、非常に特異的であるといえる。北上川流域で前期の環状集落が消えた後、中期前葉の福島県磐梯町法正尻《ほうしょうじり》遺跡などの福島県・山形県の遺跡では、長方形大型住居跡による環状集落が出現している。これらの事例に比べ、環状構成ではあるが、西田遺跡とは竪穴住居跡の形態などの諸要素は大きく異なり、類似した遺跡であるとは言い難い。この西田遺跡の集落構成の問題を究明することは、北上川流域の中期縄文集落を考える上で重要な課題であるといえる。

山間部に位置する遺跡

これまで述べてきた遺跡は、主要河川沿いなどのやや開けた場所に立地する遺跡であったが、狭隘《きょうあい》な山地内にも集落遺跡は存在する。奥羽山脈内には、白石川《しろいしがわ》の河岸段丘上の平坦地に位置する宮城県七ヶ宿《しちかしゅく》町小梁川《こやながわ》遺跡がある。この遺跡は、前期前葉、中期初頭～中葉までの集落遺跡である。中期における細別時期ごとの竪穴住居跡数は、それほど多くはなく、最大で五軒程度である。谷近辺の低い部分に土坑墓や埋設土器による墓を設置し、それより高い位置に居住・貯蔵施設を形成する。

この小梁川遺跡の特徴の一つは、中期初頭における長楕円形の大型竪穴住居跡の存在である（図4-6の1）。宮城県北部にある嘉倉貝塚における前期末葉の事例では、方形が主体的であり、長楕円形は存在していない。そして、嘉倉貝塚以南の小梁川遺跡までの地域では、この時期における長方形大型住居跡は発見されていない。そのような分布を踏まえると、小梁川遺跡のこの住居跡は、先にもあげた中期前葉の福島県磐梯町法正尻遺跡などの、仙台湾周辺地域以南における事例と関連あるものと

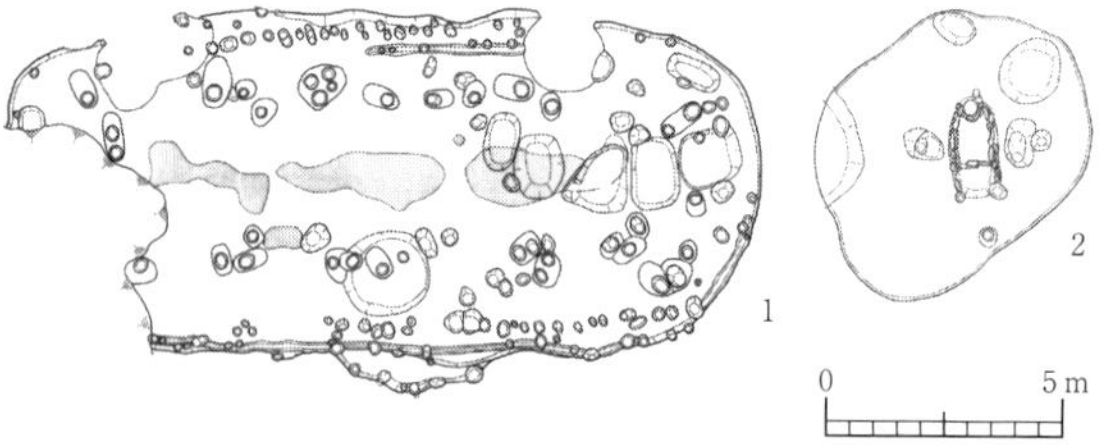

図4-6　小梁川遺跡の竪穴住居跡
1. 第46号住居跡（大木7a式期），2. 第5号住居跡（大木8b式期）

考えられる。

さらにもう一つの特徴は、北側に離れて分布する中期中葉後半のさらに新しい段階の居住域である。この居住域では、五軒の竪穴住居跡が構築されており、周辺にそのほかの同時期の遺構はほぼない。これらの竪穴住居跡の炉跡には、石囲部あるいは土器埋設部と掘込部を伴っており、燃焼部を複数有する複式炉と考えられる事例がある（図4−6の2）。そのほかの竪穴住居跡では、やや楕円形を呈し、周囲に石を二重に並べた石囲炉を有しているものも存在する。これらの炉跡は、福島県福島市月崎《つきざき》A遺跡や信濃川流域で認められるような長方形の石囲炉（阿部、二〇〇八）などとの関連性が強いものと考えられる。

小梁川遺跡は、奥羽山脈内を通る河川沿いに立地する。この場所は、近世には、奥州街道から羽州街道に接続する街道として機能していた。奥羽山脈という南北に長大な山地を交通の障壁と考えるならば、その山地を越えるルートは、近世以前においても重要な交通路であったと推測できる。そうした歴史・地理的観点から、小梁川遺跡は、交通の要衝に立地する特徴的な遺跡であるといえる。

小梁川遺跡よりもさらに狭隘な山地では、中期中葉以降に小規模な集落遺跡が認められる。岩手県西和賀町本内《ほんない》Ⅱ遺跡は、南本内川と和賀川の合流地点の狭い左岸河岸段丘上に位置する集落遺跡であり、中期中葉から後期前葉、そして晩期までの幅広い時期の竪穴住居跡が発見されている。竪穴住居跡の時期は、必ずしも連続しているわけではないが、断続的に少数の竪穴住居跡が存在している。そして、竪穴住居跡は貯蔵穴とともに離れた場所に数軒ずつ散在する。類似する集落遺跡は、岩手県奥州市大平野《おおだいらの》Ⅱ遺跡などの胆沢川《いさわがわ》流域においても認められている。

これらの狭隘な山地内の小規模集落遺跡は、平地の集落遺跡のように、その場に通常の定住的な拠点地を築くために形成されたのではないだろう。本内Ⅱ遺跡、大平野Ⅱ遺跡の位置する場所も、小梁川遺跡と同様に、以前より街道として利用されており、現代でもその付近には主要道が通る日本海側との交通路となっている。そのような交通路中の要衝であることを考えると、移動のための一時的な居住地である可能性も考えられる。しかし、一時的とはいえ、竪穴住居跡を構築し、貯蔵穴を伴うような様子からすると、ある程度の期間は居住していたものと考えられる。そう考えるならば、単に移動のための中継地点というよりは、山間地にて何らかの資源や情報などを獲得するための小さな拠点とも考えられる。特に中期後半以降、そのような遺跡が数多くなるが、中期中葉はそうした遺跡を形成する最初の時期であったことが指摘できる。

前期から中期にかけての集落遺跡の変質

北上川流域における長方形大型住居跡により構成される環状集落遺跡は、中期前葉以降には消失し、あまり規模の大きくない集落遺跡が継続的に出現するようになる。その後の中期中葉には、竪穴住居跡の数も増加し、規模の大きな集落遺跡が増えるとともに、山地内にまでも小規模な集落遺跡が進出する時期となる。そのような時期的変化から、中期前葉から中期中葉までの時期を、前期的な集落の解体からの変質期ととらえたい。そして、この時期の集落遺跡は継続的に認められ、その特徴も類似していることから、この変質は、各地域における文化の漸移的変化、そして地域間関係を背景とした穏やかな変質として理解することができる。

その後の中期後葉以降、東北地方では複式炉を有する竪穴住居跡により構成される集落遺跡が数多く出現する。この複式炉という炉形態は、細部に違いはあるものの広く東北一円に広がる広域的な特徴となる。また、大木9・10式という型式の土器もまた、広域的に分布するようになる。そして、このような広域的特徴が認められる時期である中期末葉において、集落遺跡の数、竪穴住居跡の軒数が最大となる。

4　複式炉を有する集落の出現――中期後葉から後期初頭――

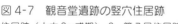

竪穴住居跡の特徴と集落構成

北上川流域における中期後半の代表的な集落遺跡としては、北上川支流稗貫川《ひえぬきかわ》右岸の段丘上に位置する花巻市観音堂《かんのんどう》遺跡がある。観音堂遺跡では、中期後葉から後期初頭の竪穴住居跡が三三軒発見されている。中期後葉の竪穴住居跡は、円形プランが主体的であり、小型から大型の各規模が存在する。大型の竪穴住居跡の主柱穴は、炉を中心として整然と並び、深さも深い。複式炉は三段以上の構成となる（図4－7の1）。中期末葉後半（大木10b式期）になると、その柱穴は周壁周辺や複式炉を中心とはするが散漫に分布し、本数も多くなる。複式炉は、掘込部が開かず、全体の形状が長方形を呈するものもあり、住居壁部から離れる（図4－7の2）。中期後葉から中期末葉前半（大木10a式期）の竪穴住居跡は、複式炉の形態や柱配置からして定型的ではあるが、中期末葉後半にはそのような形態は崩れる。

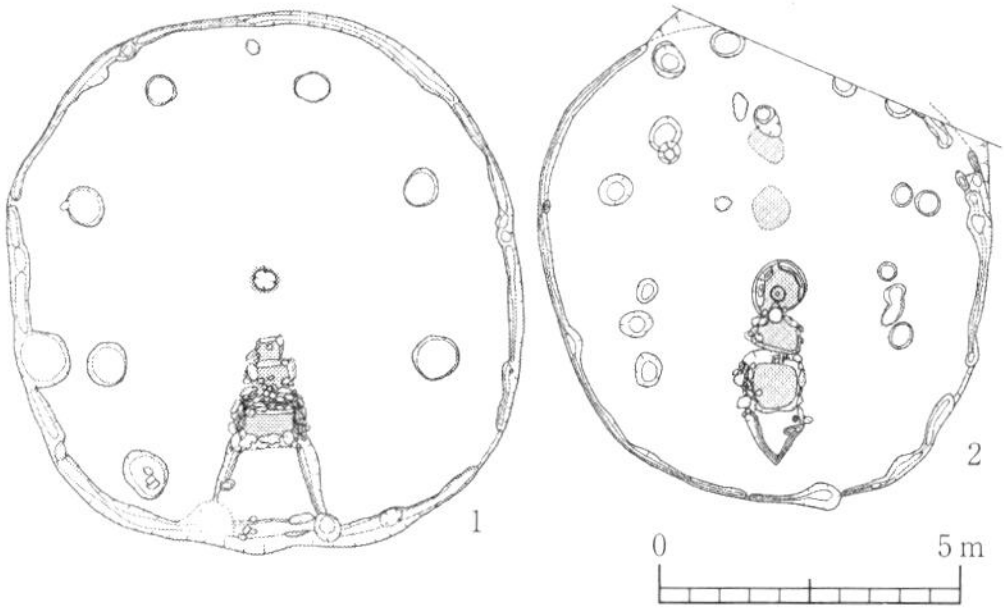

図 4-7　観音堂遺跡の竪穴住居跡
1．第1号住居跡（大木 9a 式期），2．第7号住居跡（大木 10b 式期）

　そのほかの集落遺跡として、北上川支流和賀川左岸の段丘上に位置する岩手県北上市柳上《ようしゅう》遺跡がある（図4－8）。この遺跡では、中期後葉から後期初頭の竪穴住居跡八七軒のほか、掘立柱建物跡二七棟などが発見された非常に規模の大き

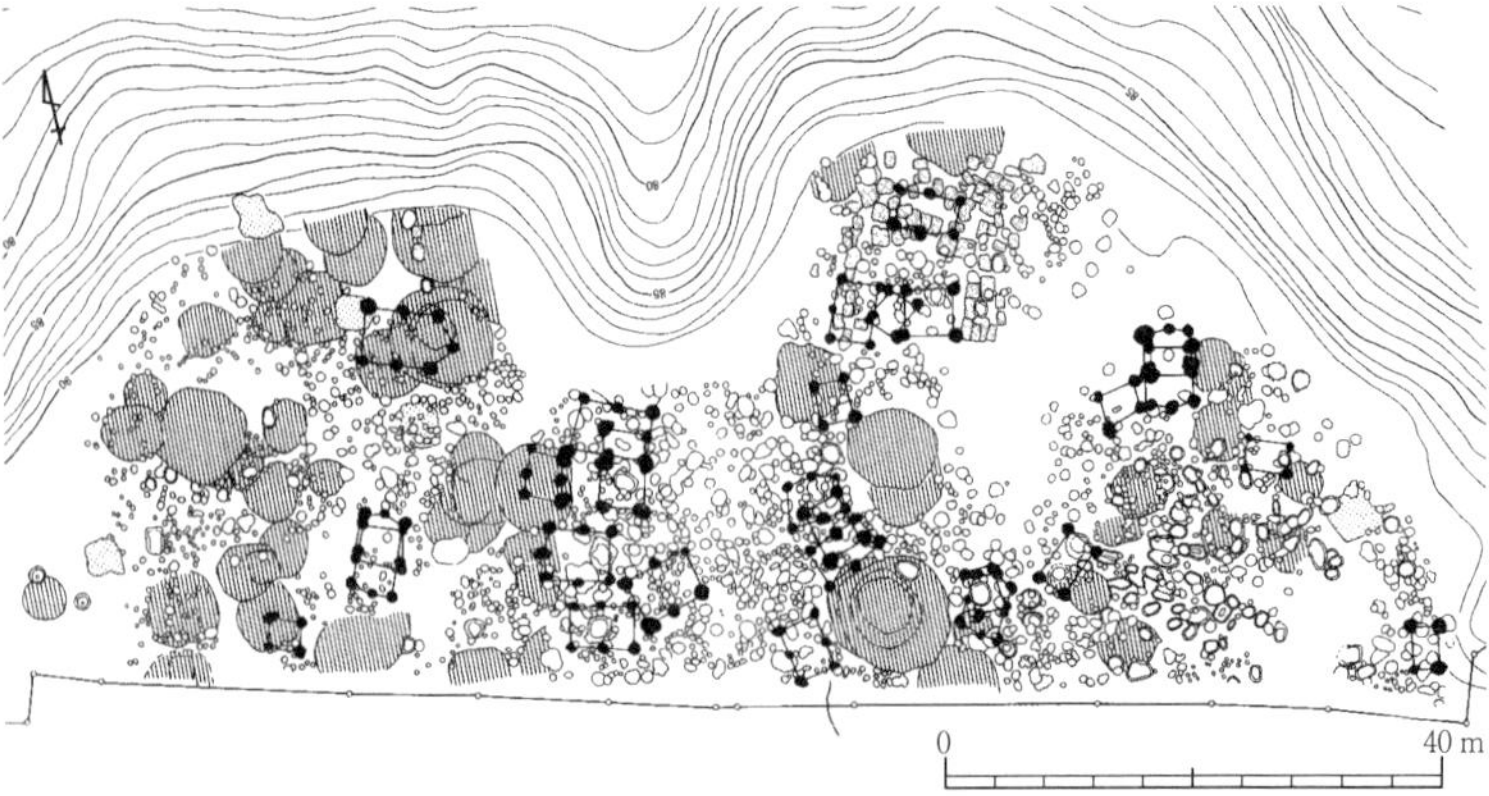

図 4-8　柳上遺跡の遺構配置

な集落遺跡である。中期後葉の竪穴住居跡は南東部に分布し、中期末葉前半にはその外側に広がるように分布する。そして、後半期には住居跡数が最大となるとともに、調査区内に広く分布し、重複関係が著しい地点もある。掘立柱建物跡は、主にその間に配置される。この掘立柱建物跡の時期は、竪穴住居跡との重複関係からすると、各時期に数棟ずつ存在していたようである。調査区南東部には円形・楕円形の土坑群が密集しており、形状からすると墓の可能性が高い。しかし、西田遺跡のように、これらの土坑墓群を中心に明瞭に区分できるほどの規則的配置は認められず、柳上遺跡では遺構が群として密集しながら分布する。また、北上川流域のこれまでの集落遺跡では、竪穴住居跡の側に貯蔵穴が多く存在していたが、柳上遺跡では貯蔵穴自体が非常に少ない。いっぽうで、隣接する上鬼柳《かみおにやなぎ》Ⅳ遺跡では、中期末葉を主体とする貯蔵穴が一三五基発見されており、柳上遺跡と一連の集

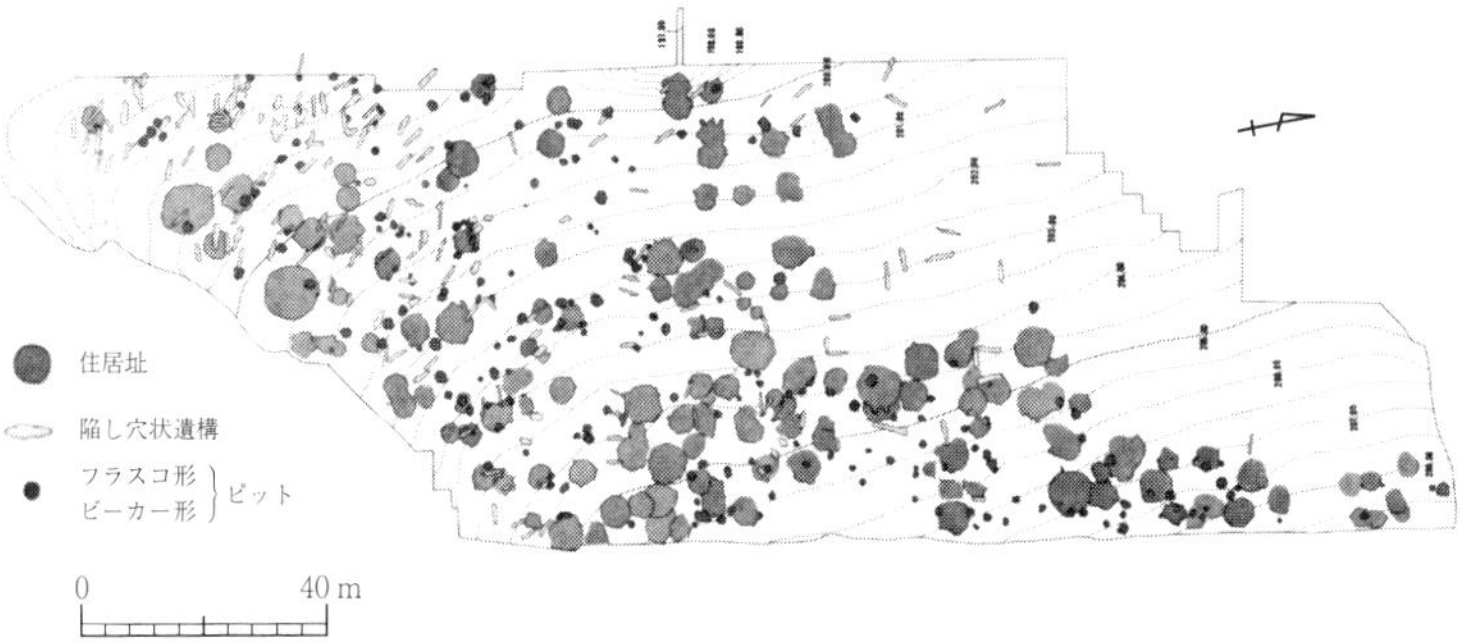

図 4-9　湯沢遺跡の遺構配置

落と考えるならば、居住施設と貯蔵施設が離れて存在する状況が想定できる。

別の大規模集落遺跡である岩手県盛岡市湯《ゆ》沢《ざわ》遺跡は、山麓緩斜面部に立地し、中期末葉から後期前葉の竪穴住居跡が一一二軒発見されている。そのほとんどは中期末葉後半の竪穴住居跡であり、後期前半の竪穴住居跡が少数存在する。竪穴住居跡の大部分の炉跡は、複式炉ではなく土器埋設炉である。遺構の配置は、何らかの形状を呈するものではなく、等高線に沿って重複しながら分布する（図4-9）。柳上遺跡とは異なり、多数の貯蔵穴も存在するが、それらが密集する区域などは認められず、整然とした遺構配置とは言い難い。

この柳上遺跡と湯沢遺跡の遺構配置の差異は、時期的な差異とも考えられるが、遺跡の性格の違いとも考えられる。以前、遺跡立地を検討したさいに、主要河川とは関係せず、ほかの場所へと通じるような交通の要衝にない大規模集落遺跡の事例として湯沢遺跡をあげ、「地形的要因をある程度無視したある集団の移動による結果という可能性」を想定した（菅野、二〇一一）。柳上遺跡の遺構配置、遺構種類、炉跡や住居形態などの特徴は、それまでの周辺遺跡から継続的に追うことができる。しかし、湯沢遺跡の諸特徴に関しては現在のところ、その系譜をたどることは難しい。「集団の移動」の正否については今後検討していきたいが、この湯沢遺跡出現のあり方は、中期末葉から後期に至る変遷を考える上で重要な特徴を示しているものと考えられる。

いっぽう、仙台湾周辺地域の宮城県大衡村上深沢《かみふかさわ》遺跡において、竪穴住居跡が弧状に配置される事例があるが、遺構が環状に整然と並ぶような集落遺跡はほぼ存在しない。また、土坑墓あるいは貯蔵穴の存在も稀であり、竪穴住居跡の側に貯蔵穴を複数配置するような前期的な集落構成は、基本的に認められない。このように、中期後半の北上川流域・仙台湾周辺地域では、明確な環状集落遺跡は存在しないように見受けられる。しかし、岩手県遠野市張山《はりやま》遺跡は、約八〇軒程度の竪穴住居跡からなる中期後葉から後期初頭の規模の大きな環状集落遺跡であると考えられる。詳細な時期比定は不可能ではあるが、複式炉を有する竪穴住居跡が環状に並び、その中央に土坑墓、掘立柱建物跡が比較的明確に配置されることから、中期後半にも環状構成の集落遺跡が存在することは確実である。このように、中期後半の規模の大きな集落遺跡には、遺跡ごとにさまざまな相違点が認められる。これは、前時期までに認められたような集落構成に関する広範囲な規則性とは異なり、個別的な遺跡の性格が強く反映した結果として考えられる。

特徴のある住居跡

この時期の特徴的な住居跡として敷石住居跡がある。この住居跡は、仙台湾周辺地域では中期末葉後半になると出現し、宮城県仙台市下《しも》ノ内《うち》遺跡などに確認されている（図4-10の1）。これらの住居跡には複式炉が構築され、その炉を中心に敷石が施される。

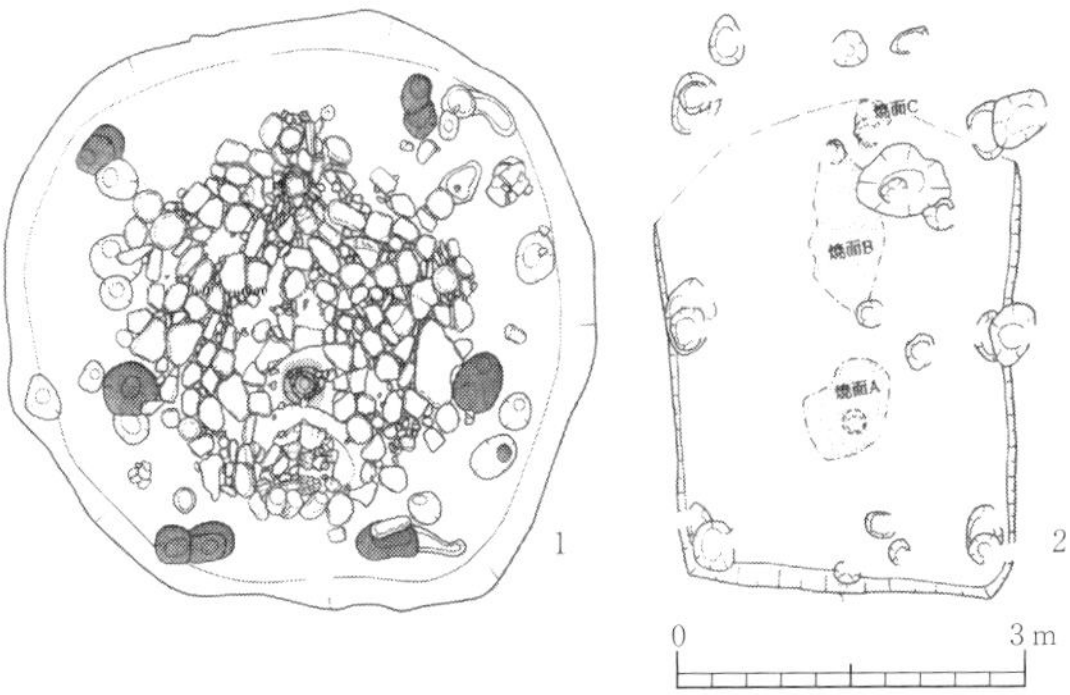

図4-10　中期後半の特徴的な竪穴住居跡
1．下ノ内遺跡，2．上深沢遺跡

複式炉は小型であり、壁際から離れていることが多い。同じ遺跡内には、敷石を施さない同時期の竪穴住居跡も存在している。このような敷石住居跡は、福島県域において認められる。特に太平洋に注ぐ真野《まの》川《がわ》流域の福島県飯舘村宮《みや》内《うち》A遺跡では、中期末葉前半の複式炉を有する敷石住居跡が発見されている。これまでの発掘調査事例からすると、中期末葉にはこのような敷石住居跡が確実に登場するようである。

ほかには、規模がそれほど大きくない長方形竪穴住居跡の存在が特徴的である。この長方形竪穴住居跡は、長辺に沿って三本ずつ柱を配置する六本柱配列のほか、棟持柱を有する八本柱配列のものもある。炉は地床炉あるいは石囲炉を有する。集落遺跡のなかで長方形竪穴住居跡は、通常

一、二軒程度しか存在しない。遠野市大畑《おおばたけ》Ⅲ遺跡、張山遺跡、本内Ⅱ遺跡、上深沢遺跡（図4―10の2）などのほか、後期前葉の北上市成田遺跡、尿前《しとまえ》Ⅱ遺跡にも存在しているが、いずれも長方形竪穴住居跡の数はごく少数である。

これらの遺跡の長方形竪穴住居跡は、これまでに「住居」と記載してきたように、炉跡や柱穴などが存在することから居住施設として機能しうる構造を有している。しかし、その規模は決して大きくはなく、山間部あるいは河川沿いの集落遺跡からごく少数のみ発見されることが多いことから、一般的な施設ではないことは理解できる。構造が類似する遺構としては、掘立柱建物跡がある。炉跡を有する掘立柱建物跡は多くはないが、機能を考える上で参考となる。東北地方から遠く離れるが、長野県千曲市屋代《やしろ》遺跡群における中期の一間四方の小型の掘立柱建物跡では、その炉跡と周囲の焼土の丹念な水洗選別によりサケ・マス類の遊離歯と椎骨が多量に発見され、民族例との対比からサケの燻製小屋である可能性が指摘されている（松井ほか、二〇一一）。もちろん、長方形竪穴住居跡が、サケ・マス類の加工場と即座に断定することはできないが、単なる住居施設ではなく、何らかの作業場であった可能性を考えたい。

しかし、その考えには当てはまらない事例もある。中期中葉後半の西田遺跡と中期後葉前半（大木9a式期）の遠野市新田Ⅱ遺跡の事例である（図4―11）。早い事例となる西田遺跡では、この長方形あるいは方形の竪穴住居跡が主体となることから、一般的な居住施設として利用されていたことが想定

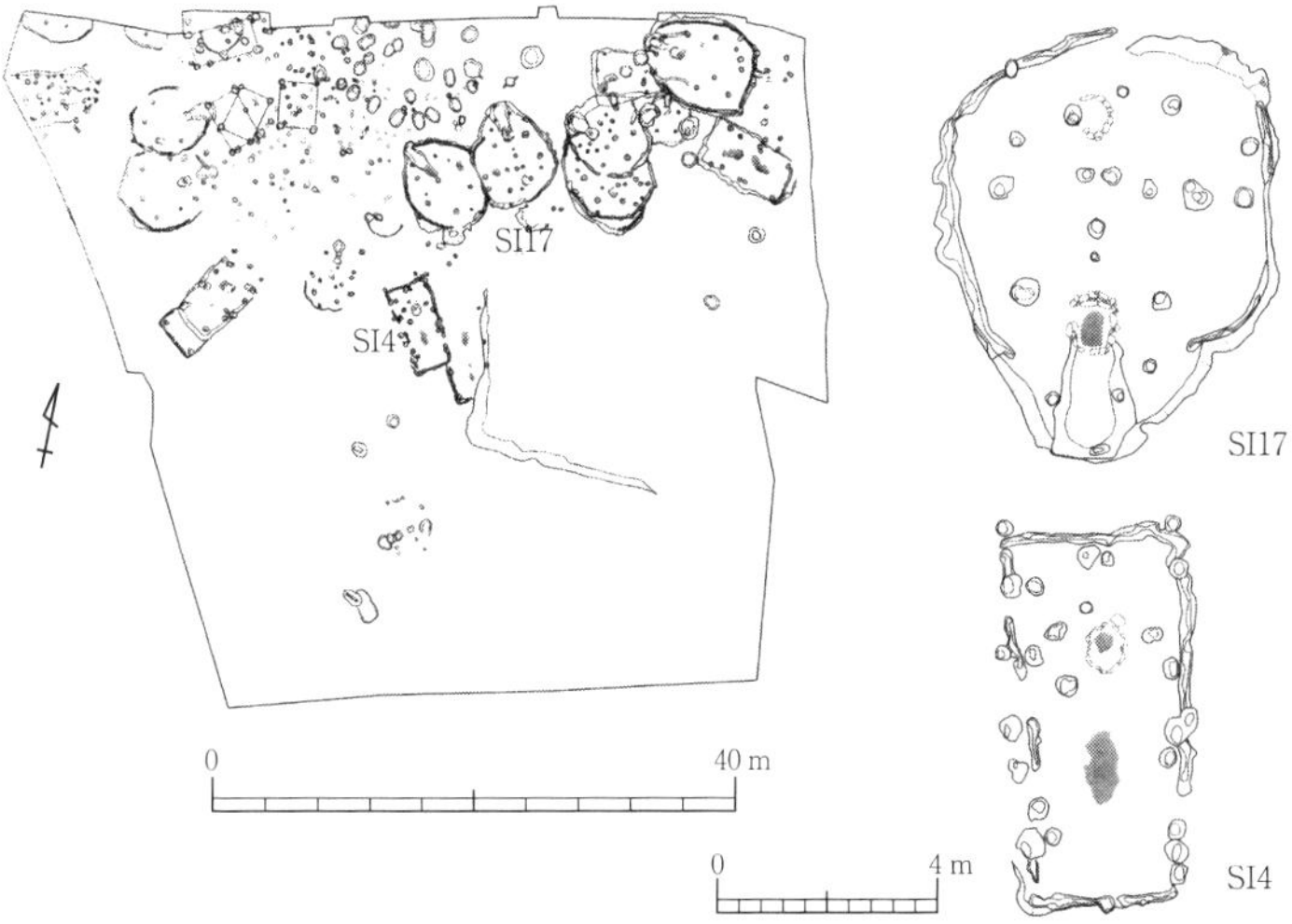

図 4-11　新田Ⅱ遺跡の遺構配置と竪穴住居跡

できる。新田Ⅱ遺跡では、竪穴住居跡二六軒のうち、その主体は複式炉を有する円形・楕円形の竪穴住居跡一三軒であるが、そのほかに長方形竪穴住居跡が八軒存在する。長方形竪穴住居跡の炉は、地床炉のみか、あるいは石囲炉も伴う。その規模は、やや小型ではあるが、複式炉を有する竪穴住居跡と近似する。また、これらの円形・長方形の竪穴住居跡が環状に並び、その中心に土坑群が密集する。そして、西側の竪穴住居跡と土坑群の間には掘立柱建物跡が分布し、環状構成となるような配置が認められる。このように円形と長方形の二種類の竪穴住居跡が環状に配置される構成は、阿賀野川・信濃川流域などの集落遺跡と類似する（阿部、二〇〇八など）。単純にそれらの地域の影響とも考えられるが、新田

Ⅱ遺跡は奥羽山脈・北上川を越えた北上山地内部の遺跡であることもあり、慎重に検討する必要がある。

中期後半集落の特徴

少数の竪穴住居跡で構成される中期後半の小規模集落遺跡は、奥羽山脈や北上山地内部の山間部からも頻繁に発見されている。中期末葉に集落遺跡数が最大となるのは、単に同じような集落遺跡が増加したということではなく、このような小規模集落遺跡が多数増えることが基本にある。山間部の遺跡の役割については、先に資源や情報などを獲得するための拠点としてとらえた。中期後半に増加する小規模集落遺跡の場合、少人数で行なえる作業を想定するならば、山間地における季節的な狩猟・漁撈などの生業活動も考えられる。小規模集落遺跡はそうした季節的生業活動に伴う一時的な居住地として推定したい。

もちろん以前の人びとが、そうした資源を活用していなかったというわけではない。河川沿いに集落を形成する和賀川流域の前期集落遺跡のあり方からすると、前期の人びとは活動に適した場所に通常規模の集落を築くことにより、主に拠点の居住地にて直接的に資源を活用していたものと推定できる。また、大規模集落遺跡である柳上遺跡など、特に中期末葉にはある特定の居住地への固定化、集中化が認められる。山間地における小規模集落遺跡は、そうした大規模集落遺跡、特に交通の要衝にあるような集落遺跡とは、人員・物資の面で密接に関連しあう関係性を構築していたものと推定する。そして、小規模集落遺跡が増加し、集落遺跡数が最大となる中期末葉という時期は、その関係性が最も複雑化した時期として考えられる。

5　後期における集落遺跡

複式炉を有する集落遺跡は、後期初頭になると激減する。中期末葉の大規模集落である柳上遺跡では、後期初頭と考えられる竪穴住居跡はわずか数軒のみである。これらの竪穴住居跡は、円形あるいは不正形な円形プランであり、柱配置も不明確である。

後期集落遺跡の特徴

そして、その規模も小さい。炉跡には、斜めに土器を埋設した部分と石囲部分からなる炉跡や、複数の土器を埋設したものなどが存在する。このような炉跡は、複式炉の末期的な形態ととらえられる。後期初頭の集落遺跡の多くは、以前の大規模集落遺跡の場所にごく少数存在する程度となり、大規模な集落遺跡となることはない。そして、新たに出現する小規模集落遺跡は、ほぼ存在しない。次の後期前葉の北上川流域における集落遺跡には、北上川支流広瀬川《ひろせがわ》北岸の沖積低地に位置する岩手県奥州市大文字《だいもんじ》遺跡などがあるが、ある程度の概要が判明するような遺跡は多くはない。

後期中葉から後葉前半（西ノ浜式）、になると、やや規模の大きな集落遺跡が出現する。北上川支流伊手川《いでがわ》左岸の丘陵頂部から平坦部に至る緩斜面部に位置する岩手県奥州市久田《きゅうでん》遺跡では、竪穴住居跡一八軒、掘立柱建物跡三棟のほか、平地式の大型建物跡が発見されている（図4―12）。竪穴住居

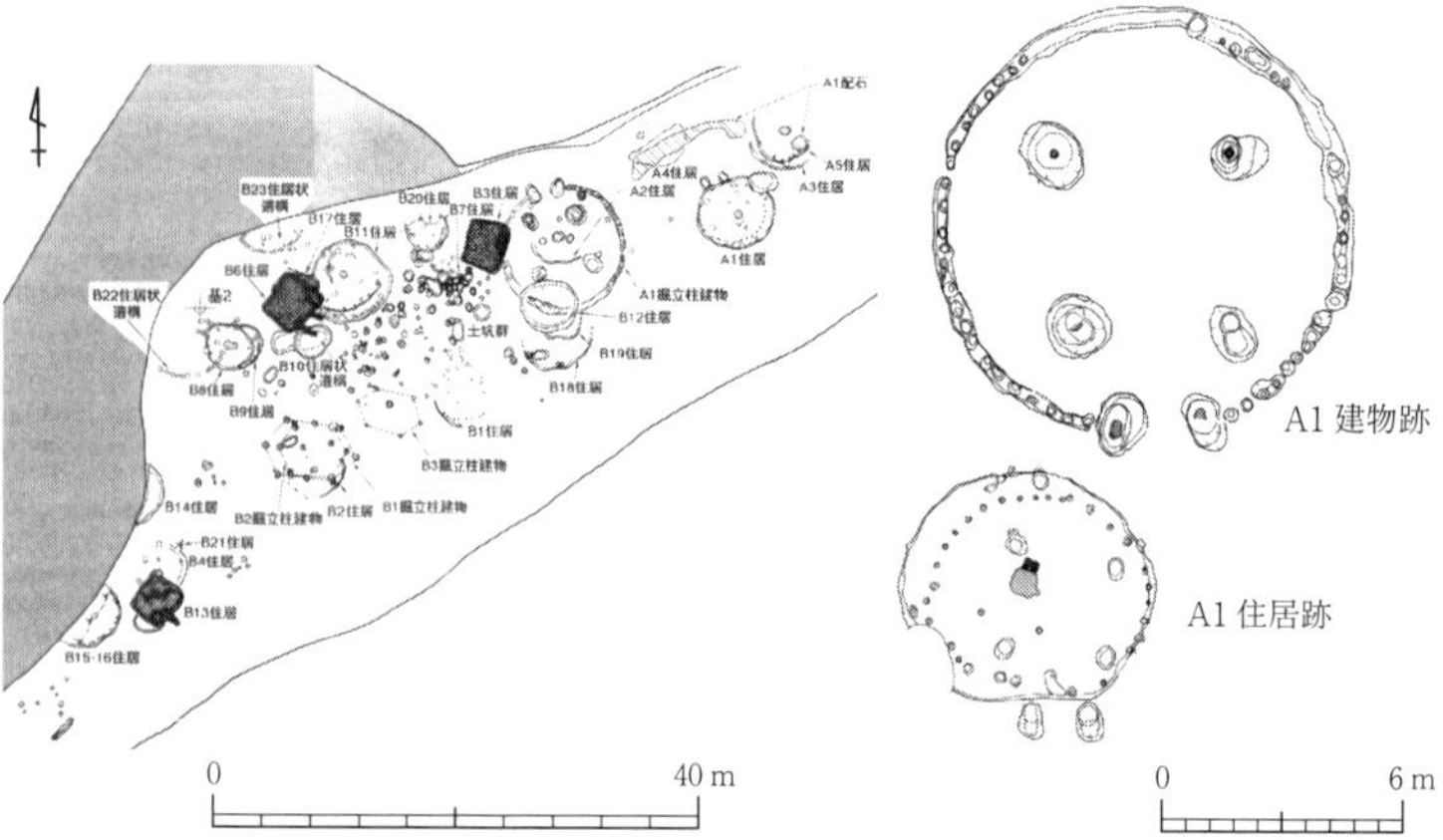

図 4-12　久田遺跡の遺構配置と住居跡

跡は、円形プランが主体となり、壁柱穴がめぐる。炉はほとんどが地床炉である。そして、竪穴住居跡の外側に二基の溝状の土坑が並ぶ住居跡も認められる。このような土坑は、階段などの入口施設の痕跡であることが考えられる。大型建物跡は一軒のみで、周溝とそのなかに小柱穴が並ぶ、また四本の主な柱穴のほか、出入口状の柱穴が存在する。主な柱穴の径は一メートル以上あり、床面積は七〇平方メートル超の特に大型なものとなる。周辺の遺跡における類似する遺構としては、後期中葉から後葉の時期と推定される北上市八天《はってん》遺跡などがある。八天遺跡の場合、同じ地点で建て替えを繰り返しつつ、規模の大きな竪穴建物跡を構築する。このような建物跡は、関東地方の縄文後期中葉に多く認められ、石井寛が「核家屋」と呼称している存在（石井、一九九四）に該当し、集落における中心的な建物跡として考えられる。

北上川流域において後期から形成される集落遺跡は、

その大部分が沖積地などの低地に立地していることが多く、中期までの集落が丘陵上に位置していたのに比べ、大きな違いがある。発見されている集落遺跡は少ないが、ほかの遺跡では土器をはじめとした遺物が多く出土するなどし、後期の人びとが活動していた痕跡は多く認められる。おそらく前期中葉頃と同様に、把握しにくい集落形態をとっていた可能性も考えられる。この傾向は、後期末葉に至っても同様である。

仙台湾周辺地域でも後期の集落遺跡は多くはない。特徴的なのは、宮城県白石川支流の松川北岸の段丘上に位置する宮城県蔵王町西浦《にしうら》B遺跡における後期前葉の集落遺跡である。竪穴住居跡は一軒のみであるが、掘立柱建物跡二三棟がほぼ環状に並ぶ。この掘立柱建物跡は、一間四方の簡単なものから、棟持柱を有する六本柱のもの、環状に並ぶ七本配置のものなど、さまざまな種類が認められる。遺構が少ない場所を中心とし、その外側に掘立柱建物跡が並び、さらに外に貯蔵穴と考えられる土坑が配置される。それぞれの遺構は重複しており、線が引けるほど明確には分離していない。報告書では、出土遺物の特徴などを合わせ考え、「食料の貯蔵・加工などを主体とした季節的な活動」がなされた遺跡として考察している。このような掘立柱建物跡が主体となる集落遺跡に関して、竪穴住居跡により構成される集落遺跡とは異なる機能を想定する考え方もある。永嶋豊は、同様の集落遺跡である後期後葉の青森県青森市上野尻《かみのじり》遺跡を取り上げ、上野尻遺跡周辺に存在する同時期の竪穴住居跡の集落遺跡の存在を踏まえ、上野尻遺跡を冬期以外の集落遺跡と考える（永嶋、二〇〇七）。先の西浦B

遺跡の考察も含めて考えるならば、そのような想定も可能であろう。

配石遺構の盛行

このような集落遺跡とは別に、石を用いた遺構（配石遺構）が目立つ遺跡が増加する。東北地方における大規模な配石遺構を有する遺跡としては、秋田県鹿角市大湯環状列石や北秋田市伊勢堂岱《いせどうたい》遺跡、青森県青森市小牧野《こまきの》環状列石などがある。こうした大規模な環状の配石遺構自体の機能については、さまざまな意見があるが、墓を含む祭祀・儀礼などの精神的な事柄と強く関係あるものと考えられる。北上川中・下流域ではこのような大規模なものはいまだ発見されていないが、後期前葉の岩手県花巻市立石《たていし》遺跡では立石を伴う配石遺構が発見されており、墓としての機能が想定されている。この立石遺跡では、時期が不明瞭ではあるが用途不明の弧状配石遺構なども あり、先にあげた久田遺跡でも同様の配石遺構が確認されている。また、そのほかの配石遺構では、北上川支流稗貫川流域の岩手県花巻市安俵《あひょう》6区遺跡、稲荷神社遺跡などに認められる。これらの遺跡は、後期初頭から後期中葉の間に時期比定できるが、大規模な環状列石とは異なり、住居と構造上類似する遺構が多い。

おおむね後期初頭の時期と考えられる安俵6区遺跡は、猿ヶ《さるが》石川《いしがわ》右岸の沖積地に立地する。発掘調査の結果、沼地に囲まれた島状の陸地部分に多数の配石遺構を含む遺構群が発見された。そのなかで、中心部に石囲炉を有し、方形の張り出し部分が付属する環状の配石が認められている（図4-13の2）。報告書では、これらの遺構は沼地の渇水期に使用された季節的住居であり、その時期に祭祀を行なっ

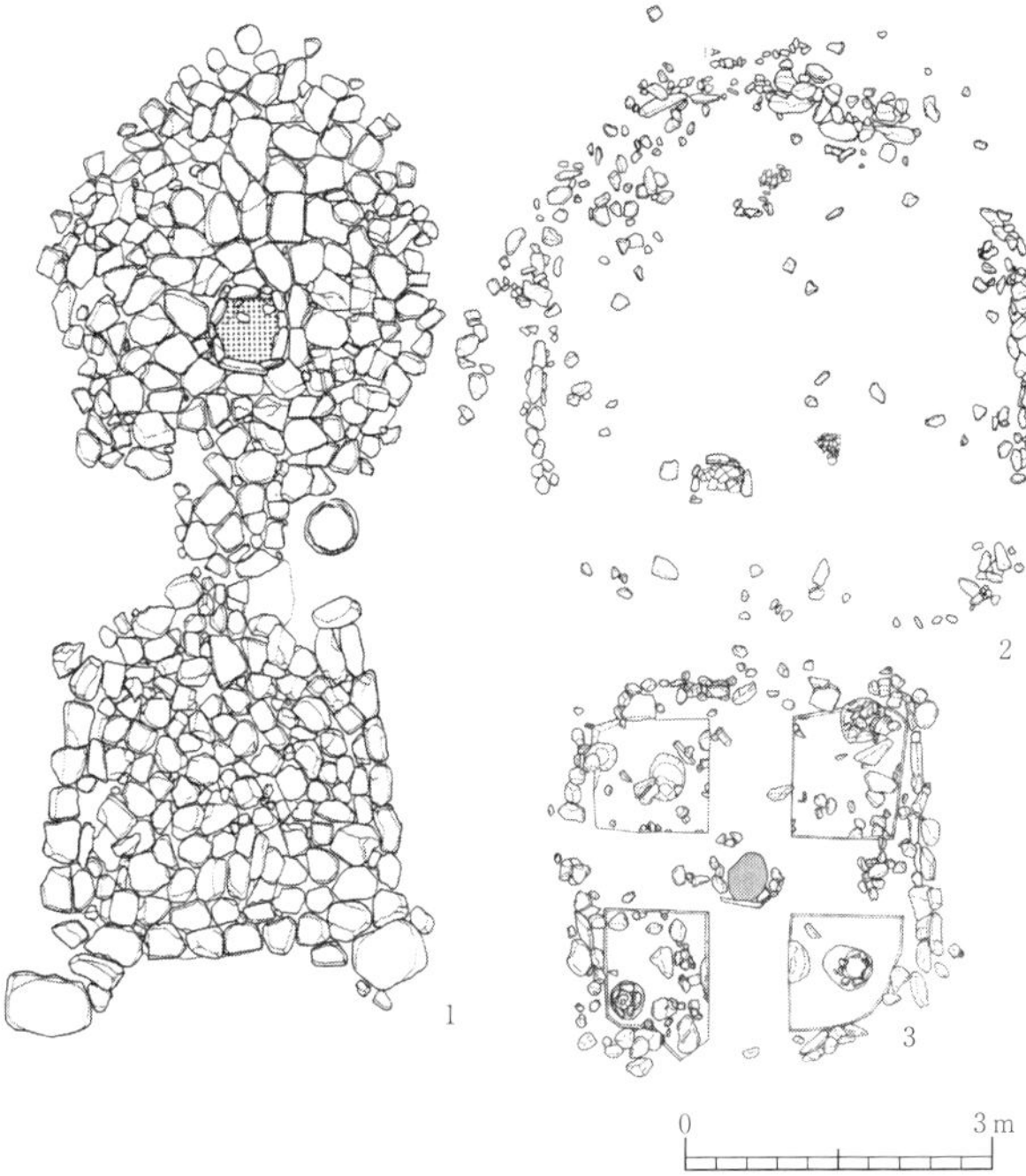

図 4-13　後期の住居跡
1. 柴原 A 遺跡，2. 安俵 6 区遺跡，3. 稲荷神社遺跡

ていたという見解を提示している。また、稲荷神社遺跡では、方形に配石をめぐらせ、石囲炉を有する後期中葉の住居跡が一一軒発見されている（図4−13の3）。

このように北上川流域では環状列石ではなく、配石を用いた住居と推定される遺構により構成される集落遺跡の事例が蓄積されつつある。安俵6区遺跡のような事例は、石井寛により周石型礫石施設とされる類型にあたり、中期末葉の東北地方南部から次第に北上し晩期に至るまで継続していたことが指摘されている（石井、二〇〇九）。先にも述べたように、東北地方南部では複式炉周辺に敷石を施す敷石住居跡が中期末葉に認められていたが、後期以降になると、福島県三春町柴原《しばはら》A遺跡など、特に福島県において、柄鏡形《えかがみがた》を呈する敷石住居跡が顕著に認められる（図4－13の1）。この登場には、関東・中部地方において柄鏡形敷石住居跡と呼ばれる特徴的な竪穴住居跡の影響関係が想定されている（山本、二〇〇二・阿部、二〇〇八など）。

後期前葉における集落遺跡の大きな変化

後期になると、複式炉を有する竪穴住居跡によって構成される集落遺跡が、大きく変質する。掘立柱建物跡が主体となる集落には、季節的な集落遺跡の可能性が指摘されている。通時的な集落遺跡の変遷のなかで、機能分化がより進行した状態として、後期から認められる掘立柱建物跡主体の集落遺跡が、季節的な居住地であるという解釈は理解しやすい。もちろん、その当否を含め、後期以前から季節的居住地が存在していた可能性も否定できないが、個々の集落遺跡における具体的内容の差異などの、それを証明する考古学的証拠が必要である。

また、北上川中・下流域における後期初頭の集落遺跡における、かつての大規模集落遺跡に少数の竪穴住居跡が残り、多数存在していた小規模集落遺跡が消失するようなあり方は、中期末葉までに構築されてきた集落同士が関連しあう関係性が解消された結果として理解できる。このような後期初頭における変化の原因の一つとして、以前より気候の寒冷化があげられることが多い。実際に、植物花粉の分析から、中期後半の時期には「気候が冷涼・湿潤化し、さらに洪水や多雨による土地的不安定があった」ことが指摘されている（吉川昌伸 吉川純子、二〇〇五）。また、中期末葉には、遺跡周辺でトチノキ属の出現・急増が認められ、その拡大に人為の関与があったことが指摘されている（吉川、二〇〇八）。こうしたことなどを踏まえるならば、中期後半の集落遺跡のあり方は、気候変動に柔軟に適応していた様相を示しているのではないだろうか。環境変化などを含むさまざまな問題を織り込みながら、集落の機能分化が進行し、集落間関係の複雑化が最大限に達した後、新たな構造への変化を促された時期が中期末葉から後期初頭の頃であったと考えたい。

このような変化期をへた後期前葉以降の集落は、基本的には中期後半以来の継続性を有してはいない。この後期前葉以降の集落遺跡の変質では、集落遺跡の減少や立地の変化のほかに、敷石住居や、立石を用いた墓などの配石の存在が目立つようになる。同時期の東北地方北部では環状列石が構築され、集落遺跡数も再び増加しはじめ（市川、二〇一二）、後期後半には八戸市風張《かざはり》（1）遺跡に認められるように環状集落を形成するほどの大規模集落遺跡が出現する。そして、東北地方南部では、中部・関東地方を起源とする柄鏡形の敷石住居が流入するようになり、集落形態も大きく変化する。このように、東北地方では、中期後半において広域的に類似する特徴が広がった後に、後期になるとふたたび地域性が際立つような状況となる。

この広域的な転換期をへて、東北地方の晩期には東北北部を主体とし亀ヶ岡文化と呼称される優美な物質文化が登場する。亀ヶ岡式土器そのものあるいはその影響を受けた土器は、遠く北海道から北部九州にまで発見されており、その影響力が理解できる（藤沼　関根、二〇〇八）。このような文化をうみ出すきっかけとなった後期、特に後期前葉以降の時期については、新たな文化への胎動期間としてもとらえられる。

なお、本章の参考文献は、本文・図で引用した遺跡の報告書については省略し、一般に手に取りやすい文献のみを掲出した。

コラム

貝塚からわかること

菅野智則

〔貝塚の特殊性〕

貝塚は、過去の人びとが捨てた貝殻が堆積し残されたものである。その貝殻に含まれる炭酸カルシウム分により酸性土壌が中和され、通常は残らない骨などもよく残る。ほかにも、石灰岩地帯における洞窟遺跡でも同様の作用が起こる。あるいは、常に水漬け状態となっている低湿地遺跡では、木製品や植物遺存体なども多く遺存している。当時の居住地では、その周辺に食料残滓《ざんし》や破損した道具などを廃棄していたはずではあるが、内陸部の集落遺跡のほとんどでは、骨などが発見されることは稀である。そのなかで貝塚は、非常に多くの食料残滓が残っているため、過去の食生活を含めた文化、あるいは当時の環境状況を我々に教えてくれる貴重な情報源となる。

〔東北地方における貝塚の数と分布〕

東北地方における縄文時代の貝塚数は、二〇〇九年の時点で四〇八遺跡、時期別延べ五九八遺跡を確認できる（J. Habu, et al. 2011）。早期後半から貝塚が出現するが、前期以降一三〇遺跡を

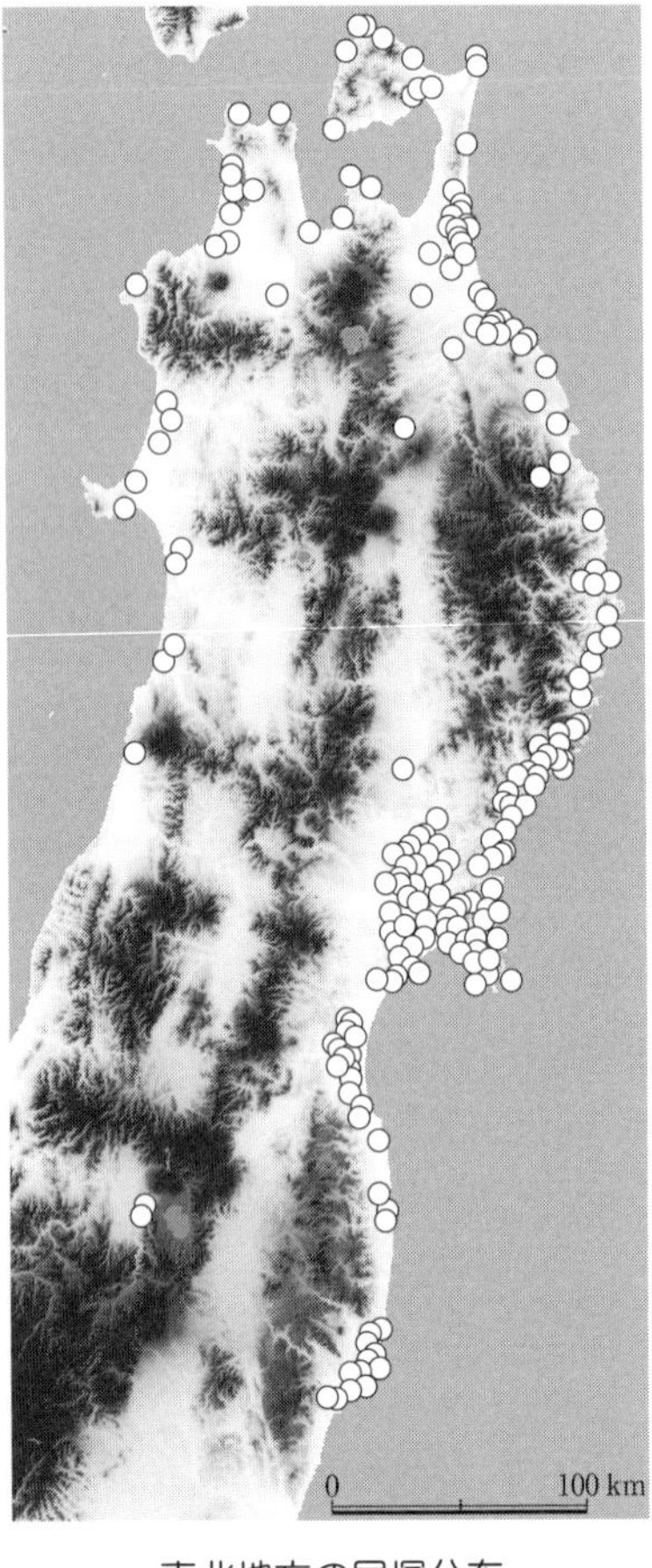

東北地方の貝塚分布

超え、晩期には一五四遺跡とさらに増加する。いっぽう、仙台湾周辺地域・北上川流域（第四章「東北縄文集落の姿」参照）の竪穴住居跡による集落遺跡は、中期に最大となり、後期以降は減少する。このデータからは、集落遺跡にはさまざまな変化が認められたとしても、貝を主体とする資源が前期以降に安定的に利用されていたことがわかる。

東北地方の貝塚のほとんどは太平洋側に所在し、日本海側には少ない。もちろん、日本海側の縄文時代の遺跡が少ないわけではなく、大規模な集落遺跡は数多い。以前より、日本海側は潮差が少ないため貝類を取りづらいことが指摘されている（山内、一九三四）。そうした環境や、生業形態の差異などのほかの理由も考えられるが、今のところ不明である。また、貝塚は海岸沿いだけではなく、内陸部特に宮城県北の湖沼地帯に立地する貝塚も存在し、淡水に住む貝類などを利用していたことがわかっている。

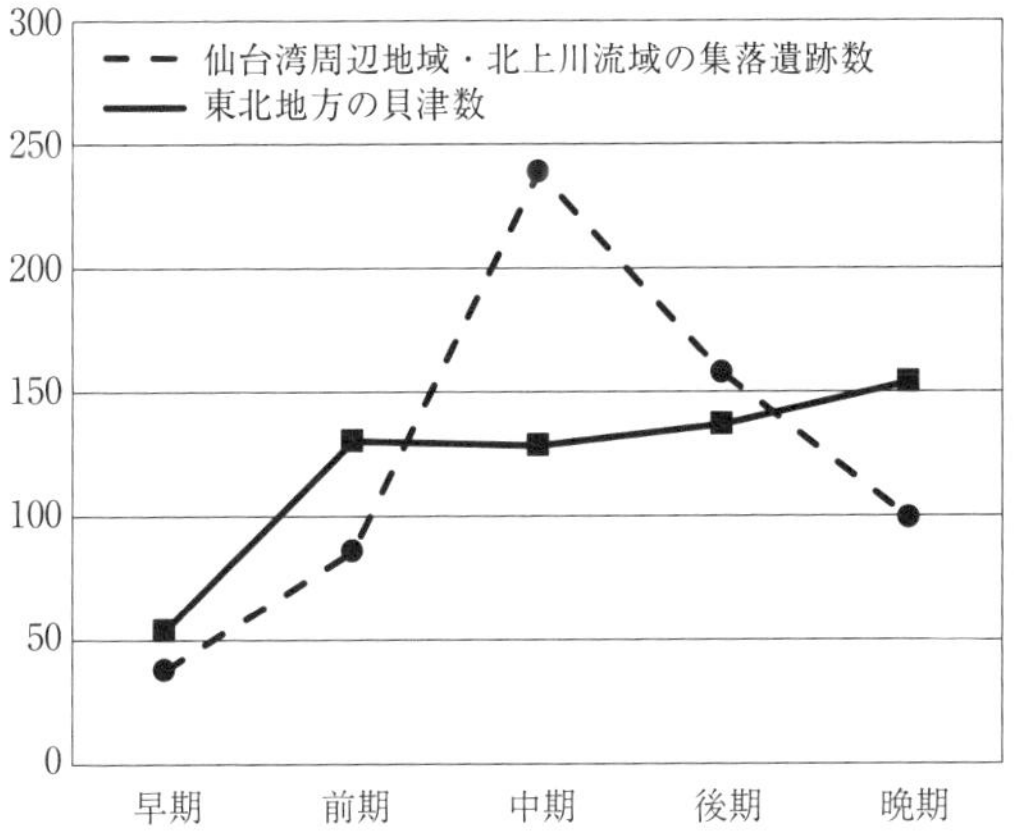

貝塚と集落遺跡数の時期的変化（J. Habu, et al. 2011 のデータを改変）

〔貝塚の調査〕

東北地方では、二〇世紀初頭から宮城県東松島市里浜《さとはま》貝塚などの調査において、貝塚を形成する堆積層を確認しながら遺物を取り上げる層位的調査と、出土遺物に関する定量的な研究方法が実践され、土器型式編年構築などの大きな成果をあげてきた。その後、一九七〇年代には宮城県大崎市中沢目《なかざわめ》貝塚や里浜貝塚の調査において、堆積層を細分し、調査区内の土壌ごと採集し水洗篩《ふるい》にかけ、魚骨や石器製作時の石くずなどの微細な遺物を回収するような悉皆《しっかい》調査がとられ、多種多様な遺物が回収されている。さらに分析方法の一つとしては、貝が日々成長した痕跡である貝殻の断面にあ

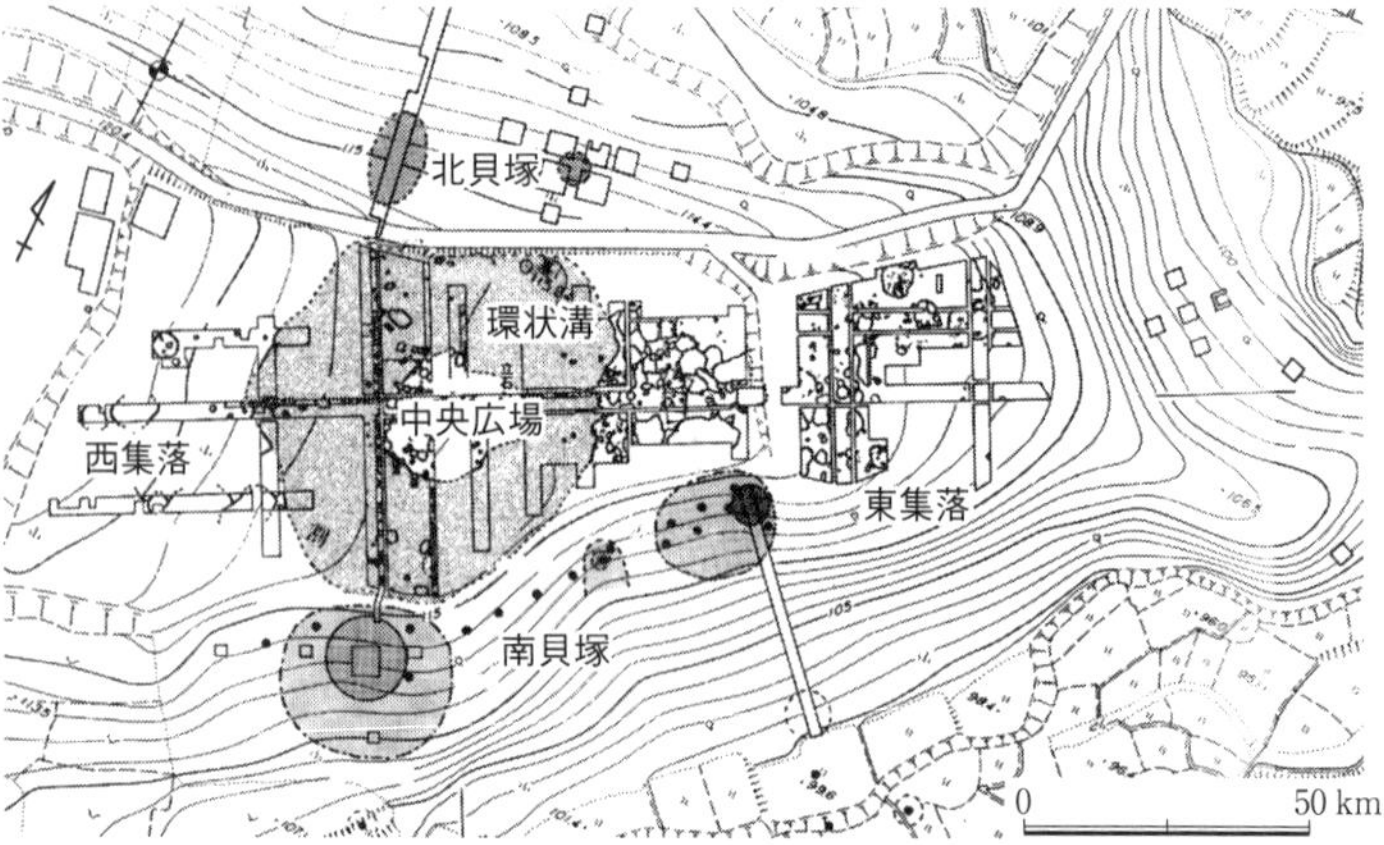

崎山貝塚の遺構分布

らわれる縞模様を顕微鏡により観察し、その採集時期を探る貝殻成長線分析がある（富岡、二〇〇三）。こうしたさまざまな方法を組み合わせた調査研究の結果、食料資源が利用された季節が明らかになり、縄文人の年間の生業活動が推定されている。その結果は、「縄文カレンダー」（小林、一九七五）などと表現され、当時の生活の様子を具体的に提示するま

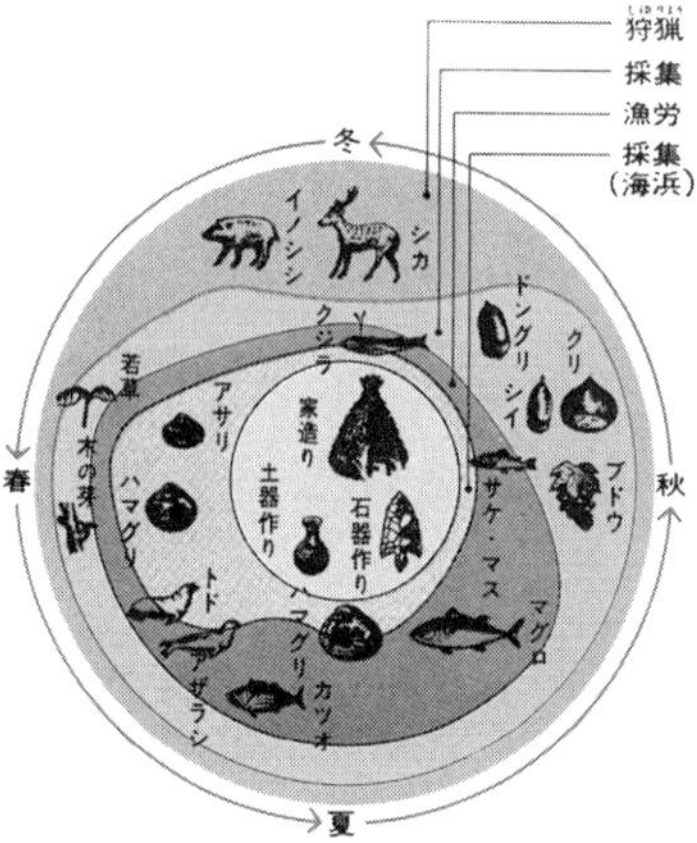

「縄文カレンダー」（小林，1975）

でに至っている。

〔集落遺跡としての貝塚〕

東北地方の貝塚のなかで、調査が進んでいる事例として岩手県宮古市崎山《さきやま》貝塚がある。崎山貝塚は舌状台地《ぜつじょうだいち》上に立地し、前期前葉から斜面地に貝層の形成がはじまり、中期中葉後半には台地頂部中央に立石を含む土坑墓がつくられ、その周囲には環状に溝状の掘込がなされ、さらにその外側には竪穴住居跡が分布する環状構成となる。その後、集落構成はやや崩れるようであるが、後期前葉までつづく。このようなあり方は、貝は廃棄されていないものの、集落遺跡近辺の斜面地に遺物の包含層を形成するような、北上川流域の前・中期の多くの集落遺跡のあり方と類似する。

晩期を主体とする岩手県大船渡市大洞《おおぼら》貝塚では、緩やかな丘陵斜面地に厚い貝層が形成され、骨角器類をはじめとした豊富な遺物が出土している。しかし、居住の痕跡は少なく、丘陵頂部から少数の竪穴住居跡が発見されるにとどまる。北上川流域の集落遺跡でも、多量の遺物を含む包含層が存在するが、その居住の痕跡の規模は大きくない。いっぽうで、岩手県北上市大橋《おおはし》遺跡では、多量の遺物が出土しているが、竪穴住居跡は発見されていない。しかし、土が盛られた場所（盛土遺構）では、床面を伴う石囲炉が検出されている。また、掘立柱建物も七棟発見されている。このような状況からすると、晩期では、竪穴住居跡以外の居住施設を伴う集落が存在している可能性も考えられ、貝塚を含む集落遺跡のあり方も同様であろう。

このようなあり方からは、貝類などの資源利用は、前期以降安定的に営まれていたが、その居住形態は、時期などによって大きく変わっていた状況が推察できる。そして、その変化は、内陸部における集落遺跡の変化と、類似する傾向が認められる。こうした類似性を踏まえた上で、海岸部と内陸部における生業や居住形態の差異をあきらかにすることにより、貝塚の特質がよりあきらかになるものと考えられる。

なお、本コラムの参考文献は、本文・図で引用した遺跡の報告書については省略し、一般に手に取りやすい文献のみを掲出した。

五　縄文土器と原始社会

水沢教子

1　縄文土器から原始社会をみる

縄文時代の土器を型式学的に分類し、出土層位の新旧によって序列を決め、地域ごとの年表をつくる作業を土器編年と呼ぶ。その進展によって縄文土器は時間軸の尺度となり、一緒に出土したさまざまな道具をはじめとする考古資料を、日本列島の時間の流れのなかに位置づけることができるようになった。また、縄文土器の型式を構成する形や文様は、現代の調理具や貯蔵具の機能を超えた装飾性をもつため、それがつくられた原始社会をのぞきみるための手がかりを私たちに与えてくれる可能性もある。ただそのためには、誰がどこでつくり、どのように使われたかを念頭に置きながら観察を行ない、土器の発する声に耳を傾けることが大切である。

そこで本章では、まず東北地方を舞台に大正期から昭和初期にかけて日本列島の縄文時代研究の基礎を築いた三人の研究者の業績を振り返る。次に約一万年間にわたり、刻々と独自の変化を遂げていった東北地方の土器を順に紹介する。そして最後にそれらを通して推測される、原始社会における交易や交流、家族形態や社会変動の一端へと考察を広げてみたい。

2 東北地方の土器研究の黎明期

土器の文様の違いが部族差と考えられていた大正から昭和の初めにかけて、今日につながる科学的な縄文土器研究の方向づけをした三人の学者が、相次いで仙台湾周辺で発掘調査を行なった。まず一人目は、新生代新第三紀のセンダイゾウやシオガマゾウの記載研究で知られる東北大学地質鉱物学教室の松本彦七郎《まつもとひこしちろう》である。彼は専門とする古生物学の観点から、土器の模様を生物の器官の進化に対応させて分類した。

松本彦七郎と貝塚の層位

特に宮城県東松島市里浜貝塚では大正八年（一九一九）の調査で、Ⅰ〜XⅧ層にもおよぶ貝層ごとに出土土器を集計し、下から出てくるものが古く、上から出るものが新しいという層位学の裏づけによって、文様が異なる土器に前後の序列を与えた。さらに岩手県陸前高田市獺沢《おそざわ》貝塚ならびに宮城県桃生郡河南町宝ヶ峯《たからがみね》遺跡や宮城郡七ヶ浜町大木囲《だいぎがこい》貝塚の調査では、土器の系統変遷が追証され、時代の区分が可能となった。

長谷部言人と人種論

大正五年（一九一六）東北大学医学部第二講座に赴任した長谷部言人《はせべことんど》（図5―1）は人類学者であり、明石原人の命名者としても知られている。彼は明治・大正期、縄文人を指す「石器時代人」は日本列島の先住民で今の日本人の祖先ではないとされていたのに反論し、石器時代人が生活の変化などによって弥生時代以降の日本人に「変形」していったという仮説を立てた。その証明のためには、多くの人骨を発掘調査によって収集し、形態を比較したり形質学的な計測数値を集積する必要がある。そこで大木囲貝塚、里浜貝塚をはじめ、青森県五所川原市オセドウ貝塚・八戸市是川一王寺《これかわいちおうじ》貝塚など東北地方各地の発掘調査を進めた。精力的な研究の結果、彼の仮説は大陸から渡来してきた人びととの「混血説」とともに、その後日本列島の人類学の通説となっていった。

図5-1　長谷部言人(1882-1969)(東北大学史料館提供)

ただ、今日新たな分子生物学などの研究によって、多様な人間集団の動向が解明されつつあり、この問題は新たなる局面へと展開している。

縄紋学の父、山内清男

山内清男《やまのうちすがお》（図5―2）は長谷部言人の副手として大正十三年（一九二四）に医学部第二講座に赴任して仙台に居住した。特に土器研究に力点を置き、昭和八年（一九三三）まで

図5-2　山内清男（1902-1970）（芹沢長介氏撮影）

に大木囲貝塚・里浜貝塚や宮城県柴田郡柴田町槻木《つきのき》貝塚・東松島市川下《かわくだ》り響《ひびき》貝塚・同室浜《むろはま》貝塚、岩手県大船渡市大洞貝塚・同細浦《ほそうら》貝塚、福島県相馬郡新地町小川《おがわ》貝塚などの主要な遺跡の発掘調査を行ない、そのなかで松本彦七郎の方法をさらに発展させていった。彼の調査の一連の成果は、昭和十二年（一九三七）の「縄紋土器型式の細別と大別」で、渡島から九州に至る日本初の土器型式編年表となって結実し（山内、一九三七）、現在につながる縄文土器編年研究の基礎が築かれていった。特に日本の縄文時代研究の黎明《れいめい》期にあたり、山内が調査した大木囲貝塚出土土器は、八〇年以上の歳月を越え、氏の実証的な研究方法を理解継承し、発展させていくために欠かすことのできない大木式の標式資料（土器型式決定のための基準になる資料）として今日に受け継がれている（早瀬ほか、二〇〇六）。また山内が、螺旋状《らせんじょう》に加工され脱脂綿を付けて使用する医療用の金属製の綿棒を転がしてできる回転痕から、縄文土器の縄文原体が縄であることを突き止め、多種多様な原体の復元を行なったことも縄文土器研究の発展に大きく貢献した。

　このように東北地方は、層位学と型式学による実証的な土器研究開始の学史を担い、その後、昭和から平成の高速交通網整備などによる大規模開発に伴う発掘調査によって収拾された膨大な資料をもとに、新たなる研究が展開していく。

3　東北地方の縄文時代を彩る二つの土器型式

南部の大木、北部の円筒

東北地方の縄文時代前・中期は大きく二つの土器型式からなる。南部の大木式土器と北部の円筒土器である（図5−3）。

大木式の標式遺跡である大木囲貝塚は松島湾の南の境界である七ヶ浜《しちがはま》半島から塩釜湾《しおがまわん》に突き出す舌状海岸段丘の標高二八～三八メートルに立地し、貝層の広がりは三万七八二三平方メートルにおよぶ。大正六年（一九一七）、松本彦七郎が最初に調査を行ない、「渦巻的曲線紋様期」の第一期を「大木式」と命名した。これにつづき、昭和二～四年（一九二七～二九）にかけて調査を行なった山内清男は、七つの地点から出土した土器を層位と型式学的な観察から分類し、縄文時代前期に属する土器を大木1・2a・2b・3・4・5・6式、中期にあたる土器を大木7a・7b・8a・8b・9・10式と名づけ、大木式という土器型式の内容を示した。

周辺との適度の情報交換を行ないながら前期から中期へと存続した巨大な大木式分布圏（図5−3）の内部は、隣接地域との関係性などから南と北、あるいは海岸部と内陸部、河川や盆地ごとに地域差がみられ、場合によっては土器型式自体を分ける必要があると説く研究者もいる。しかしながら

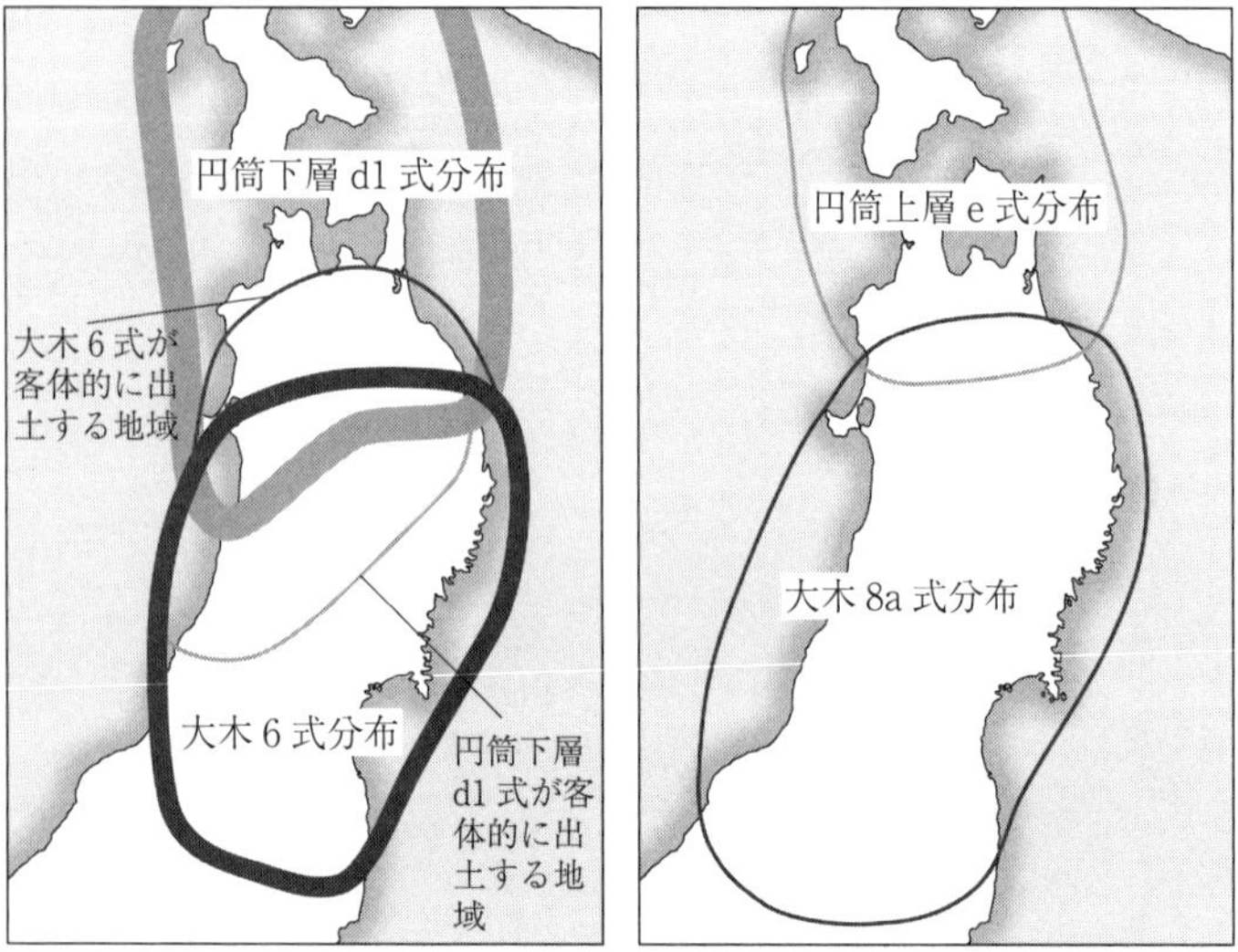

図 5-3　大木式と円筒土器の分布図（高木 佐々木 鎌田，2005 を編集）

私は、大木式の特徴は同時期の関東地方や中部地方の土器型式とは明らかに区別され、約二〇〇〇年の長きにわたり、その分布圏を貫いていると見る。

いっぽう、大木式土器と長らく対峙するのが、北緯四〇度付近、大まかに岩手県久慈市から秋田県の男鹿半島を結ぶあたりを南限に北海道の石狩《いしかり》低地帯にかけて主体的に分布する土器群である（図5―3）。長谷部言人は大正十四年（一九二五）に青森県のオセドウ貝塚などを調査し、翌年調査した是川中居《なかい》遺跡（一王寺貝塚）出土土器との比較検討を行ない、植木鉢を伸長させたような独特の器形が一定の領域に分布することに注目し、これらの土器群を「円筒土器」と名づけた。つづいて山内清男は、昭和四年（一九二九）に、オセドウ貝塚出土土器のうち胎土に繊維が含まれ下層から出土する土器を円筒下層式としてa・b・c・dの四型式に分類し、繊維を混入せずそれらの上層から出土する土器を円筒上層式とした。昭和十二年(一九三七)の編年表では円筒上層a式を大木7a式、同b式を大木7b式並行とし、その後に二型式を配置した。やがて青森県石神《いしがみ》遺跡ほかにおける資料の増加により、円筒下層式のうちa・b・dが二細分、円筒上層式もa・b・c・d・e式に分けられ、うちa式はさらに二細分されるに至る。

土器型式と東北地方

さて、用途や調理対象の特徴によるのか、通時的に円筒型を保持し、器形変化に乏しい円筒土器を細分する折のメルクマールは、前期の場合は胴部の縄の種類、中期になると口縁部装飾である。これは、深鉢形土器のプロポーションが多様でそこへさまざまな装飾が配置される東北南部の大木式とは大きく異なる点であり、円筒土器の独自色を著しく際立たせている。円筒土器に比較すれば、独自性の強い大木式土器といえども、関東・中部地方の土器型式と連動して変化しているといえる。もし土器型式同士の緩やかな交流関係が土器の共通性を高めているとすれば、北海道への広がりをもつ円筒土器と関東・中部地方との関係でとらえられる大木式土器のそれぞれの分布圏の背景に何があるのかは、日本列島の縄文社会の解明の上で、非常に大きな課題である。そして大木式が順に北上をつづけ、中期後葉には円筒土器分布圏をも取り込んで形成した北日本一帯を占める領域は、沿岸部と内陸部、北部と南部などにいくつかの地域性を内包するものの、やがて明治期に「東北地方」として括られていった。つまり、大木式と円筒土器は、東北地方としての文化や流儀の共通性の原点ともいえよう。

4 縄の多用と前期前半の土器

尖底土器から平底へ

縄文時代早期の尖底土器は、厚い底をもたない分、持ち運びやすい。いわゆる移動生活での効率的な食物の煮炊きに適した形である。前期になると関東地方の花積《はなづみ》下層式で平らな底の土器が出現し、東北地方でもほぼ同時に不安定ながら平底化する。そして、その変化に呼応するように器面は多種多様な縄文原体で飾られるようになる。

東北地方南部の縄文時代前期の初めにあたる土器群は、宮城県柴田郡柴田町上川名《かみかわな》貝塚・角田市土《ど》浮《ぶ》貝塚に代表される。一条の縄による斜行縄文や、二条の縄を結束した羽状《うじょう》縄文（図5−5の1）などがあり、付加条《ふかじょう》、組紐《くみひも》、絡条体《らくじょうたい》など縄文原体の種類が多様である。また縄の側面圧痕による渦巻文や蕨手状文《わらびてじょうもん》も少数みられ、関東の花積下層式との緊密な関係もうかがえる。つづいて前期の大木式が成立する。その器種構成は深鉢が九割を占め、鉢は大木1式から、浅鉢は大木6式で少数伴う。一部大木3式に残るものの、通常大木2式まで、円筒土器の場合は下層式の終わりまで、胎土に繊維が混和されることが大きな特徴である。繊維を加える理由は、成形時の可塑性《かそせい》（自在に変形できる性質）の向上や軽量化を意図したことによると考えられるが、繊維を多く含む土器ほど多孔質でもろい。この

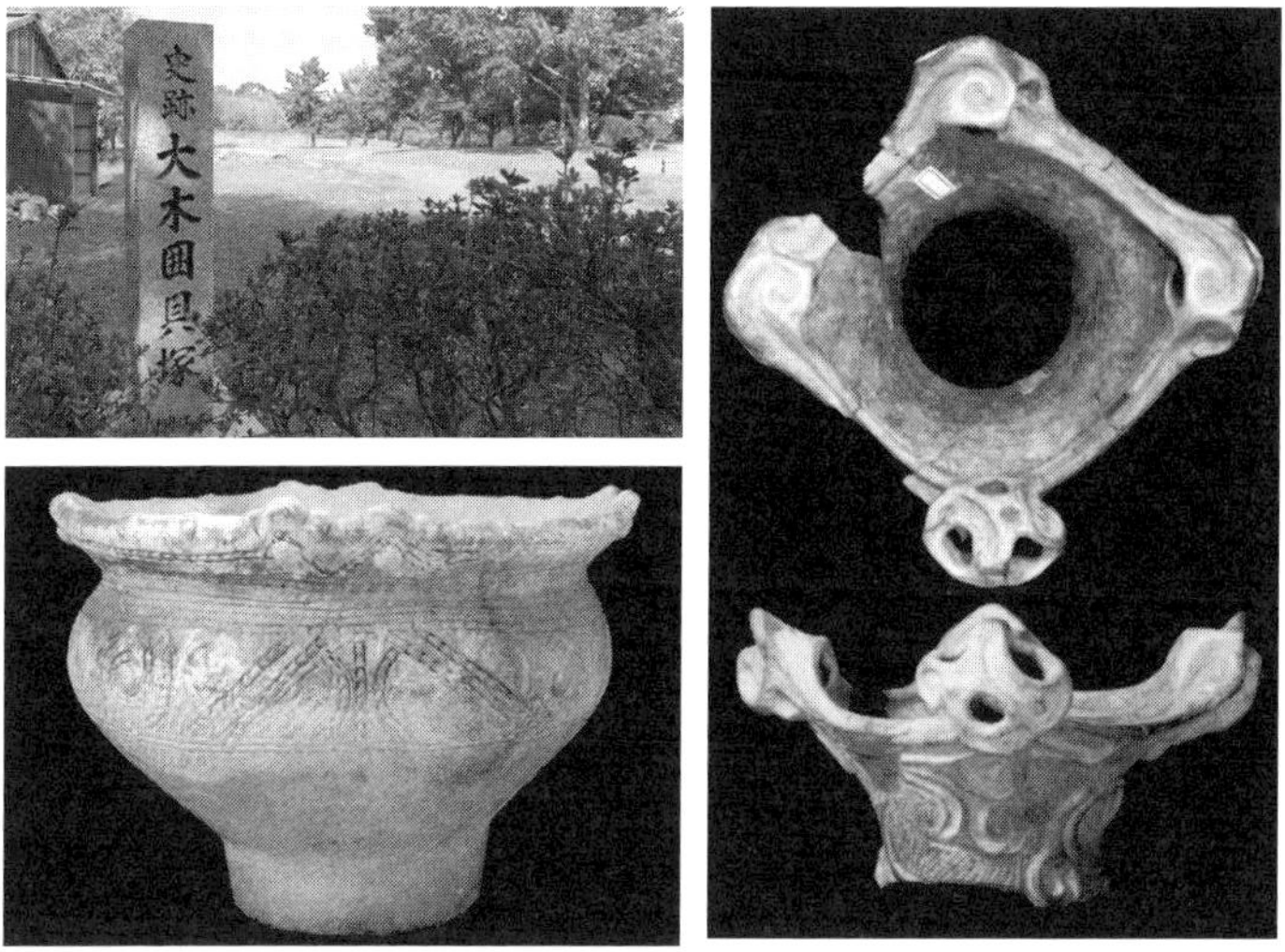

図5-4　大木囲貝塚（左上）と山内資料
左下・大木6式，右・大木9式（東北大学大学院文学研究科提供）

時期はまだ、良質な粘土の産地が未開拓であるため、成形の難しい粘土でも素地土の調整を工夫して仕上げざるを得なかったのではないか。各地に拠点集落が継続的に営まれてはじめて近隣の資源が集約的に把握されるようになり、その結果、良質な粘土産地が固定化され、繊維を必要としなくなるのであろう。

縄を中心にした装飾

大木1式は口縁部のループ文、胴部の羽状縄文（図5-5の4〜6）、組紐回転文など、縄による装飾が特徴的であったが、大木2b式になると、胴部地文は特殊な撚糸によるS字状沈文に変わり、口縁部には頂部に刻みや刺突を有する波状や環状の貼付《はりつけ》などが展開する（同図7）。大木3式では、竹管の端部による円文、半截竹管《はんさいちくかん》や棒状工具による沈線文《ちんせんもん》、押《おし》

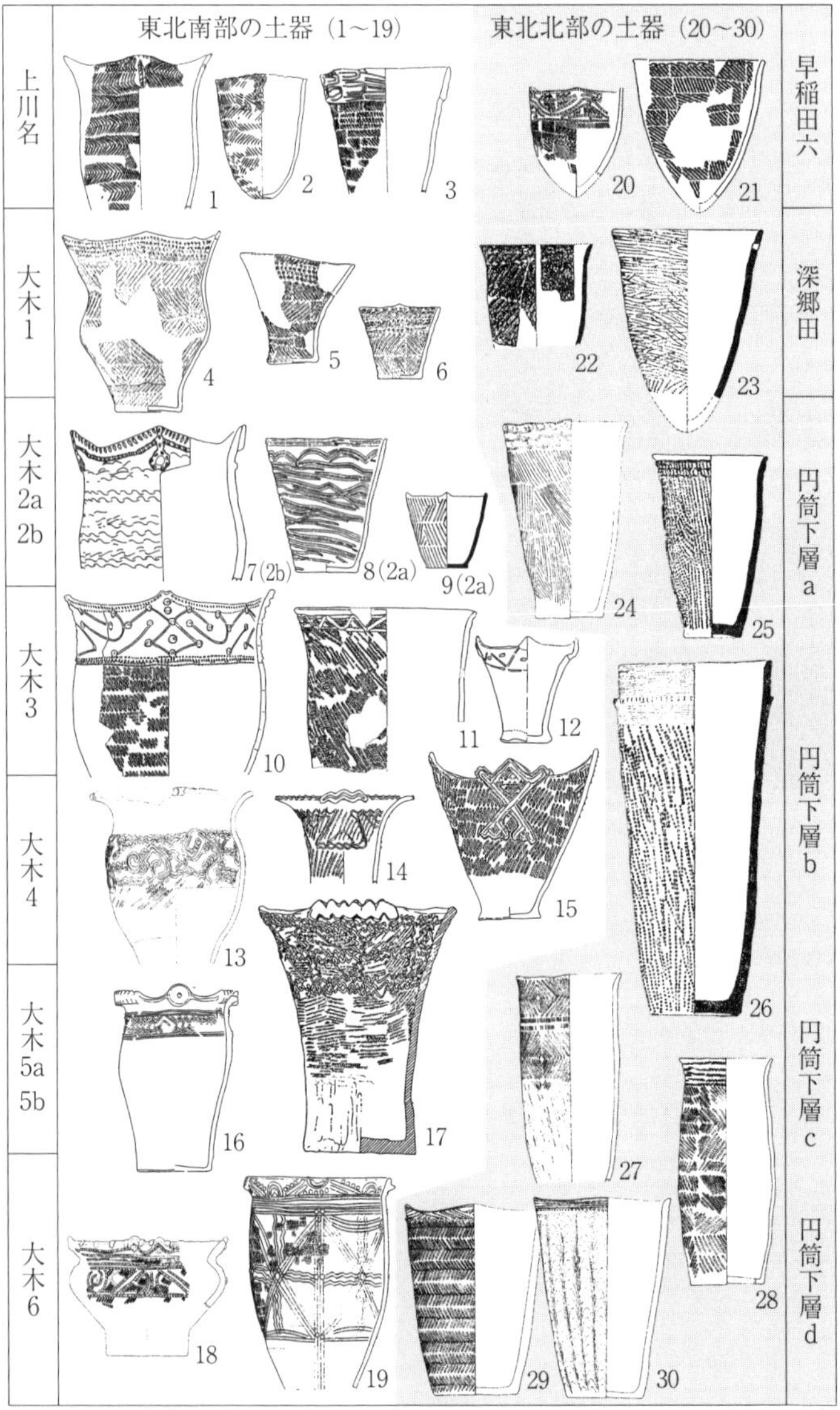

図 5-5　東北地方の縄文前期土器　S＝1/15（ただし 19 は 1/18）
1〜3 土浮（宮城），4〜6 今熊野（宮城），7 小林 A（山形），8 今熊野（宮城），9 三神峯（宮城），10〜12・18 大木囲（宮城），13 押出（山形），14 宮野（岩手），15・17 糠塚（宮城），16 嘉倉（宮城），19 小梁川（宮城），20・21 和野前山（青森），22 深郷田（青森），23・25・26 石神（青森），24・27・28 長者屋敷（岩手），29 田代（岩手），30 広内（岩手）．各報告書などより転載

引文《びきもん》、爪形文が加わる（同図10）。これらの土器の器形のバリエーションや文様帯、羽状縄文、多様な縄文、竹管の使用といった変化の方向性は関東地方の土器群と密接に連動し、大木1式が関東の関《せき》山《やま》Ⅰ式《しき》、大木2式が関山Ⅱ式〜黒浜式、大木3式が諸磯《もろいそ》a式《しき》との関係でとらえられる。

縄を中心にした装飾は円筒土器でも多用される。前期前半の北東北に展開した円筒下層a式では、胴部は斜行縄文、口縁部には縄の結び目を横方向に回転させた結節回転文（同図24）がみられる。下層b式以降、胴部がさらに細長くなり（同図26）絡条体による施文が流行する。そのほかに、下層c式では口縁部の縄の側面圧痕と胴部の羽状縄文（図5－6）、下層d式では撚紐を異なる方向に巻きつけた特殊な絡条体による精緻な木目状撚糸文（同図30）が特徴となる。

図5-6　円筒下層c式（大日向Ⅱ遺跡）（岩手県立博物館所蔵）

5　躍動する前期後半の土器

大木4式と押出遺跡漆工房

縄文時代前期後半の大木4式は繊維土器からの脱却、縄文時代中期へ向けての粘土紐による加飾化の開始、東北地方独自の個性の発揮で特徴づけられる。口縁部

図5-7　押出遺跡出土土器（上・彩漆土器，下・大木4式）（山形県立うきたむ風土記の丘考古資料館所蔵）

が強く外反する器形が主流となり（図5－5の14）、小型のカップ形土器（同図15）も伴う。装飾のメルクマールは口唇部から突出するW字（同図15）やM字形を連ねた（同図14）個性的な波状の貼付文で、そのほかに渦巻文が貼付されたり、小波状の貼り付けが口唇端部を一周めぐるものもある（図5－7下）。胴部には小波状、梯子《はしご》状、格子状の細い粘土紐を使ってX字や菱形、蕨手のような文様が描かれる。

山形県押出遺跡からは多量の大木4式土器が出土した（図5－7下）。この遺跡では湿地状の検出面一帯に住居の木柱が並び、根太《ねだ》（建物の床板を受ける横木）が横たわる非常に特異な景観が展開し、その間から彩漆土器や漆器とともに櫂《かい》状木製品、弓、櫛、タモ網、掘棒などが出土している。三ヵ所の住居区域では三九棟の平地式住居が認定されたが、大木4式土器が漆《うるし》の精製に使われる漆工要具として出土していることから、漆の乾燥作業に不可欠な高湿度を求めて、大木4式を使った人びとがあえて大谷地《おおやち》の低地に平地式住居からなる集落をつくったものと考えられる。

さて、このような漆を使った作業によってつくられた球形の鉢形土器（図5―7上）には、赤漆の上から黒漆の細線を三から六本平行させた渦巻き文様が描かれていた。渦巻きは関東地方諸磯b式の深鉢形土器に共通する文様であり、福井県鳥浜貝塚からも酷似した漆器が出土している。本来押出遺跡で約八割を占める在地土器の大木4式特有の小波状文や梯子状文などの文様は、なぜか漆では描かれない。これに対して文様が採用された諸磯b式土器にとって、押出遺跡は本来の分布域のほぼ北限にあたり、刈羽式《かりわしき》、浮島《うきしま》Ⅱ式《しき》土器などとともに少量出土したにすぎない。

この時期、イノシシの顔面を模したといわれる獣面把手が付いた諸磯b式土器が関東地方北西部から各地に派生し、浅鉢も広域的に流通していたことから、関東甲信から南東北地方を含む広域的なネットワークが形成され、漆とともにその文様が遠く離れた地域へも伝わっていったのだろうか。現在確認されている漆塗りの技術の出現は縄文時代早期の北海道の垣《かき》ノ島《しま》B遺跡例であり、前期前半になると関東、甲信地域にも広がる。押出遺跡の性格の解明は、東北地方に止まらず日本列島の土器の流通や漆文化の展開を考える上で、きわめて重要である。

加飾化の進行と土器の移動

大木5式になると前段階の諸要素はさらに発展し、胴部の粘土紐による小波状文は山形の折目部分で細かく断絶され、鋸歯状化する（図5―5の17）。後半期には胴部の文様が頸部付近へ収縮し（同図16）、小波状文や上下の区画線は棒状工具や半截竹管で施文されるようになる。本型式の土器破片は群馬県や長野県の諸磯c式圏に搬入され、類似した貼り付けは、十三菩提式《じゅうさんぼだいしき》系の土器である中部地方の晴ヶ峰式《はるがみねしき》や北陸東部の鍋屋町式《なべやちょうしき》など後続する土器にもみられる。

大木6式は胴部の膨らみが強く、筒状の台の上に金魚鉢をのせたような特殊な球胴器形（同図18）や口縁部が外反し頸部に緩いくびれをもつ長胴器形（同図19）が特徴である。特に口縁部・頸部・胴部の文様帯がしっかりと区分され、顕在化することは大きな変化で、その構成が中期へと連続していく。粘土紐や半截竹管などによる斜線やU字・C字などの幾何学的な文様（同図19）、沈線や結節浮線（同図18）による蕨手状の文様も特徴的である。大木6式は南は伊豆諸島八丈島や北陸方面へ搬出され、北はそれまで影響関係が乏しかった円筒下層d式の一部にも取り入れられる。前期末は北陸地方の土器が東北地方の日本海側で、関東地方の土器が南東北で出土することも多く、広域的な土器や人の動きがかなり活発化した時期にあたる。

6　中期土器の発展

中期土器の器種

前期の土器の特徴は中期へ引き継がれるが、大木式も円筒上層式も器種が徐々に増加し、堅果類・マメ類や雑穀、動物、魚貝類など、利用される資源の種類も多様化していく。大木7a式から8b式土器の器種は主に深鉢で、稀に浅鉢ほかがみられる。注口土器は、深鉢が母体で注ぎ口が付く形態が大木8a式、浅鉢が母体となるものは大木8b式（図5-8の17）、ヒサゴ形土器から派生したものは大木10式に特徴的である。また器台（同図18）や台付土器（同図21）は大木8b式、樽形の土器（同図15）は大木8a式から組成に加わる。その結果大木9・10式の器種は非常に多彩となる。

いっぽう円筒上層式は、円筒下層式より膨らみをもつものの、やはり長大な胴部を有する深鉢が圧倒的に多く、浅鉢、台付、鉢、皿が伴う。

中期前葉土器の発展

大木7a式は前型式からの器形を踏襲するが（図5-8の1）口縁部が大きく開くもの（同図2）に加え、胴部が膨らみ、上半に最大径をもつ器形（同図3）が登場する。口縁部には頂部に刻目をもつ紐状隆帯による棒状や渦巻きなどの貼りつけが配され、その間に短沈線や刺突、斜線や波状文、交互刺突文などが施される。胴部は結節縄文が間隔をあけて帯

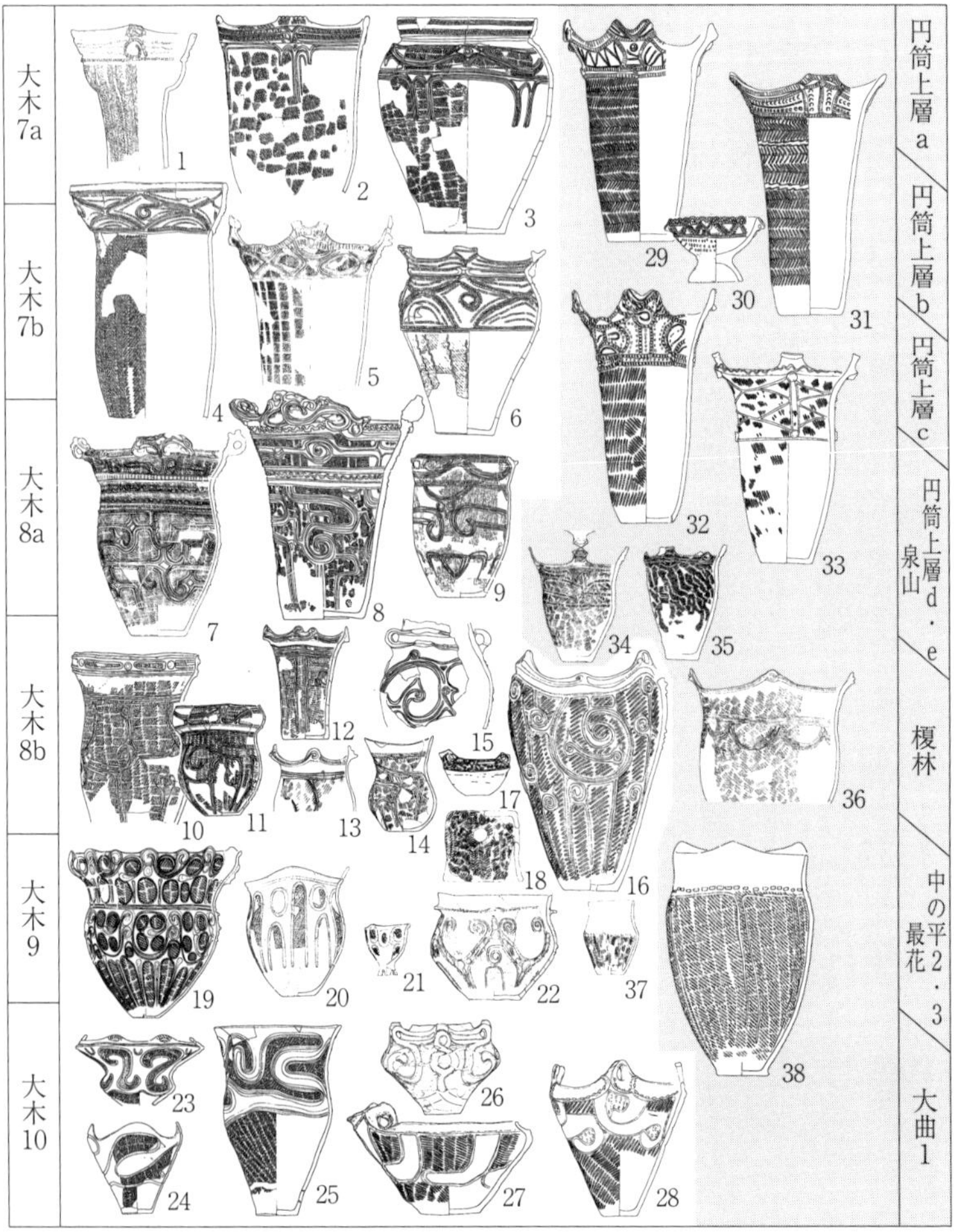

図5-8　東北地方の縄文中期土器　S＝1/20

1大館町（岩手），2・8小梁川（宮城），3〜6中ノ内B（宮城），7・19上野（宮城），9・10〜12高柳（宮城），13浅部（宮城），14大松沢（宮城），15・17大木囲（宮城），16繋Ⅴ（岩手），18山居（山形），20・23〜25大梁川（宮城），21・22上深沢（宮城），26沼（宮城），27五十瀬神社前（岩手），28観音堂（岩手），29〜32上里（岩手），33・37長者屋敷（岩手），34〜36馬場平Ⅱ（岩手），38松ヶ崎（青森）．各報告書などより転載

状に転がされ、新しい段階になると隆帯による文様が頸部の区画線を乗り越えて胴部上半（同図3）まで下降するようになる。また一部にY字状隆帯が貼付されるなど関東甲信地方との共通性が高い。円筒上層a式では口縁部に、縄文が押圧された太い隆帯が縦横に貼り付けられ（同図29）、その間には器面に直接縄を押圧して平行線や鋸歯文が描かれる。円筒上層b式になると押圧縄文はc字状に変化する（同図31）。

大木7a・7b式には、岩手県を中心に、円筒土器に類似した口縁部が大きく内弯《ないわん》（内側に弯曲すること）する器形（同図5）が多い。また、大木7b式は、7a式を踏襲した波状口縁に加え、平《ひら》口縁・キャリパー形（同図4）も定着する。口縁部文様帯には縄の側面圧痕を沿わせた隆帯（粘土紐の貼り付け）で、連弧文や対向弧状文（同図4・6）、蕨手文（同図）などが描かれ、胴部は縄文地文の上に粘土紐を貼り付け、四単位構成をとることが多い。また加飾化が進み、文様帯の拡大が進行する。

加飾の到達点と火焔型土器

円筒土器の加飾化のピークは上層b式で、上層c式になると隆帯の間は竹管やへら状工具による連続刺突で埋められるようになる（同図32）。

対する大木式土器のピークは大木8a式で、福島県域で特に資料が充実し、一部に少数の火焔型土器を伴う。器形は基本的にキャリパー形で、口縁の開き方や胴部の膨らみ方に違いがある。口唇部には新潟県域の火焔型土器の象徴を分与されたようなS字状貼付（同図8）、口縁部文様帯にはクランク文や蕨手文（同図7）、頸部には縦方向の縄の側面圧痕（同図）などがみられる。胴部には微隆起線もしくは沈線でクランク状の文様（同図7）が全面に展開する。

中期土器文様の爛熟

華やかさを誇った大木8a式もその末期になると、だるま形に近いキャリパー形が増加し（同図9）、蒲鉾《かまぼこ》状の隆帯や沈線による巻の弱い蕨手文、波状文など次の土器型式にスムースに連続する要素もあらわれる。やがてきわめて斉一性が高く、中期土器の転換点となる大木8b式が成立する。深鉢は、キャリパー形のA類型（同図10・11）、口縁部が外反して口唇が肥厚し、そこに渦巻文がつくB類型（同図12・13）、口縁部が外反して無文のC類型（同図14）、胴部の膨らむ樽形のD類型（同図15・16）、口縁部に把手など立体的な装飾がつくE類型の五つの類型と縄文のみのものに分類される。

分布圏全体に共通するA類型は通常三文様帯構成をとり、文様帯の骨格は加曽利《かそり》E式《しき》や中央高地の土器群など広範囲で共有されていく。B類型は宮城・山形県域に目立ち、本型式を最も代表する類型である。C類型は宮城県北部の沿岸部から岩手県域にかけて増加する。D類型は岩手県域で特に多く、胴部文様は主に隆帯で、蔓《つる》植物の展開のような独特のモチーフはその器形も含めて中央高地の唐草文系土器との類似性が非常に高く、その接点は大きな課題である。

大木8b式の技法

大木8b式では口縁部に隆沈線、胴部には主に沈線、副次的に隆沈線が使われる。各類型とも沈線の文様には規格渦巻文（同図10～14）が多用され、沈線の間の調整は古段階には無調整や不完全なナデ、新段階になると磨《す》り消《け》しが増加する。隆沈線は口縁部・体部ともに8a式の蒲鉾形から、断面四角形もしくは台形、9式に向かって隅丸三角形へと推移する。新段階のA類型は口縁部の渦巻きが上下端につくまで拡大し、胴部文様も沈線・隆帯を問わず連結を強め、不正形の区画を生じるとともにS字やC字の構成が目立つようになる（図5−9の3）。

円筒上層式から榎林式へ

大木8a式に並行する円筒上層d式になると、胴部の縄文が口縁部までせり上がり、その上に細い隆帯が貼付されて幾何学的な主文様が描かれる（図5−8の33）。その間を充填する（埋める）副次的な沈線文様はもはや存在しない。

いっぽう主文様を描く隆帯が沈線に置換された一群は円筒上層e式（泉山式）（同図34・35）と呼ばれた。そして類似した文様は大木8b式のB類型の器形と文様帯を共有する榎林式《えのきばやしき》（同図36）に引き継がれていく。東北北部までこの大木式系土器が拡大する中、円筒土器は終焉を迎えた。

7 中期後葉から後期へ

器種の増加と文様の簡素化

大木9式では器種が増加する反面、深鉢の器形はキャリパー形と口縁部が開く形態に収束していく。

施文技法は、大木8b式との過渡的要素として、側面が急角度に調整される断面三角形の隆帯による口縁部の渦巻文が特徴的であり、大木9式になるとそれが上方へ鰭《ひれ》状に盛り上がっていく（同図19）。大木8b式の蕨手文の連結にはじまる不正形の区画は、大木9式の最古段階になって正円や楕円となり、大木9a式に至り、縦位楕円区画や円区画、逆U字区画が卓越し、その間をぬうように蕨手文が展開するようになる（同図19）。大木9b式になるとステッキのような区画や多重沈線が展開し、大木10式でC・S・U・Mの字のようなアルファベット文字状の区画文（同図23〜28）へと発展していった。

中期終末から後期へ

大木10式古段階の深鉢には口縁部が内弯するものと外反するものがあり、区画文は沈線や微隆起線で表現され、その内部か外部、もしくは胴部下半に縄文がみられる。新たな段階になると外反するものが中心となり、無文の区画文様が胴部上半へ集約される。その区画を描く先の尖った微隆起線の上部には連続圧痕が付けられ、連鎖状を呈する（図5―8の28）。この手法は、北上川流域から三陸沿岸に主要分布圏があり、橋状部のある四つの大形の環状把手と胴部でくびれる特徴的な器形で特徴づけられる後期の門前式《もんぜんしき》（図5―9の5）へと受け継がれていった。東北北部では大木9式に中《なか》の平《だいら》2・3式《しき》、大木10式に大曲《おおまがり》1式《しき》が相当し、同様の方向へ変遷していく。門前式は関東の称名寺《しょうみょうじ》I式《しき》に並行し、つづく袖窪式《そでくぼしき》が関東の称名寺Ⅱ式、宮戸《みやと》Ｉｂ式《しき》が関東の堀之《ほりの》内《うち》I式《しき》に対比されよう（相原、二〇〇八）。

後期中葉になると加曽利B式系の土器が関東から東北南部の宝ヶ峯式を含めて北日本全体へと拡大していく。この時期さらに薄手・堅硬で器面に光沢をもつ磨きを施した精製土器が際立ち、器種の分化も進む。ただ、文様としては、後続する瘤《こぶ》状小突起の付いた土器群も含めて沈線の区画に地文を充填する手法が踏襲されていった。これらは縄文時代晩期の亀ヶ岡式の母体となるとともに、人の直接的な移動によって西日本でも製作されている。

8　縄文時代の社会背景に迫る

時期区分の発端

早期・前期・中期・後期・晩期という縄文時代の大別は、大正時代以来の呼称である「厚手式」を中期に、「薄手式」を後期に、「諸磯式」を前期にふり分け、後二者を細別することで晩期、早期の二期を補い、それぞれに含まれる土器型式の数が均等になるように留意しつつ設定された（山内、一九三七）便宜的な時期区分であった。

ただ、その後加えられた草創期も含め総体としてみると、中期にかけて深鉢を中心に加飾化が進み、その後、後期に向かって器種の分化、実用化へ転じるという一定の方向性をもつ。

通時的な文様帯の推移

縄文時代の大別（時期区分）に従って、文様帯とその分割という面から土器の推移を概観すると、前期の大木1〜4式は文様帯が不明瞭で、部分的に縄の種類が異なったり、口縁部への主文様の偏りがみられるなどの点に注目すれば、文様帯形成の初期段階といえる。大木5式になると頸部の屈曲点周辺に横位分割線の萌芽がみられ、大木6式で口縁部・

頸部の区画線、胴部の文様帯が明確に分離される。仮に縄文時代中期の定義を、文様帯と器面の分割によって文様が展開する段階ととらえると、それはすでに前期末の大木6式から始まっている。

中期の大木7a式は前段階の口縁部、頸部区画線、胴部の文様帯に加え、胴部を縦に四つに分割し、分割区画が文様単位となる。大木7b式になると口縁部文様帯がさらに二分割され、口唇部の文様帯が登場するが、文様帯の複雑化の方向は大木8a式でさらに進展する。ここでは複雑化する口唇部・口縁部・胴部の文様帯に加え、頸部の区画線までが文様帯化する。逆に胴部文様帯には縦の区画線がなくなる。

この加飾化への発展は大木8b式で一気に収束へ向かう。大木8b式は口唇部の文様帯の名残である溝に加え、口縁部・頸部・胴部の文様帯をもつが、それぞれに入る文様のバリエーションが少なく、結果的に斉一性が高い（土器の規格化が進んでいる）。口縁部の隆沈線も、胴部の沈線もその基本は分割ではなく、横方向への展開である。さらに大木8b式の新段階から大木9式になると、一部に頸部文様帯を消失し、胴部から口縁部にかけて文様がせり上がる一群（図5-4右）があらわれる。この土器の出現が契機となり、大木式は分割から脱却する。つづく大木10式の古段階になると文様は横方向に連続して展開するようになる。口縁部無文帯の復活は大木10式の新しい段階に下り、ノ字状の縦隆帯と分帯線上に連鎖状隆帯が貼付され、門前式へと系統的に推移していく。

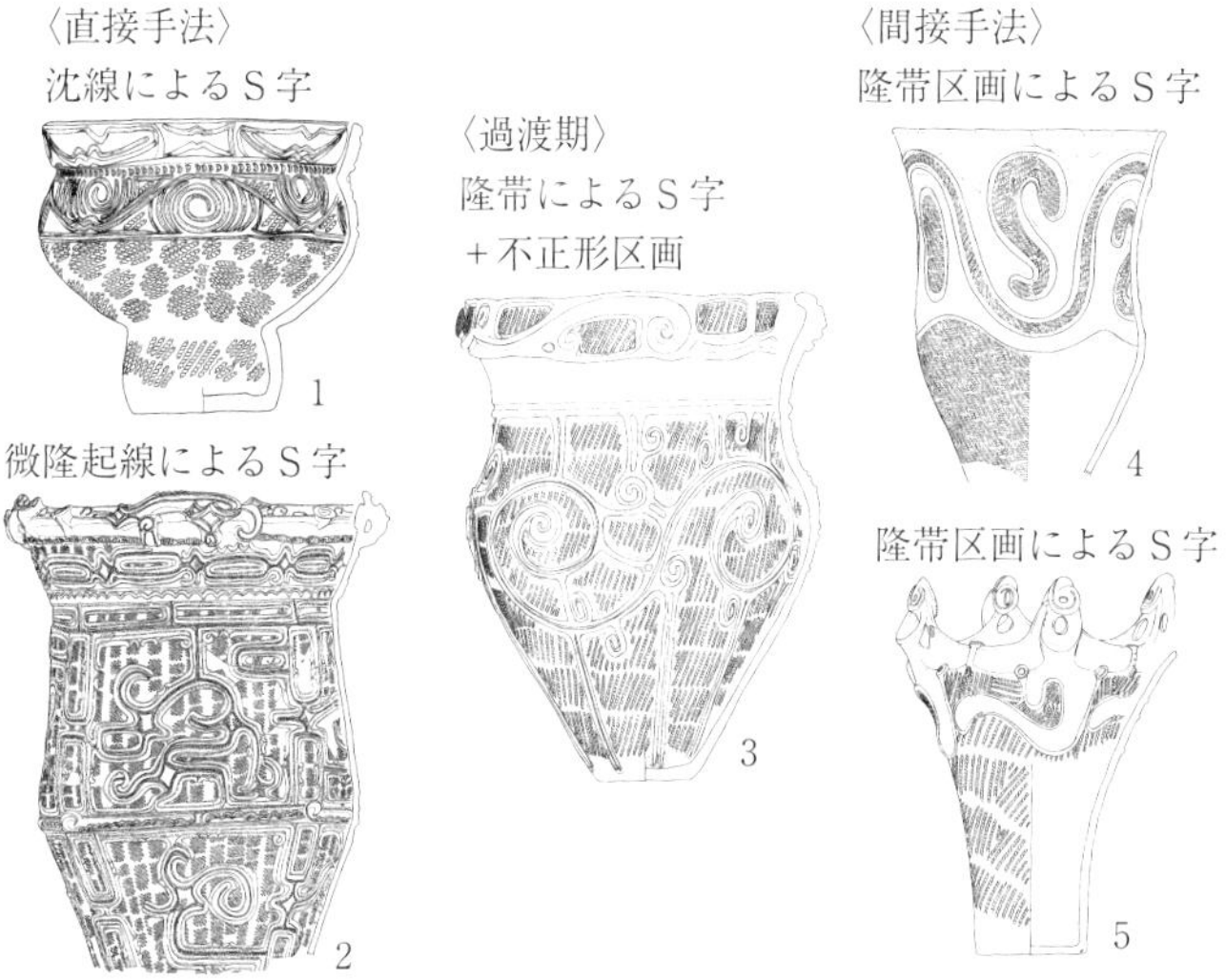

1. 横町（岩手）前期大木 6 式，S＝1/8
2. 小梁川（宮城）中期大木 8a 式，S＝1/20
3. 日戸（岩手）中期大木 8b 式，S＝1/16
4. 大梁川（宮城）中期大木 10 式，S＝1/16
5. 八天（岩手）後期門前式，S＝1/16

図 5-9　直接手法から間接手法へ

線文様から区画文様へ

さて縄文土器の文様の流れを振り返ってみると、当初は隆帯・沈線・隆沈線を問わず線描によって表現したい文様を直接的に刻んだり貼付していた（図5‐9の1・2）。直接手法ともいえるこのような文様表現は、円筒上層式、勝坂式《かつさかしき》、阿《あ》玉台式《たまだいしき》など、ほとんどの土器型式で一貫して採用されており、大木式では大木3式にはじまり、大木8a式で盛行し、頂点をきわめたといえる。

ところが、大木8b式の半ば過ぎになって沈線間の磨り消しがはじまり、それが徐々に拡大する。同時に隆帯の連結が増し、囲まれた領域は区画化する（同図3）。やがて、大木9a〜9b式に至り、隆帯・沈線表現が徐々に欠落し、区画のみが顕在化するに至る。区画文の周囲を磨り消して区画内だけに縄文を残す、区画内部を磨り消す、逆に区画内部分だけに縄文を充填するなど方法はさまざまであるが、これは線描からの脱却と、区画による図像表現手法への転換を意味する。つまりダイレクトに線で表現する直接手法を放棄し、中抜き文字のように区画で表現する間接手法を採用したことになる。やがて区画はアルファベット的なさまざまな形へと変化し（同図4）、後期に向けてその伝統が連綿と伝えられ（同図5）文様表現の主流となっていく。直接手法を好むストレートでポジティブな表現方法が、間接的でいわば暗示的な方向へと変化したのである。その理由は定かではないが、土器文様の役割が大きく変化した可能性を感じる。例えば集団のなかで神話や伝承を物語る機能から、より遠くの人からもみえる伝達手段への変化など、想像は尽きない。

縄文世界観の変化

このように器種が分化し、文様に対する考え方が大転換を起こした可能性のある中期後葉、考古資料の総体を見渡すと、拠点的な大規模集落が点在し遺跡数も増加する中、呪術や儀礼に関わる土製品・石製品が多様化し、複式炉が成立する。関東・中部地方では敷石住居が盛んに造られ、後期には配石墓《はいせきぼ》が出現する。想像の域を出ないが、これは縄文世界に起こった何らかの不調和への生態的・精神的な対応であり、それを調整あるいは修正するための装置とも考えられる。

間接的な区画文様を彷彿とさせる顔料による塗りつぶしの手法は、中国の仰韶《ぎょうしょう》文化の彩陶《さいとう》、沈線の区画内を充填する手法は同時期の中国東北部で、紀元前五〇〇〇年頃にはすでに存在している。縄文時代の画期を考える上で、寒冷化や温暖化といった環境の変化とともに、東アジアの情勢や影響力にも留意する必要があろう。

9　東北地方の縄文土器と原始社会

土器型式の斉一性の背景

今まで説明に用いてきた「土器型式」は、縄文土器が一定の地域で似通った特徴をもち、時間の推移のなかで同様な変化をたどるゆえに把握することができた。それではその現象は一体なぜ起きるのだろうか。それを考える前提として、土器づくりを担うのは古今東西女性が多いことが注目される。『正倉院文書』には女性が土器づくりを担い、男性が土掘りや製品の運搬に従事していた記録がある。G・P・マードックによる世界の民族調査でも女性が土器の製作に主に従事している比率が非常に高い。また、アメリカ大陸には土器づくりに関わる女性の神話が多く、その作業が儀礼と関係していたとも指摘されている（クロード・レヴィ＝ストロース、一九九〇）。

土器づくりを女性が行なうという前提から、彼女らが結婚によって移動して故郷の土器をつくった結果、土器が斉一化《さいいっか》するという仮説が支持されてきた。しかし、今までみてきたように土器文様表現の大転換、器種の多様化という土器に起こった変化が、呪術具の増加、住居や炉形態の変化など土器以外の縄文文化の諸要素の転換の時期と類似するといった現象をも総合的に考察すると、土器文様の斉一性が、故郷の土器を婚家でもつくるといった消極的な伝達（それが阻害される場合もある）だけで喚起されるとは考えがたい。それに加え、縄文時代は植物質食料に大きく依存し、相対的な平和を維持し、政治的な統合が低い社会であり、このような社会では妻方居住婚が多いとされる（G・P・マードック、一九七八）。また、妻方居住婚の存在は、縄文時代における抜歯研究やミトコンドリアDNA解析、古墳時代の西日本各地の人骨の歯冠計測値・性別・年齢構成・埋葬順位研究でも否定されない。さらに、奈良・平安時代の文献史料や木簡の研究では、結婚後の居住形態としては双処居住も含めて妻方居住・夫方居住の二重構造が平安時代末までつづき、鎌倉時代になってようやく父系直系家族が成立したと総括される。仮にこのような妻方居住婚を含む居住形態が縄文時代にも存在し、優勢であるならば、女性のみが移住するという前提自体が成り立たない。

土器のつくり手が動かないとすれば、一体なぜ一定の地域の土器が似通うのだろうか。北米先住民における衣服や毛布、トーテムポールなどの文様やアイヌ文様が部族の神話的な出来事への記憶装置の役割を担い、その使用場面が規制されていたように、土器文様も集団間の区別を意識した積極的な役割を担い、その使用・伝達と受け入れは、集団のなかで自発的に管理されていた可能性があり、時期によっては顕著に観察される土器の規格性と合わせて考える必要があるのかもしれない。

土器の搬入と製作者の移動

それでは、集中製作も含む地元での土器づくり、土器自体の搬入、土器製作者の移動、土器情報の伝達が起こっていた場合、それらは実際に土器のどのような特徴としてあらわれるだろうか。土器それぞれについて、その型式と胎土に着目してみる。

先にみてきたように土器型式はつくられた地域と年代を反映するし、いっぽうで胎土中の砂（岩石・鉱物）は土器づくりのための素地土を採取した地域を推測する手掛かりになる。そのため、ある集落で出土した土器が、その地域で通常つくられている土器の型式や技法に合致し、かつ近隣で採ったと推定される素地土からつくられているなら、その土器はその集落の土器のつくり手である女性が地元の粘土を使ってつくった可能性が高いといえる。さらにそれが複数の集落で共有されている場合、その集落間を土器が頻繁に動くことがなければ、それらの土器を保有した集落のつくり手が集い、土器を集中的に製作した可能性を考慮する必要があろう。逆にその地域のものとは異なる型式でかつ近隣では採れない特殊な鉱物が入っているような胎土の土器がみつかれば、それは異なる型式と特殊な鉱物が分布する遠方から交易などのために運ばれてきたものと推測できる。

さらにこの両者に属さない場合、たとえば集落の裏山で採れる鉱物が入っているのに異なる地域の型式の特徴をもつ土器が発見されたとすれば、それは異なる地域のつくり手が移動してきて、裏山で粘土を採取して土器をつくったという解釈ができそうである。ただその場合、異なる地域の型式でも土器のつくり方が本来の分布地域のものとあまりにかけ離れていれば、前からムラに住んでいたつくり手が異なる地域の土器を真似て、似た土器をつくった模倣品かもしれない。ここの見極めが問題なのである。

例えば複数の土器型式の土器が一つの遺跡から出土する長野県の縄文時代中期中葉川原《かわら》田《だ》遺跡の土器の分析では、ムラの住人が製作した土器はおよそ半数で、搬入品が一六%くらい、胎土の解釈がつかないものも同程度にのぼるものの、模倣品が二四%、製作者の移動の結果つくられた可能性のあるものは八%であった。また、大木式分布圏のほぼ中心にあたる宮城県の浅部《あさべ》貝塚では、素地土の調達場所が複数にわたり、かつ大木8b式期と大木9式期で場所を変えることはあっても、製作者が移動してきて土器をつくった形跡はなかった（水沢、二〇一四）。さらに円筒土器の分布圏にあたる青森県の三内丸山遺跡からは、円筒上層式土器と同様にデイサイト・流紋岩を含む在地の粘土を使って、大木8a式が模倣製作されたことが判明している（河西、二〇〇二）。

このように限られた事例であるが、土器製作者の移動の可能性が低いとすれば、土器型式内容の伝達のしくみに関して再検討をする必要がある。ただ、その具体的な提示のためには、集落の移動に伴う土器の見かけ上の動きに配慮した上で、地域や時期の異なる集落ごとに、土器の文様・技法と胎土を組み合わせた分析を丹念にくり返していく必要がある。おそらくそれが、土器づくりに関係する、原始社会の物や情報、そして人の移動について、より鮮明かつ具体的に考察する近道であろう。

現時点で私は土器型式の斉一性が高まる時期における可能性の一つとして、周辺の複数の集落の土器製作者が一定期間集結し集団の記憶装置を開いて何らかの標準に従って相互協力しながら土器づくりを行ない、完成した土器が製作者の本拠地である各ムラへ持ち帰られ、場合によってはそれが、移動・流通していく姿を考える。土器型式と技法が共通する在地土器のなかに複数の素地土が存在する背景には、集結して製作する折の土器と、その後自分のムラの近隣の粘土で追加製作した折の土器の混在があるのだろうか。もし製作者が一同に会して土器をつくったとすれば、結果として彼女らが生活の拠点を移動しないにもかかわらず、それを持ち帰った一定領域の土器が類似することになろう。集結する土器製作者は、結果的に一部の民族例のような血縁関係や儀礼を共有する人びとかもしれないし、部族のまとまりなど、その性格の特定は今後の課題である。ただ土器型式の坩堝《るつぼ》ともいえる関東甲信地域に対し、東北地方は土器型式の系統性が強く、胎土のバリエーションが乏しいのは、土器の製作者集団の系統が世代を超えて錯綜しなかったことを意味しているのではないだろうか。いずれにしても、先に述べた土器自体の分析によって、この仮説が検証される日を待ちたい。

いっぽう、土器型式の境界ともいえる北緯四〇度を越えて大木式は円筒土器文化圏へ、また円筒土器は日本海側を経由して北陸方面へ到達していることから、相互の交流は活発である。また、北陸の新保《しんぼ》式《しき》、新崎《にんざき》式《しき》も宮城・山形県の大木式に共伴している。搬入品を通じて大木6式の器形が円筒下層d式に、円筒上層式の大波状口縁が大木7b式に取り入れられるなどの、双方でのマイナーチェンジも

図 5-10　土器作り技術の伝承
（『御代田町誌歴史編』（上）より）

引き起こされたと推測される。民族例で男性が交易を担うことから類推すれば、実際の土器の動きは男性の動きを示すことになろう。しかしながら搬入された土器を受け入れるかどうかの選択は受容者側に任される。円筒土器・大木式土器双方ともに大木8a式までの土器の移動は模倣品をうみ出すことはあっても従来の系統をつき崩すまでに受け入れられることはなかった。

大木式集団の南下

前期前半期以降つづいてきた東北・関東地方の土器群の緩やかな影響関係を変化させたのが、千曲川《ちくまがわ》水系の焼町《やけまち》土器、北陸の上山田《かみやまだ》式《しき》など曲隆線を多用する土器群とその分布圏を緩衝地帯としてさらに南に展開する勝坂式の誕生である。勝坂式は複雑で洗練された隆帯装飾を多用することによって縄文中期社会における過剰装飾の粋をきわめた特徴的な土器型式である。その成立は大木7b式に並行し、勝坂式の分布地域と対峙する形で南端に、火焔型土器を祭祀形態として含む大木8a式が、今度はそれらとは全く異質な形で東北の過剰装飾期を形成していく。大木式と勝坂式土器の関係は円筒土器も含めた縄文を地文とする北の縄文文化の原理と縄文を必要としない南の原理との対立でもあり、背後に横たわる伝統と独特の精神世界が具現化されたものとも考えられる。

そしてやがてこの勝坂式を中心とした縄文世界を揺り動かすかのように、大木8a式末から大木8b式土器の南への大拡散が起こる。南東北の大木式は新潟・日本海経由、栃木経由、もしくは太平洋南下ルートで、北関東や中央高地へ達し、西日本や北陸、やや遅れて円筒土器の分布圏まで広がる。南下・北上した先では、大木式の流儀は拒絶されるどころか積極的に取り入れられ、勝坂式分布圏を加曽利E式へと塗り替え、本来の分布圏をはるかに超えた東日本一帯にその影響力を拡大していった。

これはつまり、大木式と親縁関係にあり縄文地文をもつ加曽利E式の誕生と、勝坂式の伝統を受け継いだ唐草文系土器のⅡ段階以降の大木式的な変容など、そして東北北部の榎林式の成立としてとらえられる。このことから、大木式の南下とその受容の背景には、通常動きにくい土器製作者をも含めての大規模なムラ単位の人の移動が、時間を置きながら繰り返し起こっていた可能性がある。それには寒冷化などの気候変動や、何らかの外的な要因も十分考えられる。唐草文系土器が大木式的な流儀に変容する時期、八ヶ岳山麓の遺跡数が増加することも、無関係ではないだろう。

図5-11　屋代遺跡群出土大木系土器
（長野県立歴史館所蔵）

大木式土器の模倣

火焔型土器を擁する信濃川のさらに上流にあたる千曲川の下流域、長野県の千《せん》田《た》遺跡では、川の汀線《ていせん》沿いの集落から大木8b式土器とそれらが変容した土器が、さらに上流の屋代遺跡群では地下四㍍《メートル》の沖積層に埋もれた環状集落から大木9式最古段階の土器がまとまって発見された。しかも模倣品は千曲川や犀川《さいがわ》上流域に達し、その流儀が広がっていった。特に屋代遺跡群では、サケ・マス漁に加え、その保存加工も推測され、シカ・イノシシ、オニグルミやササゲ属、ニワトコ属、ブドウ属などとともに利用されている。そして屋代遺跡群で大木式の模倣品がつくられた頃、中部関東地方からは、在地の土器型式である曽利Ⅲ式が福島県・宮城県まで北上し（戸田、二〇〇六）、さらに中期末葉から後期には、床面に大形の平石を敷き詰めた柄鏡形敷石住居や環状列石などの構築物、三十稲場式《さんじゅういなばしき》などの土器が、かつて関東甲信越にきた人びとの子孫が故地へ戻るかのように北上していく現象も、いっぽうではみられる。

縄文時代史のなかの東北

一万年を超える歴史を有する日本列島の縄文文化のなかでも稀な、前期から中期まで同一の土器型式名が冠されたことに象徴される大木式土器と円筒土器内部の、緩やかな型式変化の背景にある人びとの活動と、中期だけでも数十の土器型式や土器群に分類せざるを得ない関東地方や中央高地に住む集団間の活発な動き。その違いの背景には、両者の人口密度の差と集団数の差、集団間の交流の頻度の差などが予想されてきた。まだサンプル数が少なく研究の途上ではあるが、昨今の分子生物学の研究におけるミトコンドリアDNA分析（篠田、二〇一二）では、関東地方に比べて東北地方は北海道とともに縄文人のハプロタイプ（DNA配列の類型）の種類が圧倒的に少ないことが判明した。これは、土器型式が系統的で入り乱れることが少い東北地方では製作者を含む地域集団の系統も関東ほど複雑ではないという予想を支持するものとなっている。大正期からつづく縄文人と集団の研究は、ふたたび東北地方を舞台に新たな展開をみせているのである。

そしてやがてはその穏やかな東北の土器が関東から中央高地へ向けて大量に南下していったことの社会的な意味はきわめて重い。大木式の南下の道は、縄文文化がその終焉を迎えざるを得なかった晩期の、大洞式土器南下の道へもつながっていく。

東北地方の太平洋沿岸で日本列島における縄文時代の科学的な調査が開始されてよりこの方、一世紀にわたる調査によって、多くの遺跡が報告され、縄文社会の実態がより鮮明になってきた。ただ東北地方の縄文土器を携えた人びとの活発な動きとその影響力は、我々の予想を超えてさらに広域にわたる可能性もあり、遺跡や遺物による実証的な裏づけはまだ十分とはいえない。今後、河川資源に依存する集落立地のため、結果として沖積層に埋没してしまった内陸を含む遺跡の調査と考古資料をもとにした実証的な研究が進展し、縄文社会における新たなる展開の原動力となった東北地方の縄文人たちのダイナミックな動きがより明らかになっていくことに大いに期待したい。（二〇一三年三月十七日）

コラム

東北縄文時代人の身体——顔つき、体格、身長——

澤田純明

「東北地方からは、今世紀の初頭以来、かなり多数の縄文時代人骨が発見されてきたが、出土人骨の骨学的な研究成果が公表されるようになったのは、比較的最近のことである」。これは、百々幸雄が一九八二年に「東北地方縄文人男性の頭蓋計測」と題して『人類学雑誌』に発表した論文の、冒頭の一節である。東北地方では、松本彦七郎による里浜貝塚や青島《あおしま》貝塚の発掘（一九一八〜一九年）、長谷部言人による大洞貝塚の発掘（一九二五年）などで多くの縄文人骨がみつかっており、外耳道骨腫《がいじどうこつしゅ》の多出や乳児の土器棺葬といった重要な所見が報告されてきた。こうした個々の遺跡出土人骨の蓄積のうえに、人類学研究として東北地方の縄文地域集団に主眼を置いたのが、先の百々の論文である。百々は、縄文中期から晩期の人骨二九体の頭蓋計測値を検討し、その形態計測的特徴が関東地方の縄文人骨とほとんど変わるところがなく、他方、現代日本人からは遠い距離に位置づけられることをあきらかにした。また、本州西部の縄文時代人とは多少の差異が認められるものの、それとて本州の現代人における地域差程度に過ぎないとも指摘している。

この論文が出てから三十余年の間に、東北地方では、状態の悪いものや断片的な個体も含めれば一〇〇体を優に超える縄文人骨が出土した。これらの頭骨の形態学的特徴に、百々が示した見解から大きく逸脱するものはない。計測的特徴に観察所見も加えて述べると、東北縄文時代人の顔つきは、横に広く上下が低い顔面、縁が角ばって長方形を呈する眼窩《がんか》、盛り上がった眉間《みけん》、その下で深く陥凹した鼻の付け根と前方に突出する鼻梁《びりょう》といった、日本列島の縄文時代の人骨に広くみられる特徴を共通して有している。面長で、眼窩の縁が丸く、平坦な顔面をもつ弥生時代以降の本州人骨とは、あきらかに異なる形質である。

縄文時代人の四肢骨《ししこつ》においても、長い鎖骨、上腕骨や脛骨《けいこつ》の骨幹部の扁平《へんぺい》性、骨幹後面の粗線《そせん》基部が著しく発達した柱状大腿骨《だいたいこつ》、骨幹外側面が縦にくぼむ樋状腓骨《といじょうひこつ》など、後代の人骨とは相違する多くの特徴が知られている。山口敏は、南関東・東海・中国地方の縄文四肢骨を分析し、上腕骨に対する前腕の橈骨《とうこつ》の長さの比（橈骨上腕骨示数）と、大腿骨に対する脛骨の長さの比（脛骨大腿骨示数）が、縄文時代人では現代本州人よりも大きいことをあきらかにした（B. Yamaguchi 1982）。山口はその後、岩手県蝦島《えびしま》（貝鳥《かいとり》）貝塚の人骨にも同様の特徴を見出したが、東北を含む東日本の縄文四肢骨多数を分析した瀧川渉も、この傾向を支持する結果を示している（瀧川、二〇〇五）。また、解剖学的方法により縄文人骨の交連骨格を復元した佐伯史子は、身長に占める下肢の長さの比が、縄文時代人では現代本州人よりやや大きいことを報告した（佐伯、二〇〇六）。以上の研究結果を総合すると、縄文時代の人びとは、胴体に対する下肢、および肘から先と膝から下の部分が、現代本州人より相対的に長かったのであり、もし両者が並んで立つことができたならば、縄文時代人の方が、鎖骨が長くがっしりとした肩幅でありながらも、幾分すらりとした体肢をもつようにみえただろう。

大腿骨の最大長をもとに縄文中期から晩期の人骨の身長を推定した平本嘉助によれば、東北縄文男性の平均身長は一五八・一㌢、女性は一五〇・九㌢である（平本、一九八一）。平本は本州と九州の縄文時代人について地域集団別に身長を推定しており、これをみると、男性ではほとんど地域差が認められないが（いずれも一五七〜一五八㌢）、女性では中部や中国地方の集団（一四六〜一四七㌢）に比べて東北縄文時代人の方がやや高い。もっとも、平本が調査した東北縄文人骨の数は男性二二体、女性一三体であり、身長の地域差を充分解明するにはさらに資料数を増加した検討が必要である。交連骨格から直接に身長を復元した佐伯の研究（佐伯、二〇〇六）では、東北縄文時代人のなかに、一七〇・一㌢の男性（岩手県宮野《みやの》貝塚101号）や一五七・一㌢の女性（岩手県蝦島貝塚48号）など、当時としては高身長の個体が含まれていたとの結果も得られている。

縄文時代の頭骨や四肢骨から読み取れる身体特徴は、ほかの時代の集団と比べて確かに独特であるが、必ずしも一様ではない。二〇一二年に深瀬均らは、四肢骨形態の地域差に関して、興味深い調査結果を提示した。北海道、東北、関東東海、九州、沖縄の縄文地域集団の四肢骨を比較したところ、橈骨上腕骨示数と脛骨大腿骨示数では地域集団の間に有意な差が認められないが、四肢骨長（身長と相関する）および大腿骨頭の幅（体重と相関する）には、南北方向の地理的勾配があり、緯度が高くなるほど体が大きくなる傾向がみられたという（H. Fukase, et al. 2012）。縄文時代人の体格にベルクマンの法則（同じ種類の恒温動物において、寒い地域に分布する個体群ほど大型化する）が当てはまる可能性は従前言及されていたが（B. Yamaguchi 1989）、深瀬らの研究成果は、それをより明確に示したものといえる。

こうした東北縄文時代人についての議論は、出土人骨の大多数が集中する太平洋岸の貝塚人骨をもとになされてきた。これは東北地方に限らず、日本列島全体の縄文時代人についても概ね同様である。この状況について山口敏は、石川県真脇《まわき》遺跡の人骨に今まで知られていた縄文人と異なる形質がみられることをあげて、出土例のほとんどない日本海沿岸地域の縄文人骨にも注意をはらう必要性を説いている（山口、一九九六）。最近、青森県津軽地方の五月女萢《そとめやち》遺跡や田小屋野《たごやの》貝塚からみつかった複数の縄文人骨は、この要請に応えるものとして期待される（奈良、二〇一三）。これらの人骨の頭骨や四肢骨の分析は本コラムの執筆時点ではまだ途上だが、歯の形態研究からは、一般的な縄文時代人と形質の異なる個体が存在していた可能性が指摘されている（鈴木 波田 米田、二〇一三）。太平洋岸に偏重した人骨出土遺跡の地理的分布だけではなく、縄文前期以前の人骨がいまだ少ないことも、縄文時代人の全体像をとらえる上で解決を要する課題の一つである。山口敏の言を引用すれば「今後、日本海側も含めて前期以前の人骨資料をさらに追加してはじめて縄文人の構成の問題に本格的に取り組めるようになる」(山口、一九九六)のである。

六　亀ヶ岡文化の実像

関根達人

1　亀ヶ岡文化の広がり

文化のイメージ

今から約三一〇〇～二四〇〇年前の縄文時代晩期に、北海道南西部の渡島半島から東北地方一円に展開した縄文文化は、亀ヶ岡文化と呼ばれる（図6―1）。その名称は、江戸時代からすでに存在が知られ、今でも最も著名な縄文遺跡の一つにあげられる青森県つがる市の亀ヶ岡遺跡に由来する。

亀ヶ岡文化といえば、遮光器《しゃこうき》土偶《どぐう》をはじめとする土偶・土版《どばん》・土製仮面《どせいかめん》・動物形土製品・岩偶《がんぐう》・岩《がん》版《ばん》・石冠《せっかん》・石刀・石棒・石剣・独鈷石《どっこいし》など祭祀に関わる遺物や、土器や漆器《しっき》などにみられる高い工芸的技術が古くから注目され、「呪術の支配したマジカルな世界」のイメージが一般には定着している。かつて林謙作は、文化の内容が未知のままイメージが定着したことで、亀ヶ岡文化の論証、吟味がイメージにもとづく社会通念を追随する危険性に陥っていると警鐘を鳴らした（林、一九七六）。

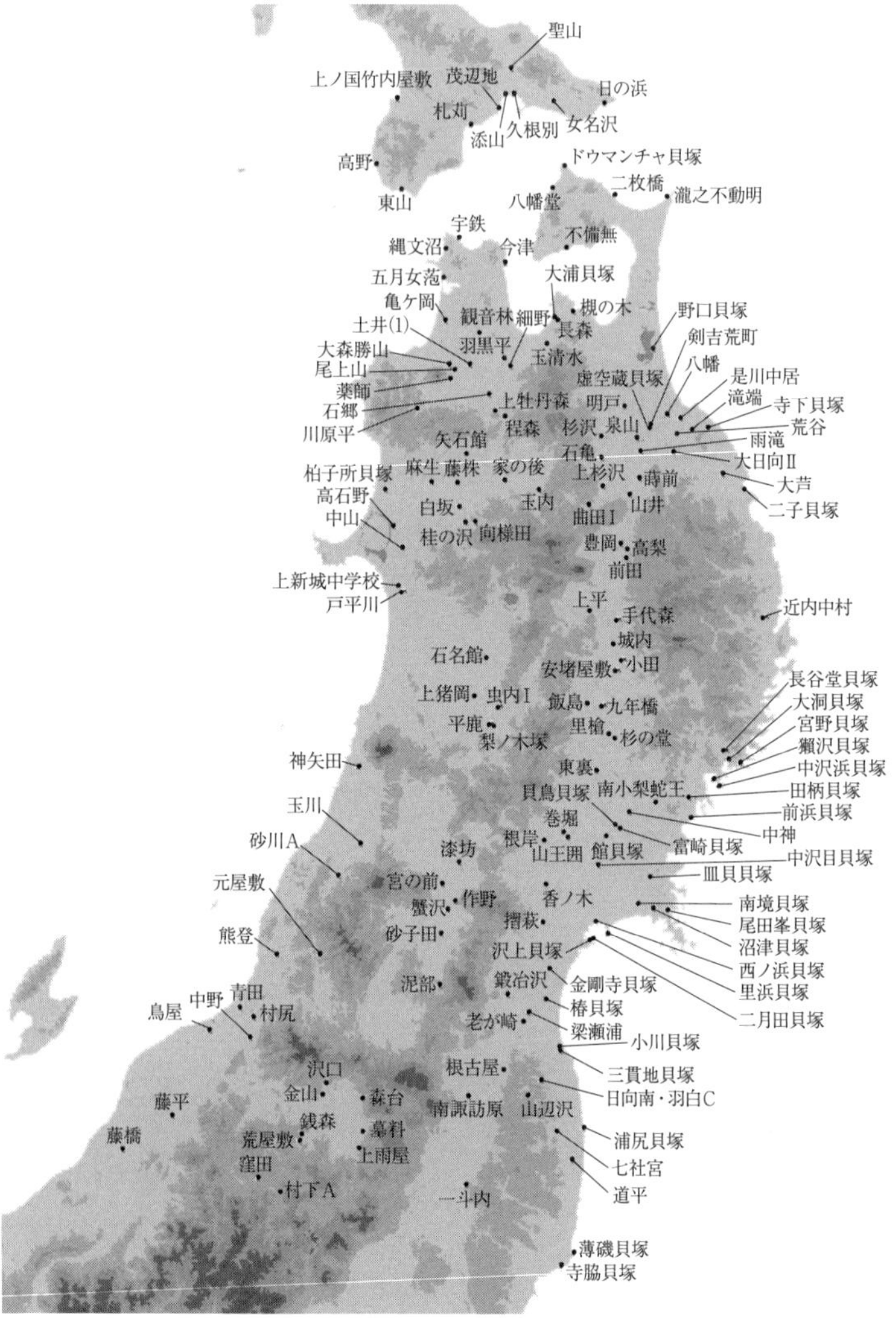

図 6-1　亀ヶ岡文化の主要遺跡（藤沼 関根, 2008 掲載図に加筆）

私たちはともすれば亀ヶ岡文化の魅力的な遺物にばかり目を奪われがちだが、多くの手間と時間をかけて製作された工芸的作品が日常生活のなかで使用されている点や、それらが壊れる前に惜しげもなく捨てられている点にこそ、文化の特質がある。それは、祭祀や工芸的作品の製作に時間と労力を注ぐことよって富の集積や社会の肥大化を未然に防ぎ、小さな社会を充実させ長く維持するという、縄文文化全体に共通する本質にほかならない（林、一九八一・西田、二〇〇二）。では亀ヶ岡文化がほかの縄文文化と区別される理由はどこにあるのであろうか。本章では、最新の研究成果をもとに亀ヶ岡文化の実像に迫ってみたい。

時間の物差し

亀ヶ岡式土器が文化圏外からも出土することは古くから注目されており、縄文土器の編年研究において亀ヶ岡式土器は「時間の物差し」の役割を果たしてきた（山内、一九三七）。現在では亀ヶ岡式土器は、北は北海道稚内市から南は北部九州の福岡市・大分市まで出土が確認されている（図6−2）。圏外から出土する亀ヶ岡式土器の大半は現地でつくられた模倣品だが、オホーツク海に面した斜里町《しゃりちょう》ピラガ丘遺跡秋山地点の土坑墓に副葬されていた大洞C2式赤彩壺《せきさいつぼ》（図6−2の②）のように、本場からの搬入品もわずかだが存在する。晩期前半の関東地方や石狩低地帯以西の北海道では、亀ヶ岡系の皿や壺・注口《ちゅうこう》土器といった精製土器が一定量存在し、深鉢・鉢を中心とする在地の土器を補完し、セットを構成している。

亀ヶ岡文化の土偶を代表する遮光器土偶は、北は北海道余市町・室蘭市から、南は兵庫県神戸市ま

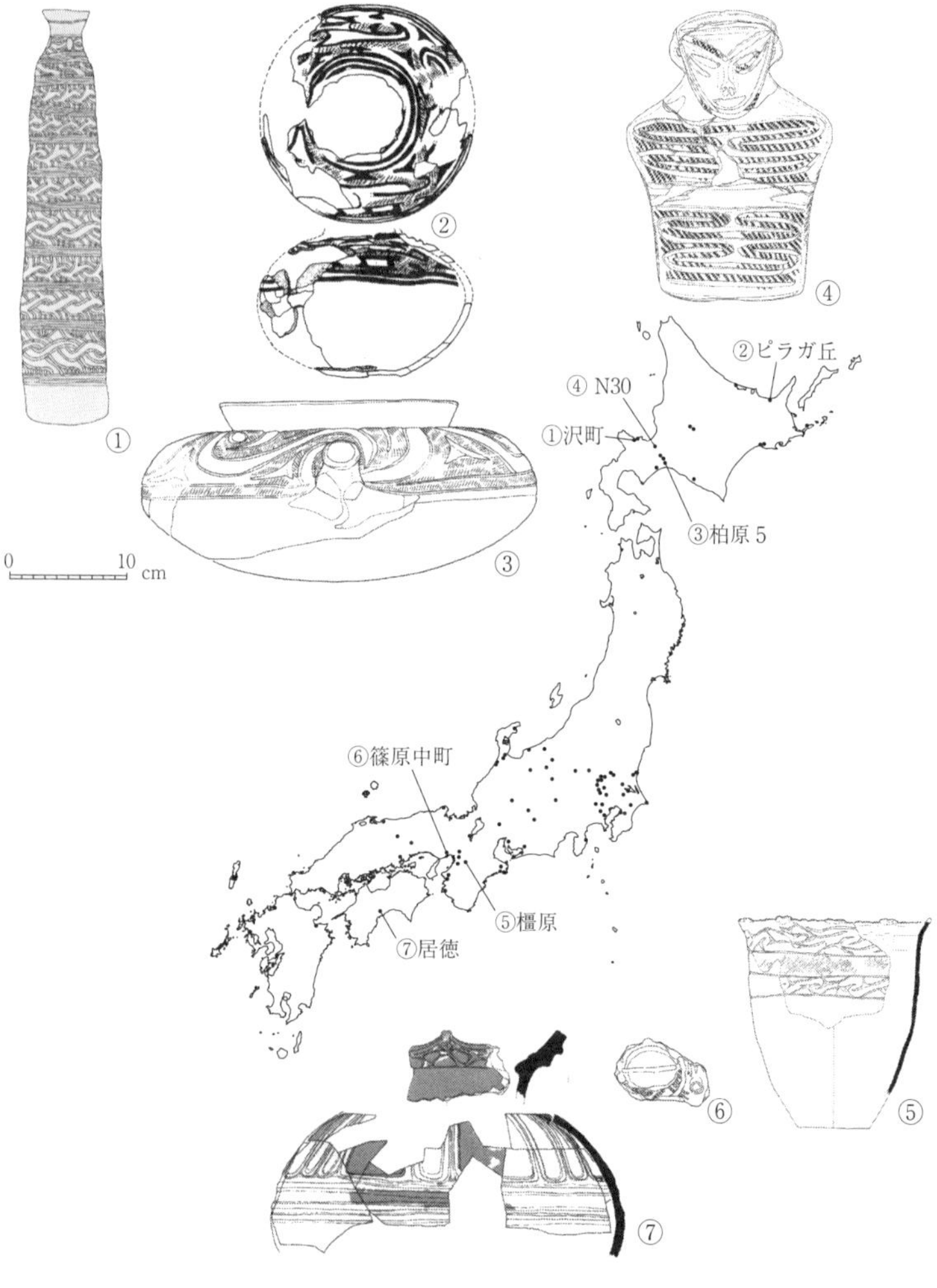

図 6-2　文化圏外で亀ヶ岡式土器や土偶が出土した主な遺跡
①北海道余市町沢町遺跡 大洞 BC 式細頸壺，②北海道斜里町ピラガ丘遺跡 大洞 C2 式赤彩壺，③北海道苫小牧市柏原 5 遺跡 大洞 B1 式注口土器，④北海道札幌市 N30 遺跡 大型板状土偶，⑤奈良県橿原市橿原遺跡 大洞 B2 式深鉢，⑥兵庫県神戸市篠原中町遺跡 遮光器土偶 (眼部)，⑦高知県土佐市居徳遺跡 大洞 A 式赤彩壺.

で出土が確認されており、関東地方では遮光器土偶と在地の土偶が融合した土偶がつくられている。

西日本から出土する晩期前半の東北系遺物のなかには、特に工芸的価値が見出せない粗製土器や宗教的儀礼と切り離し難い遮光器土偶が含まれる上、滋賀県大津市の滋賀里《しがさと》遺跡のように亀ヶ岡式の深鉢に滋賀里式の浅鉢を組み合わせた土器棺なども認められることから、晩期前半の西日本には東北地方に出自をもつ人間が社会集団の一員としてくらすムラが存在したとみられる（関根、二〇〇七）。

突帯文《とったいもん》土器が成立する晩期中葉の大洞C2式期には西日本から亀ヶ岡系土器が一時的に姿を消し、弥生文化が成立する板付《いたづけ》Ⅰ式期になると、今度は交換財とみられるきわめて装飾性に富んだ大洞A式古段階の土器（図6―2の⑦）が北部九州・四国にまで確認されるようになる（小林編、一九九九）。

北海道では、西日本とは逆に晩期中葉の大洞C2式期に亀ヶ岡文化の影響が強まる。この時期、東北地方では特段北からの文化的影響力が強まる現象はみられず、津軽海峡を挟んで南から北への一方向的な動きに終始する。晩期中葉、亀ヶ岡文化の担い手は、それまで維持してきた西日本の集団との関係性を絶ち、進路を北に転じたとみられる（関根、二〇一二）。

以上のように亀ヶ岡文化は、晩期前半には西に対して、晩期中葉には北に対して、人の移動を背景として大きな文化的影響を与えた。いっぽう、東北地方では、晩期初頭に西日本に由来する滋賀里Ⅱ式の浅鉢が例外的に確認される程度で、他地域の土器はほとんどみられない（関根、二〇〇六）。亀ヶ岡文化圏内でも北海道産黒曜石《こくようせき》製石器や新潟県姫川《ひめかわ》産ヒスイ製玉類など、圏外からもたらされた遺物は確認されているが、周縁部を除けば、他地域からの文化的影響は終始一貫して、きわめて限定的であった。

亀ヶ岡式土器

亀ヶ岡文化圏は北緯三八度から四二度付近まで南北に長く、植生的にはブナ・クヌギ・クリなどの落葉広葉樹林が分布する中緯度冷温帯に重なる。北縁にあたる北海道渡島半島付近や、南縁にあたる福島・新潟県域では、土器などに隣接地域の文化との融合現象が確認される。晩期中葉に亀ヶ岡文化圏が北へ拡大した結果、大洞C2式新段階以降は、津軽海峡をまたいで石狩低地帯から津軽北部・下北地方にかけて聖山式《せいざんしき》と呼ばれる土器文化圏（北部亀ヶ岡文化圏）が形成される。それよりやや遅れて晩期後葉から末葉には、東北南部・関東・北陸・中部高地で浮線網《ふせんあみ》状文《じょうもん》土器文化圏が成立し、亀ヶ岡文化圏の南縁は北に後退する。大局的には、晩期後葉以降の亀ヶ岡文化圏は北にズレたことになる。

亀ヶ岡式土器は、浅鉢・皿・壺・注口土器など文様・研磨《けんま》・赤彩に富む精製土器と、主に煮沸に使われる粗製の深鉢・鉢からなる。前者が文化圏全域におよぶ強い斉一性を示すのに対して、後者は地域性豊かである（佐藤、一九八五）。煮沸具にみられる地域性（図6−3）は通婚圏に対応する可能性があろう。

土偶と岩偶

亀ヶ岡文化圏内で地域性が顕著な遺物に祭祀具がある。土偶は亀ヶ岡文化圏内に広く分布しているものの、出土点数には大きな偏りがある。もちろん、地域により遺跡の

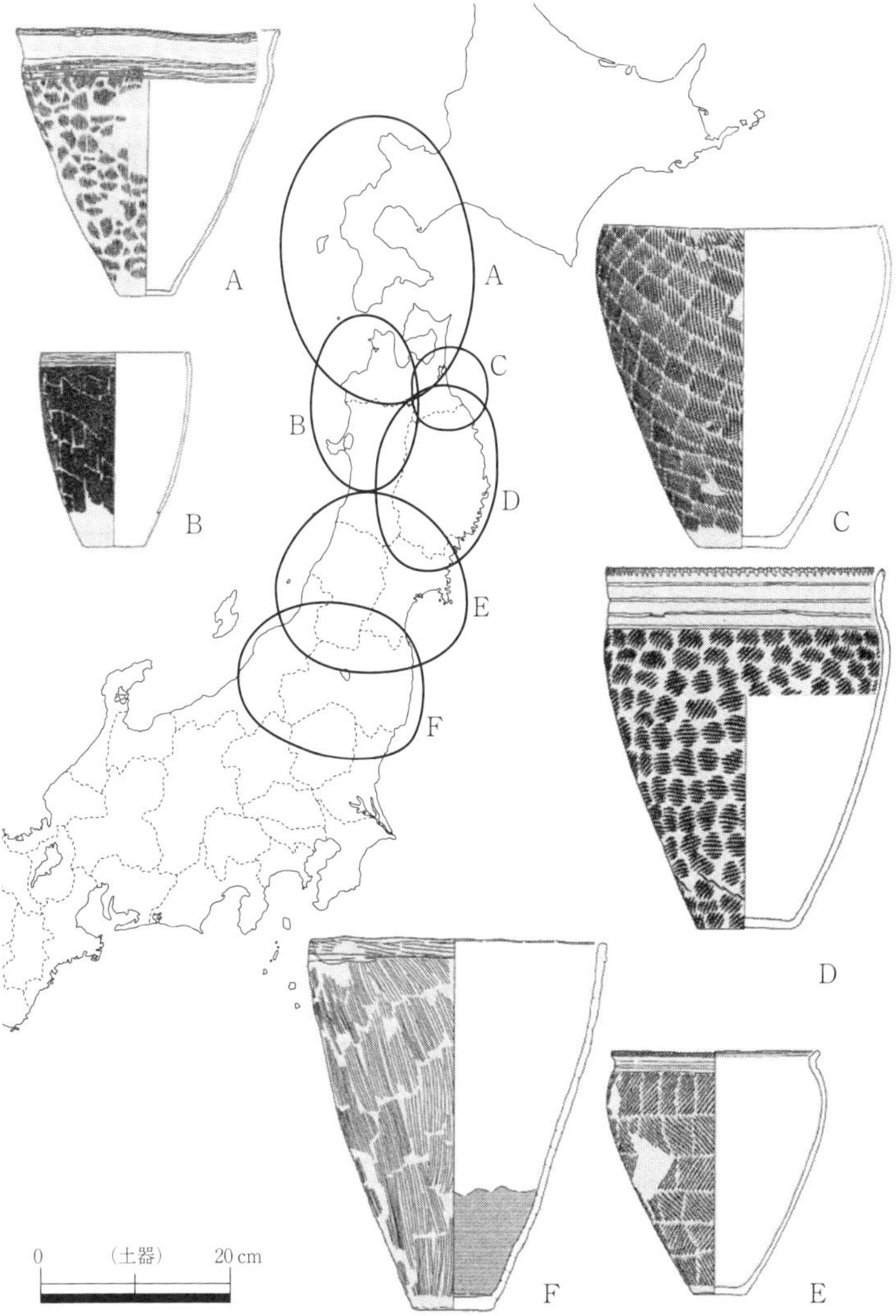

図 6-3　粗製深鉢からみた晩期後葉の亀ヶ岡文化圏の地域性（青森県，2013 から転載）

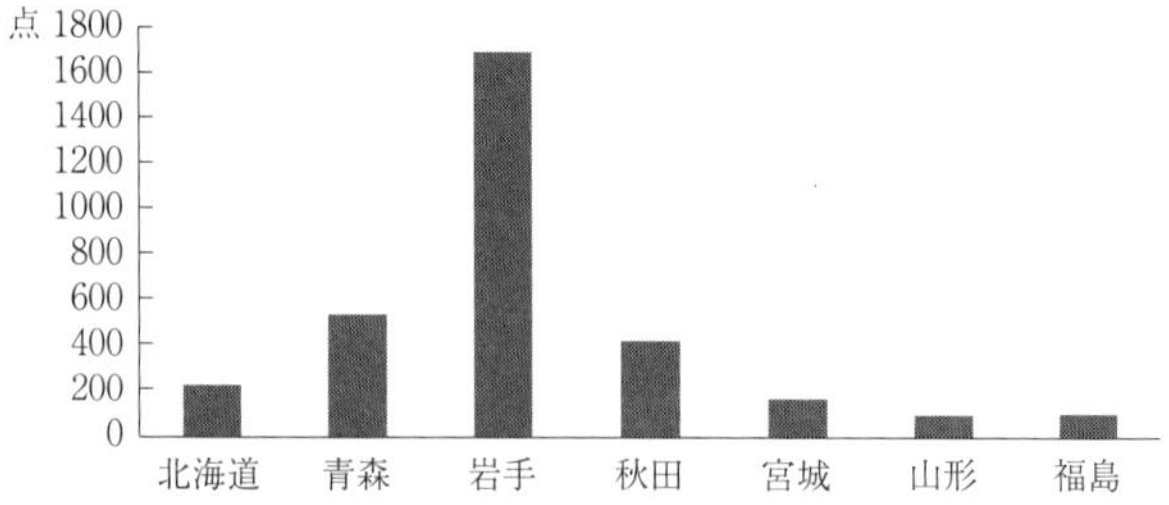

図6-4　縄文晩期の地域別土偶出土点数（土偶とその情報研究会，1996のデータにもとづき作成）

調査自体に大きな開きがあり、それが土偶の出土点数を大きく左右しているが、その点を考慮したとしても土偶の分布の中心が岩手を中心に青森・秋田を含めた北東北にあることは明らかである（図6−4）。

土偶以上に明確な地域性を示す遺物に凝灰岩など比較的軟質な石を人形に加工した岩偶がある。亀ヶ岡文化に伴う岩偶は、遮光器土偶と同じく晩期前葉から中葉にみられ、三〇遺跡六〇例が知られる（澤田 藤沼、二〇〇八）。その分布は、宮城県大崎市根岸遺跡の一例を除き、岩手・秋田両県の北半部と津軽北部・下北を除く青森県域に限られ、そのなかでも青森と岩手の県境付近、すなわち馬《ま》淵川《べちがわ》中流域西岸支流の猿辺《さるべ》川《がわ》・熊原川《くまはらがわ》流域に集中域がみられる（図6−5）。晩期後半には聖山式が分布する北部亀ヶ岡文化圏内から、柄頭《つかがしら》に三《さん》叉状入組文《さじょういりくみもん》・S字文を施した内反《うちぞり》の石刀や、小円形の窪みに北海道から新潟県に到る日本海側の地域で産出する天然アスファルトなどを接着剤として小礫《しょうれき》をはめ込んだ玉象嵌土《ぎょくぞうかんど》製品が分布するが、それらは、南に隣接する狭義の亀ヶ岡文化圏では出土しない（図6−5）。

2 集　落

人　口

遺跡数や竪穴住居跡の軒数などから、関東地方や中部高地では寒冷化する縄文中期から後期にかけて集落が衰退、東関東でも後期以降集落数が減少しつづけ、晩期には東北地方と九州を中心とする西日本に繁栄の中心が移ったとされる（今村、一九九九）。縄文時代の人口密度の推定値（小山、一九八四）は、近年沖積地から多くの縄文遺跡が発見された西日本の数値を上方修正する必要があるが、縄文晩期には東北地方が一平方キロあたり約〇・六人と、日本列島のなかで最も高い人口密度を示すとされる。

しかし実際には東北地方でも亀ヶ岡文化が栄えた縄文晩期には後期に比べ遺跡数・竪穴住居跡の軒数ともに減少している。例えば青森県では、津軽・南部・下北ともに遺跡数は縄文後期が最も多く、晩期、弥生時代、古墳時代と減少しつづける（図6-6）。同じく青森県内で発見されている縄文時代の住居跡の数は中期をピークとして後期、晩期と減少する（図6-7）。中期に比べ後期に遺跡数は増加するのに発見されている竪穴住居数が少ないのは、集落規模の縮小と分散が進んだためとみられ、分散化に伴い後期集落の立地場所は低地から山間地まで拡大する（関根、二〇一四）。後期から継続する晩期の遺跡は、河岸段丘上や山麓に立地する傾向にあり、晩期中葉以降、沖積地に立地する遺跡が

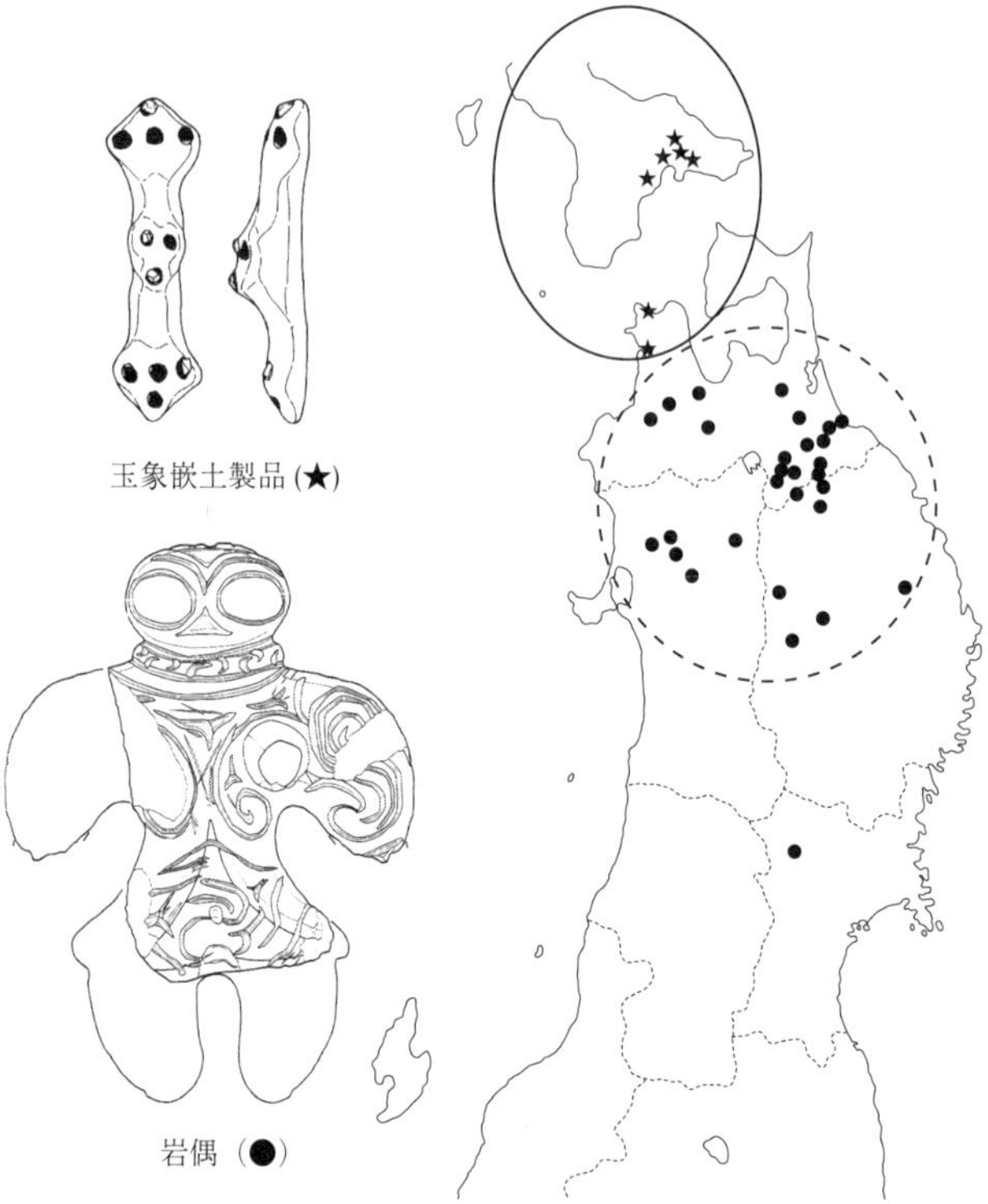

図 6-5　限られた地域に分布する遺物

増える（半田、一九六六）。この「弥生の小海退《しょうかいたい》」により低地や谷地が急速に乾陸域化し、稲作に適した土壌と空間が準備された。

　八戸周辺では五〜六キロ間隔で主要な晩期の集落遺跡が分布しており、食料獲得領域は半径三キロ程度と見積もられている（工藤、一九九三）。山形盆地でも晩期前葉から中葉にかけ生態系の境界域にあたる山麓に沿って、約五キロ間隔で拠点遺跡が

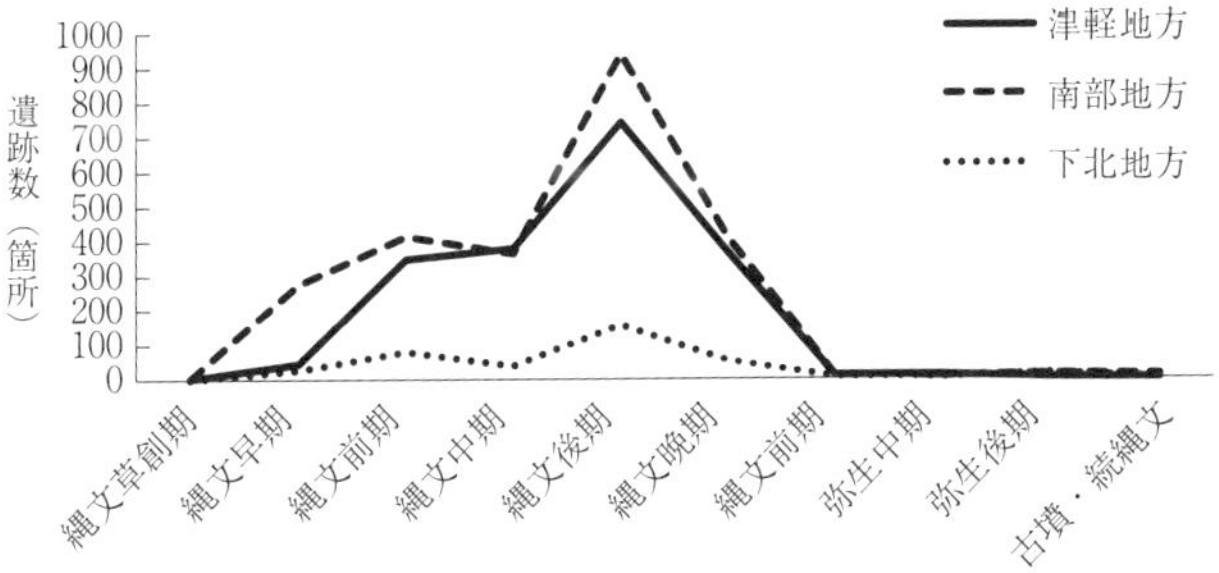

図 6-6　青森県における時代別遺跡数の変遷（関根，2014 から転載）

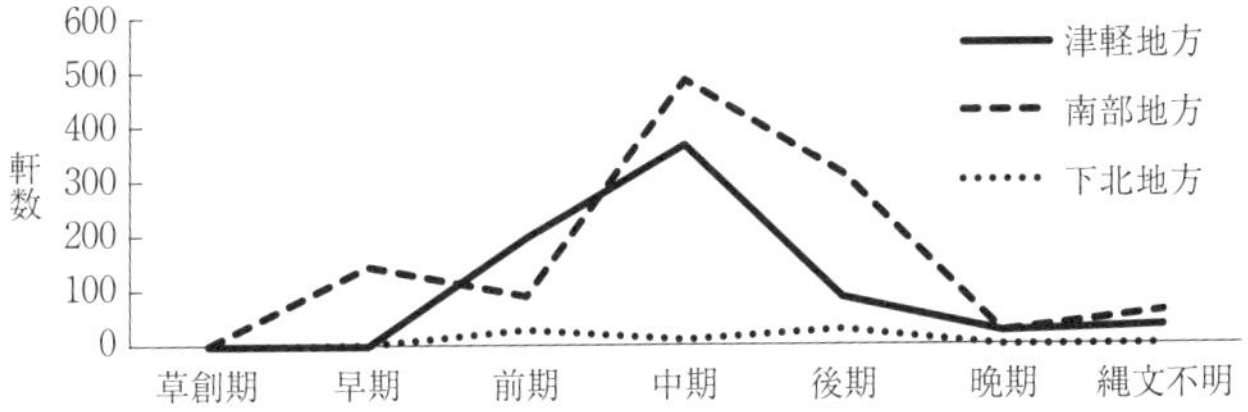

図 6-7　青森県における竪穴住居跡検出数（関根，2014 から転載）

点在する（小林、二〇〇一）。

北上川中流域、馬淵川・新井田川《にいだがわ》流域など各地で、晩期中葉の大洞C1式期に多くの遺跡が断絶、大洞C2式期に本流・支流合流点に拠点となる集落が営まれ、晩期後葉にそれらが廃絶し拡散化するとされる（佐々木、一九八四・根岸、二〇一〇）。晩期末葉にみられる遺跡の拡散化は、最上川流域や仙台平野でも指摘されており（小林、二〇〇八）、東北地方に広くあてはまる現象と考えられる。

亀ヶ岡文化圏では、北部を中心に晩期前葉から中葉にかけ、集落とは別の場所に大規模な集団墓地が営まれるケースがあり、河川本流と支流との合流点に営まれた拠点集落と、支流沿いの準拠点集落・小集落が有機的に結びついた社会モデルが想定されることもあるが、本格的な検証はこれからである。

竪穴住居と掘立柱建物

亀ヶ岡文化の集落を考える上で、竪穴住居の検出数の減少と掘立柱建物の増加は重要である。亀ヶ岡文化期の竪穴住居は、一般に掘り込みの浅いものが多いが、直径三メートル程度の小型のものから一〇メートル以上の大型のものまで多様性に富む。いっぽう、掘立柱建物は正方形配列の四本柱が最も多いが、六本柱の亀甲形のものもみられる。両者の関係については、掘立柱建物を平地式の住居ととらえ、住居構造が竪穴式中心から平地式中心に変化したとみる意見と、掘立柱建物を祭祀施設や倉庫と考え、住居構造は引きつづき竪穴中心であったとみる意見が併存しており、決着をみていない。前者の説は、掘立柱建物に居住に不可欠とおもわれる炉跡がほとんど伴わない点や、竪穴式から平地式に変化した理由が十分説明されていない点に課題が残る。後者の説では、竪穴住居の発見数が減る理由として、後期以前に比べ掘り込みが浅く検出しにくいことと、分散居住がより進み集落規模が小さくなったこと、大型住居に複数の家族が住むようになったことなどが指摘されている。どちらの説が正しいかはひとまず保留するとして、これまであまり調査が進んでいない沖積地に立地する遺跡が鍵を握ることは間違いない。実際、新潟平野北部の標高約三メートルの沖積地（旧紫雲寺《しうんじ》潟《がた》）に立地する新発田市青田《あおた》遺跡では、亀甲形を中心とした掘立柱建物（図6-8）で構成される晩期末葉の集落跡が発見されており、柱根の年輪年代学的解析から一時期の集落規模は八〜九棟と推測されている。

環状にめぐる集落

福島市の宮畑《みやはた》遺跡では、広場を中心に四本柱の掘立柱建物が環状にめぐり、その外側に埋甕《うめがめ》群や土坑墓が配置される晩期前葉から中葉の集落跡が発見されている。青森市上野尻遺跡でも、中央広場を取り囲んで合計三五棟の掘立柱建物が環状にめぐる後期後葉の集落跡が発見されている。青森県五所川原市千苅《せんがり》(1)遺跡では晩期中葉に属する二棟の大型住居跡周辺から四本柱の小型掘立柱建物跡が六棟検出されており、直径約四〇メートルの広場の周りを掘立柱建物群が環状に囲んでいた可能性がある。

これまで、全体像がわかる事例がとぼしかったこともあり、亀ヶ岡文化の集落

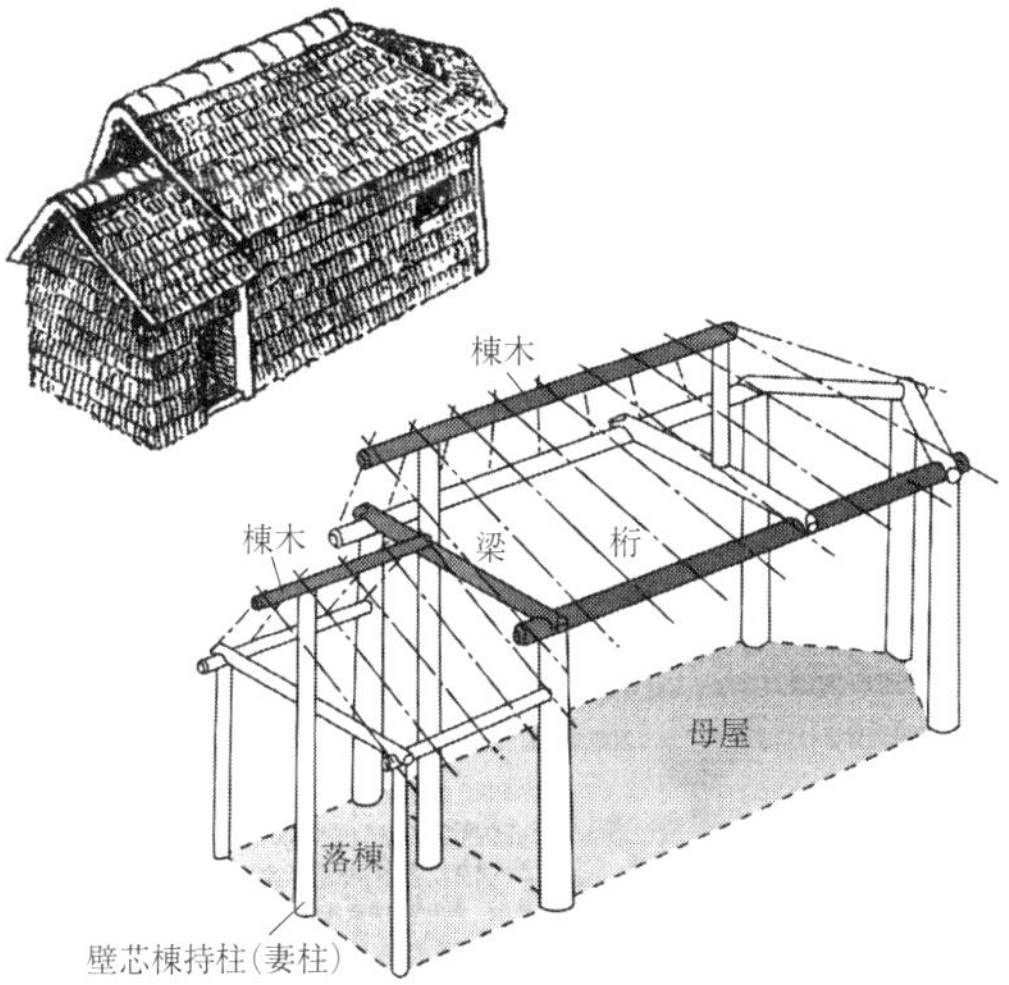

図6-8　青田遺跡の掘立柱建物復元図（新潟県教育委員会・新潟県埋蔵文化財調査事業団，2004から転載）

宮本長二郎氏により，切妻屋根で落棟形式の入口をもつ棟持柱付住居の復元案が示されている.
出土品にもとづき，外壁は横桟に草を結わえ付け，屋根の内装には径2cm余りの細材を簀子状に組んだものが使用されている.
落棟付き住居は，富山・岐阜県下の根葺民家，北海道アイヌや東北アジア少数民族の住居と同じルーツがたどれるという.

は一〜三棟程度の竪穴住居から構成される小規模なイメージが定着していたが、掘立柱建物を含めて考えるならば、環状集落の伝統も存続していたとみることができるのではなかろうか。

3 生業と物資の移動

縄文社会食いつめ論

戦後のマルクス主義歴史学のもとで、亀ヶ岡文化は「将来において発展する内在的な力をうしなっている」との烙印を押され、西日本が原始農業に振り向けはじめた労働力を土器や石器などの製作に費やせたがゆえに工芸的な発達を遂げたとの評価を与えられた（藤間、一九五一）。そうした考えの背景には、縄文から弥生への変化を、縄文的な狩猟採集社会の行き詰まりとそれを解決するための農耕の導入という図式でとらえる「縄文社会食いつめ（ゆきづまり）論」があったが、狩猟圧などそれを裏づけるような考古学的データが示されることはほとんどなかった。

確かに亀ヶ岡文化は、生産様式・技術・物流システムのどれをとっても基本的には後期に確立したものを大きく変えることなく受け継いでおり、革新的と呼べるような発展はみられない。もちろん、後期の終わりから晩期の終わりまでの約七〇〇年間に進歩が全くなかったわけではないが、その多くは「改良」や「普及」であって「発明」と呼べるようなものは、割竹やつる植物を編んだものに漆を塗った籃胎《らんたい》漆器くらいしか思い浮かばない。

狩猟と漁撈

晩期の石器や骨角器組成は基本的には後期と同じであり、それらを主要な利器とする社会の経済的基盤に大きな変化はなかったとみて間違いはなかろう。ただし晩期には石鏃・石錐・石篦・石匙の比率が比較的高い一方、石皿や磨石の割合が低くなることから、後期に比べ動物質食料の比重が高まった可能性は考えられる。晩期のおとし穴は、円形の穴の底面中央に杭を設置したものが福島県郡山市妙音寺《みょうおんじ》遺跡や南相馬市赤沼《あかぬま》遺跡で発見されているが、おとし穴猟自体は後期初頭以前に比べ低調とみられる。いっぽう、青森県八戸市の是川中居《これかわなかい》遺跡から出土したような赤漆塗の飾り弓や晩期後半以降の墓にまとまって副葬される長細形の石鏃などから、晩期には弓矢猟に長けた人物が社会的に高い地位にあったとの推測もなされている。

漁撈に関しては、後期後半に大きな画期が想定される。すなわち後期中葉には内陸の河川や湖沼での網漁が活発化するとともに、太平洋沿岸ではヤスと呼ばれる骨製の刺突具による刺突漁業が盛行する。後期末葉には、獲物に刺さると紐のついた銛《もり》先が柄から外れる離頭銛《りとうもり》が発達を遂げ、燕形《つばめがた》離頭銛が出現するなど、外洋性漁撈活動が活発化する。晩期には、北海道で開窩式《かいかしき》離頭銛と呼ばれるオープンソケットの銛や組み合わせ式釣針が盛行するいっぽう、三陸沿岸では、柄の先端が離頭銛のなかに完全に収まる閉窩式《へいかしき》離頭銛が発達を遂げ、両者の分布は青森で重なり合う。新潟県新発田市青田遺跡では丸木舟や、木の枝を編んだ胴のなかに返しをつけて水に沈め、なかに入った獲物を捕獲する筌《うけ》が発見されており、近くの潟湖《せきこ》での漁撈活動の一端を垣間みることができる。

土器製塩は、関東地方よりやや遅れ、仙台湾や三陸沿岸で後期末頃からはじまり、晩期中頃には陸奥湾沿岸にも波及する。山形県村山市宮の前遺跡や青森県階上町寺下《てらした》遺跡など内陸部から出土する製塩土器は、太平洋沿岸でつくられた塩が交易品として、容器ごと広範囲に流通していたことを物語っている。

植物利用

近年、縄文後期の寒冷化により、落葉広葉樹林にくらす東日本では、植物質食料の主体がクリから低地で増加したトチノキへと変化したことがあきらかとなった（吉川、一九九九・辻、二〇〇二）。クリやクルミと違い、ドングリ類のうちナラやカシワの実にはタンニンによる渋みがあり、トチの実にはタンニンに加え強い苦みの元になるアロインや有毒性のサポニンが含まれているため、アク抜きしないと口にできない。アク抜きは灰と一緒に煮るか水にさらす方法が一般的である。東日本を中心に発見されている縄文時代の水場遺構の多くは後晩期に集中しており、「トチ塚」と呼ばれるトチの種皮片集積遺構を伴うものも少なくない（佐々木、二〇〇〇）。亀ヶ岡文化に伴う水場遺構は、是川中居遺跡と山形県寒河江市高瀬山遺跡で発見されており、前者は住居近くに、後者は住居から離れた場所にある。

植物質食料の主体を占めるクリやトチなどの堅果類は貯蔵に適しており、東日本では主として台地や丘陵上から、西日本では低湿地から縄文時代の貯蔵穴が多数発見されている。東北地方で検出されている晩期の貯蔵穴は、後期以前と比較した場合、小型の丸形や楕円形土坑が多く、居住域から離れた位置に設けられる例が増えるようである。

気候の寒冷化やそれに伴う地形・植生変化に連動して、後晩期の縄文人は、多角的な植物利用を促進させ、それが弥生初頭のイネなどの穀物栽培の基盤となったとの見解が新たに出されるようになってきた（佐々木、二〇〇九）。青森県八戸市是川中居遺跡では、花粉分析や出土した種実同定にもとづき、居住域周辺にクリ林を、開析谷《かいせきや》や河畔にはトチノキ林やオニグルミ林を配置するなど、縄文人が人為的な生態系（「里山」）をつくり植物食を確保していたとの仮説も提示されている（吉川、二〇〇二）。

亀ヶ岡文化に栽培植物が存在したか否かについては、議論が分かれるところである。栽培植物に関しては土器の表面に付着した種子の圧痕、とりわけ籾《もみ》圧痕土器が古くから重要視されてきた。近年圧痕を樹脂で型取りし、それを走査型電子顕微鏡で観察する手法が開発され、高い精度で種子同定が可能となった結果、従来籾圧痕とされてきたものが否定されるケースが増えている（中沢、二〇〇九）。青森県南部町剣吉荒町《けんよしあらまち》遺跡から出土している晩期末葉の「籾圧痕土器」についても再検討が迫られる。青森県立郷土館が行なった亀ヶ岡遺跡の沢根地区の調査では、晩期後葉の大洞A式土器に伴ってイネの籾殻と炭化米が出土したと報告されたが、くわしい出土状態は不明であり、年代測定の結果、籾殻は一一世紀中頃から一三世紀前半のものと判明した（田中　佐藤　上條編、二〇一五）。今のところ、確実に亀ヶ岡文化に伴うと断言できるコメは存在しない。コメ以外では、是川中居遺跡の晩期前半の層からヒエ属・ダイズ属・ゴボウ・シソ属・アサの種子が、晩期末から弥生初頭の八戸市八幡遺跡12号住居跡からはアワ・キビ属・ヒエ属の種子が出土したとの報告がある。今後類例の発見に努めるとともに、DNA分析などにより栽培種か否かを検討する必要があろう。

食性と生業暦

近年、遺跡から出土する古人骨から抽出したコラーゲンの炭素・窒素同位体比分析により、縄文人の食生態に地域性が存在することが指摘されるようになってきた（南川、二〇〇一・米田、二〇一〇）。亀ヶ岡文化に関しては、青森・岩手・宮城・福島の貝塚から出土した人骨が分析され、これら東北地方の晩期縄文人は、ドングリなどの植物と海生魚類の両方からタンパク質を摂取していたとの分析結果が示されている。同じ亀ヶ岡文化圏でも、その北端に位置する北海道洞爺湖町高砂貝塚の晩期縄文人が主としてオットセイなどの海生哺乳類からタンパク質を摂取していたのとは対照的である（図6‒9）。寺下遺跡では出土した糞石から骨片のほか、コナラ亜属・クルミ属・クリ属・トチノキ属の花粉、シダ植物胞子のゼンマイ属など周辺の植生を示すデータも得られている。

里浜貝塚では、出土動植物遺体とそれらの生態や松島湾での民俗例、さらに貝殻成長線分析から推定されるアサリの採集時期を重ね合わせ、貝塚を営んだ晩期の人びとの生業暦が復元されている（図6‒10）。

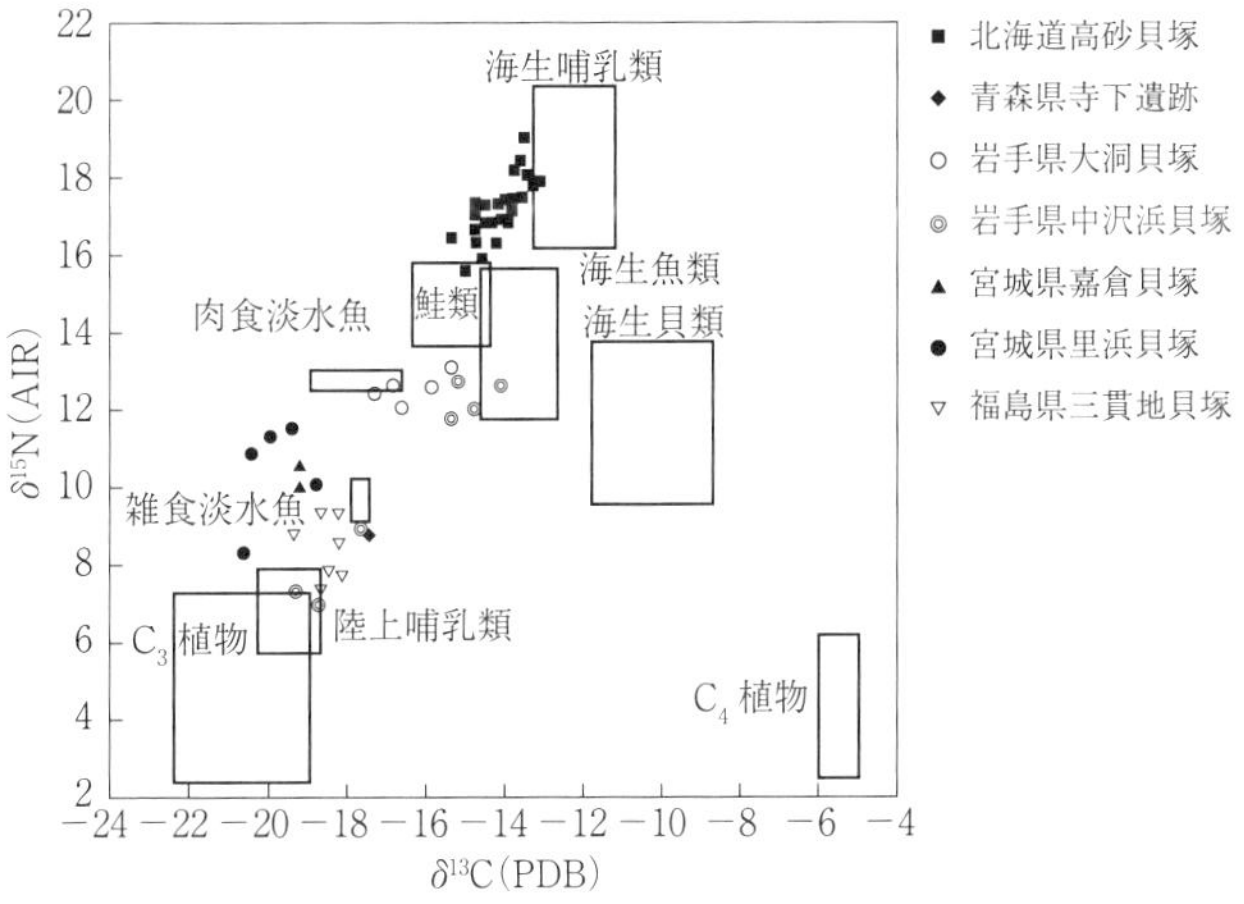

図 6-9　亀ヶ岡文化を担った縄文人の炭素・窒素同位体比（南川，2001 ならびに米田，2010 と階上町教育委員会，2007 の掲載図を合成・改変し作成）

交易

晩期には装身具に用いられるサメの歯やベンケイガイをはじめとして海産の貝類・魚類が内陸部までかなり流入していることが判明している。接着剤や補修材として使われる天然アスファルトは、産出地が限られており、遠隔地まで運ばれたとみられているが、後期から晩期にかけ著しく使用量が増えている。これらは希少な天然資源をめぐって活発な交易が行なわれていたことを物語っている。

下北半島の陸奥湾に面する不備無《ふびなし》遺跡では、食料資源と石器の素材の大部分を遺跡周辺から調達しており、同じ半島内でも一〇キロ以上離れた場所からは石剣や独鈷石といった特殊な道具に使われた石材、津軽半島からは赤色顔料の原料となった今別町赤根《あかね》沢《さわ》産の赤鉄鉱・外ヶ浜町

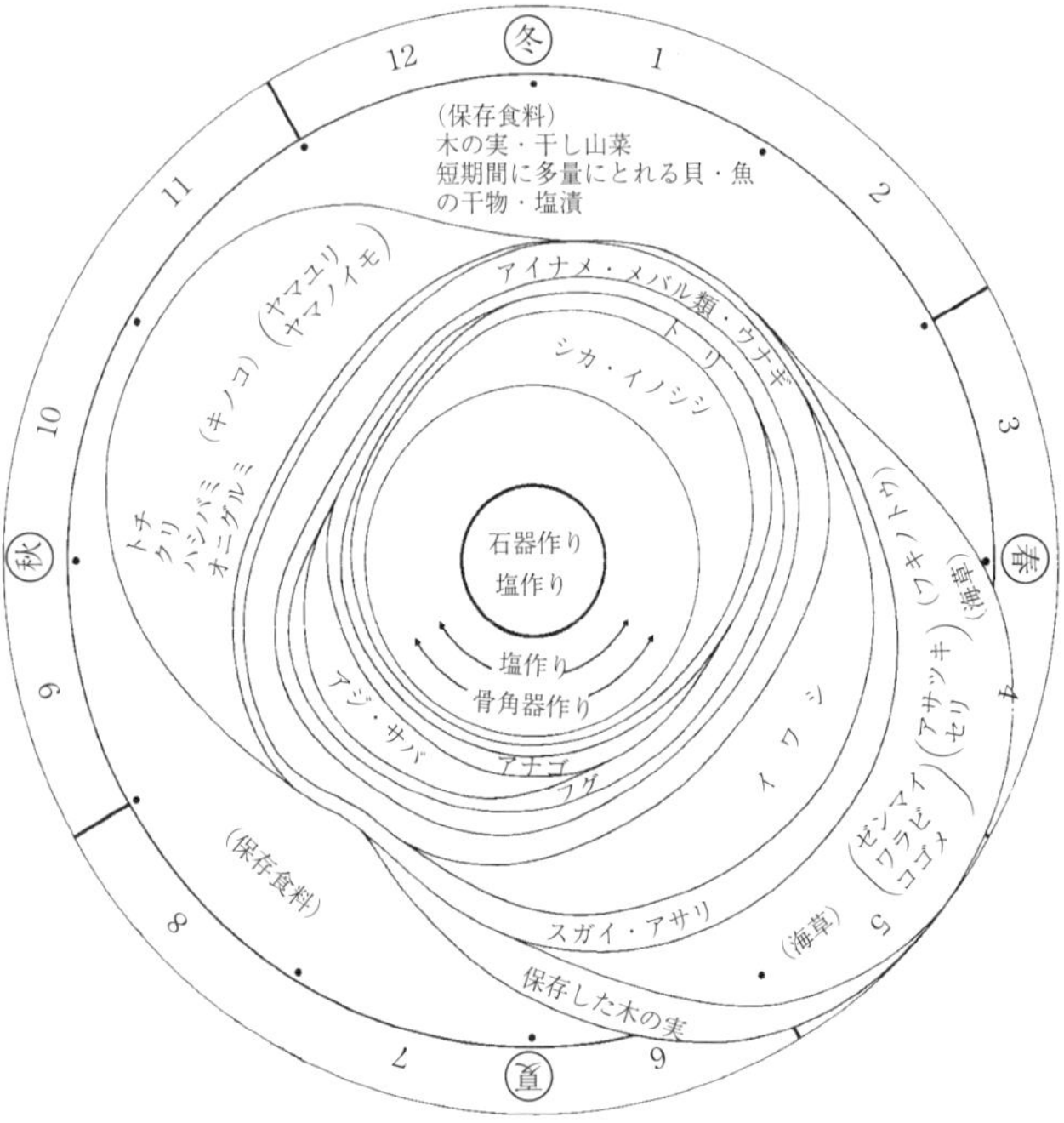

図 6-10　里浜貝塚における晩期縄文人の生業暦（東北歴史資料館『里浜貝塚』V・VI，1986・87 から転載）

蟹田《かにた》産の可能性がある天然アスファルト、津軽海峡を隔てた北海道からは十勝産や赤井《あかい》川《がわ》産の黒曜石と土器などの赤彩に用いられた水銀朱など、日常的な生活圏外からは主に原産地が限られる天然資源が持ち込まれていることがあきらかとなった（関根 上條編、二〇一二）。食料を含めた日常品の大部分を遺跡周辺で調達する状況において、陸奥湾を隔てた津軽地方で製作されたと考えられる土器がみられたのは意外であった。すなわち、不備無遺跡から出土した土器について電子線マイクロアナライザを用いて胎土中に含まれる火山ガラス・軽石ガラスの化学組成を分析したところ、下北地方に分布しない津軽地方の尾開山《おびらきやま》凝灰岩・金木《かなぎ》凝灰岩が検出されたのである（柴　関根、二〇一五）。これら津軽地方の土でつくられた土器には粗製深鉢はみられないものの、深鉢・鉢・浅鉢・壺と多種にわたる。下北と津軽の亀ヶ岡式土器が似通っているように、同じ土器文化圏内で土器が移動していたとしても考古学的にそれを認識することはきわめて難しい。不備無遺跡の分析結果は、亀ヶ岡文化圏内で土器の移動が常態化していた可能性を示唆しているのではなかろうか。

4 精神性と社会

祭祀と墓

亀ヶ岡文化を特徴づけるものに祭祀の遺物があるが、それらは先行する縄文時代後期に北東北から北海道南部に展開した十腰内《とこしない》文化において多様性が開花し、工芸的な発達を遂げている。十腰内文化は、環状列石（ストーンサークル）をはじめ、石棺墓、再葬土器棺墓など、祭祀・葬送に関わる施設が非常に発達した。特に大型の環状列石は、複数の村落による共同の祭祀・葬送の場と考えられており、十腰内文化の根幹に関わる重要な施設として注目される。岩木山《いわきさん》北麓に位置する青森県弘前市の大森勝山《おおもりかつやま》遺跡では、晩期前半に営まれた大型環状列石と大型竪穴住居跡一棟が発見され、十腰内文化で発達を遂げた大規模配石記念物での共同祭祀が亀ヶ岡文化に引き継がれていることが確かめられた（図6―11）。同じく縄文晩期前葉の土坑墓や環状配石遺構をはじめとする各種の祭祀遺構が検出された秋田県北秋田市の向様田《むかいさまだ》遺跡群でも竪穴住居跡がほとんど検出されていないことから、小又川《こまたがわ》流域の小規模集落の人びとにより、共同の葬・祭祀が行なわれたとの推定がなされている（児玉、二〇〇二）。

亀ヶ岡文化の墓は地面に穴を掘って遺体を埋葬した土坑墓を中心とし、「共同墓地」では楕円形墓、「個家別墓地」では円形墓や貯蔵穴転用墓が多く、子ども用とみられる土器棺墓は拠点集落に限られることが指摘されている（金子、二〇〇五）。青森市朝日山《あさひやま》遺跡や秋田市地方《じかた》遺跡など東北北部で発見されている数百基の土坑墓からなる「大規模共同墓地」は複数の集落によって営まれた可能性がある。

ところで、土坑墓のなかには盛土を伴う例があることが亀ヶ岡遺跡などで確認されていたが、これまでは特殊な墓と考えられてきた。しかし近年、津軽半島西海岸の十三湖《じゅうさんこ》北岸にある五月女萢《そとめやち》遺跡で縄文後期後葉から晩期中葉の大規模な環状土坑墓群が発見され、大部分の土坑墓に小規模な墳丘（マウンド）が伴うことが判明した（図6―12）。五月女萢遺跡では、砂地に掘られた土坑墓上に黄色粘土が盛られているためマウンドを容易に確認できた。加えてマウンドが遺物包含層や厚い飛砂層によって保護され良好な状態にあった。通常の遺跡では土坑墓の埋土と盛土の識別が難しいため見逃されてきただけで、亀ヶ岡文化期にはマウンドを伴う土坑墓はそう珍しいものではなかった可能性がある。

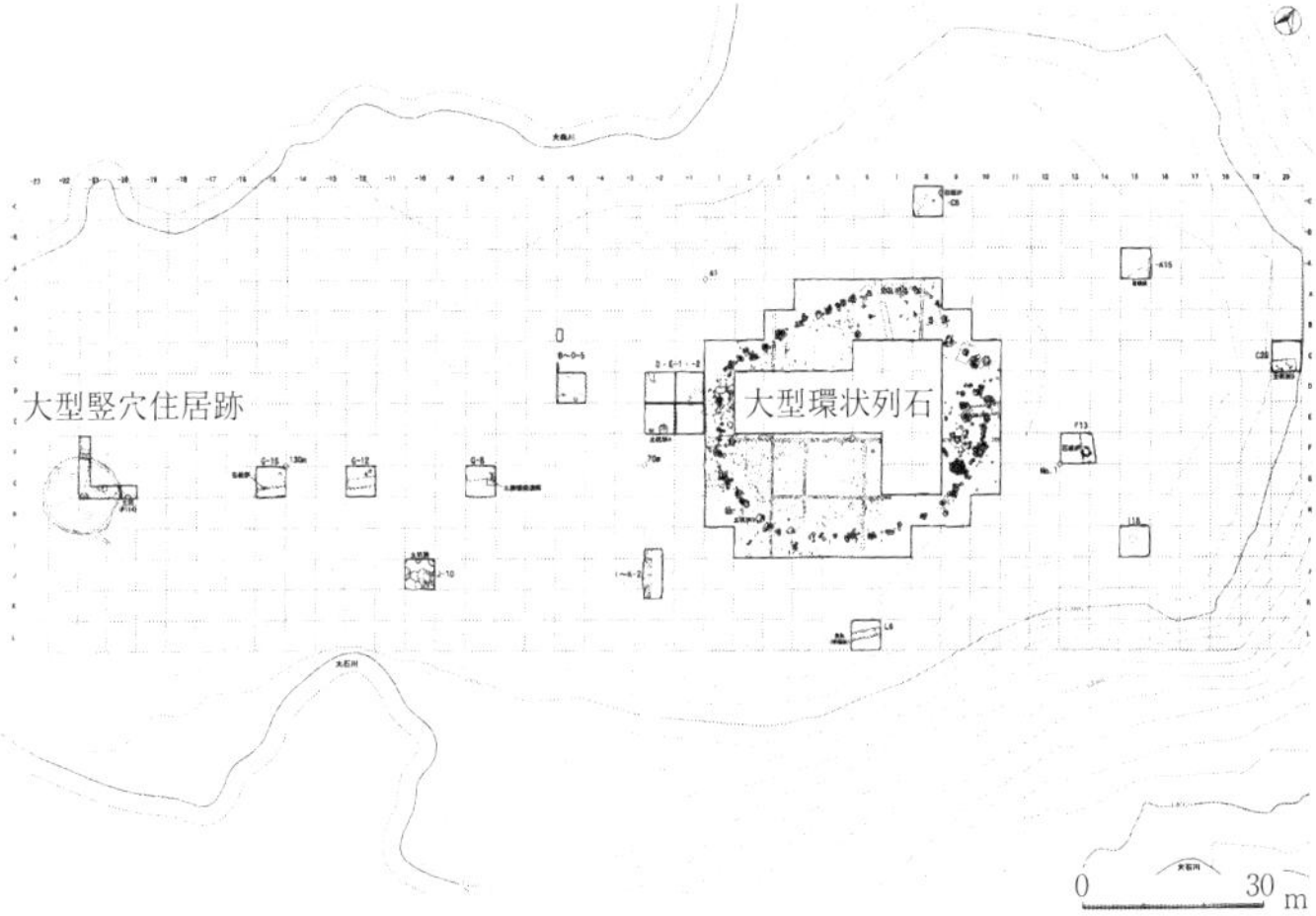

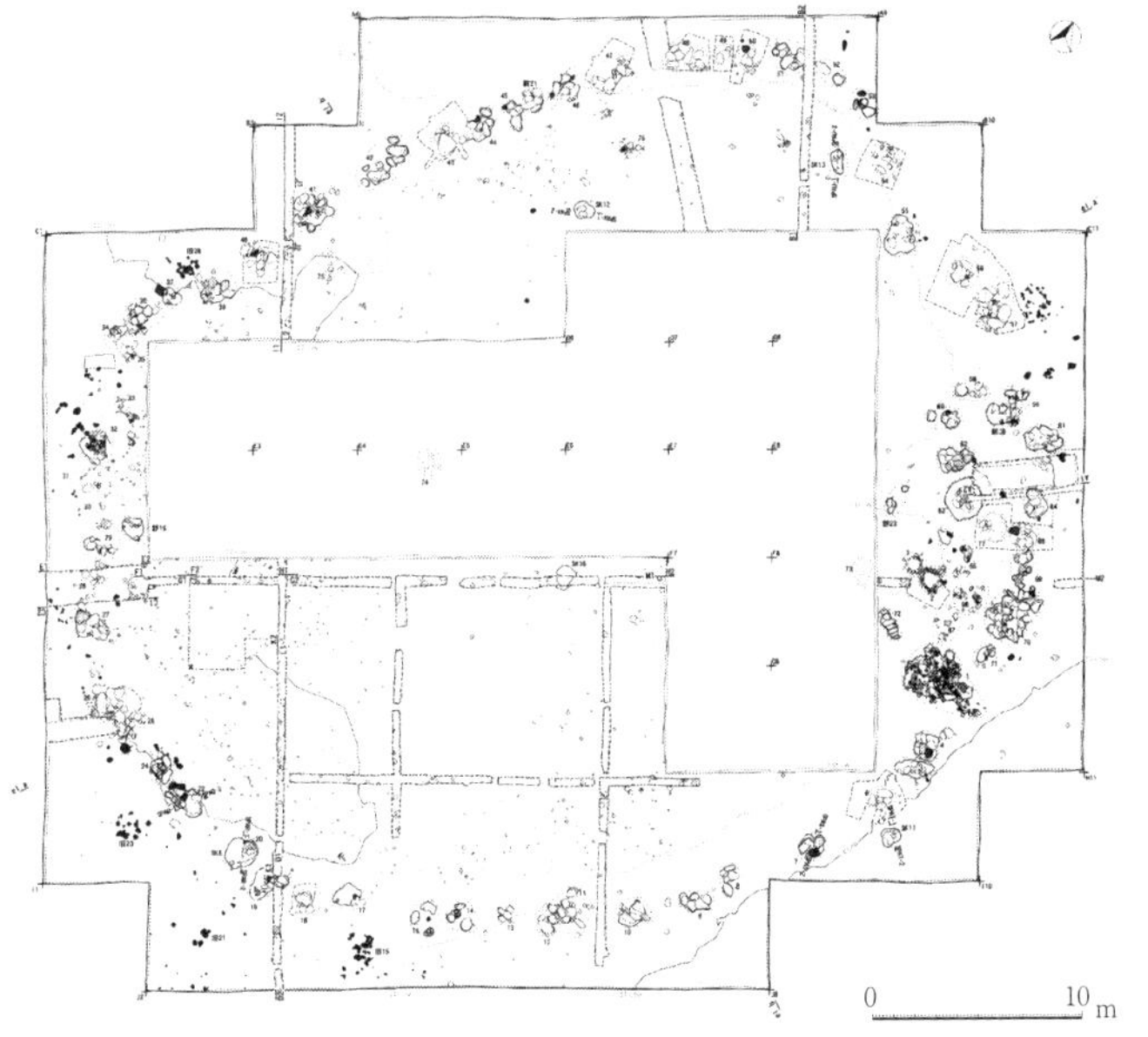

図 6-11　大森勝山遺跡の大型環状列石と大型竪穴住居跡（弘前市教育委員会，2010 から転載）

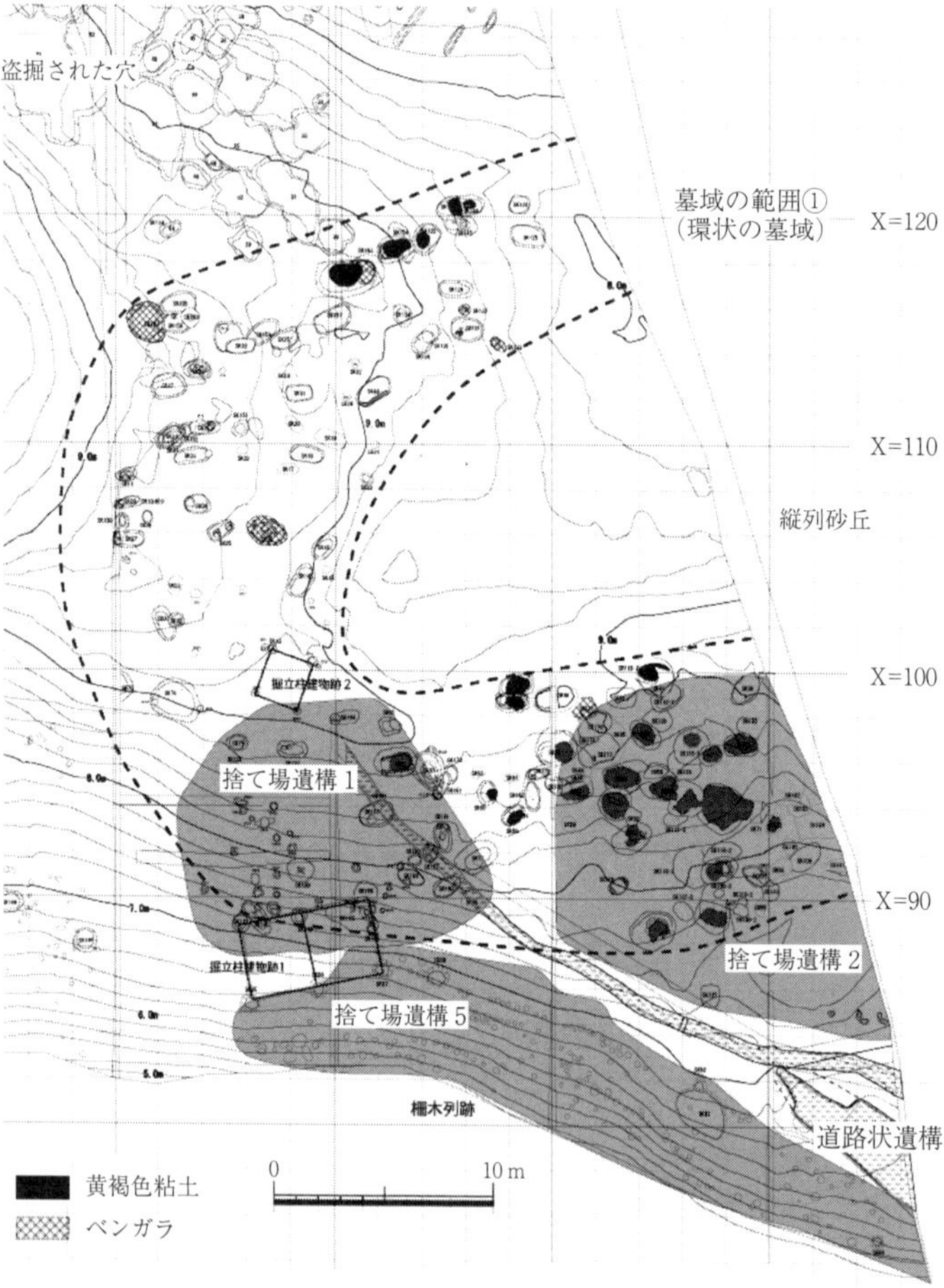

図6-12　五月女萢遺跡の盛土をもつ墓が密集する環状土坑墓群（五所川原市教育委員会図面提供）

マウンドをもつ墓は、亀ヶ岡文化のひいては縄文時代の墓地景観を考える上で重要な発見といえよう。亀ヶ岡文化の墓は縄文時代の墓のなかでは比較的副葬品が豊富である。亀ヶ岡文化圏では副葬品をもつ墓ともたない墓の差が明確な上、副葬品を伴う子どもの墓が多くみられることから、世襲制により固定化された階層化社会を想定する意見もある（中村、一九九九）。しかし副葬品の多くを占める玉類や耳飾り、漆塗り櫛などはいわゆる死装束を含め、死者が身に着けていたものであり、ほかには死者への供え物をいれたと考えられる土器や石鏃・石斧などの利器がわずかにみられるに過ぎない。亀ヶ岡文化の墓の副葬品には、古墳に納められる石製模造品のように、はじめから墓に副葬するためにつくられたもの（明器《めいき》）は見当たらない。同様に、古墳に副葬される玉・鏡・剣のような威信財と呼べるものも、石刀やサメの歯を用いたアクセサリーなどがごく稀にみられるに過ぎず、ヒスイ製玉類を除けば特に決まったものが存在するわけではない。副葬品を伴う子どもの墓を過大評価し、副葬品の多寡をもって階層化の証拠とするのは、やや性急に過ぎはしないだろうか。

文化の終焉

通常、縄文文化の終焉は弥生文化の成立と合わせて論じられる。しかし亀ヶ岡文化の場合、その終焉は、弥生文化だけでなく、水田稲作を欠く続縄文文化との関係をも視野に入れた議論が必要である。

北海道で本格的な稲作がはじまるのは一九世紀であり、弥生前期に本州北端の津軽平野まで北上した水田稲作は、二〇〇〇年近く津軽海峡を越えることはなかったとみられている。東北地方最古の水田跡が検出された青森県弘前市砂沢《すなざわ》遺跡出土土器を標式とする砂沢式土器や佐渡島産の碧玉製管玉《くだたま》・南海産の貝製装飾品が北海道でも発見されているように、弥生時代に入った途端に本州から北海道への人・物・情報の流れが途絶えてしまうわけではない。また、弥生時代に比べ冷涼な江戸後期に松前藩が函館に隣接する大野などでしばしば稲作を試み、年によっては成功したように、函館平野と津軽平野の気候が、稲作の可否を決定づけるほど異なっているわけでもない。言い換えれば、水田稲作が困難な道央・道北・道東と異なり、道南の続縄文人は、稲作を行なおうと思えばできたにもかかわらず、行なわなかったのである。続縄文時代前期に北海道南西部にみられる恵山《えさん》文化は、豊富な骨角製漁撈具や古人骨コラーゲンの炭素・窒素同位体比分析から、生業に占める海獣漁の比率が高いとみられている。恵山文化を担った続縄文人は、本州との交易を視野に入れ、弥生人が水田稲作に注いだ労力を、狩猟・漁撈に注ぐ道を選んだのではなかろうか。東北地方から出土する続縄文土器は、東北地方にもまた恵山文化の続縄文人と同じように、狩猟・漁撈に半ば特化した人びとがいたことを物語っている。

ところで、最後の亀ヶ岡式土器である大洞A′式と東北地方最古の弥生土器である砂沢式は、時として専門家でも判断に迷うものがあるくらいよく似ている。そうした事情は西日本でも同じで、縄文土器の伝統をくむ夜臼《ゆうす》I式に朝鮮半島無文土器の製作技術を取り込んで板付祖型甕や定型的な壺がうみ出され、板付I式へと連続的に変化する。西日本では朝鮮半島から、やや遅れて東日本では西日本から土器製作技術を受容し、それぞれ地元に伝わる縄文土器作りの技術とミックスさせてできたのが、各地の弥生土器なのである（石川、二〇一〇）。東北地方では、亀ヶ岡式土器の優れた製作技術や土偶祭祀が米づくりをはじめた後も引き継がれるいっぽうで、亀ヶ岡文化の高度な漆技術や天然アスファルト・ヒスイなどの遠隔地交易を支えたネットワークは影を潜める。

亀ヶ岡式土器は、使っている状態では文様がほとんど見えない浅鉢・皿の外面や、すぐに煤やおこげに覆われ文様がみえなくなってしまう煮炊き用の鉢にも、デザイン性に富む文様が施されている。亀ヶ岡文化の漆器は土・木・角など多様な材質からなり、一見しただけでは材質が何か見分けることが難しいくらい丁寧に漆を塗ったものもある。せっかく手間と時間をかけてつくり上げた土器や漆器を壊れる前に廃棄してしまう行為に至っては、合理性だけでは到底説明がつかない。彼らにとって、でき上がった土器や漆器と同じくらい、それらをつくり上げる行為（「遊び」）が重要だったと思われる。

「遊び」を発達させ、それによって集団内・集団間の関係を維持し、関係性の再生産を図っていた亀ヶ岡文化は、縄文文化の本質が濃縮された「究極の縄文文化」と評価することができよう。水田稲作の導入や農耕への傾斜によって、「遊び」に替わって「富」が集団内や集団間の関係を規定する新たな原理となっていくのではなかろうか。

七　東北アジアのなかの東北先史文化

福田正宏

1 東北縄文文化の立ち位置

東北の縄文文化

ここでは、東北地方の先史時代を、ひろく、東北アジア新石器時代との比較という脈絡で見つめ直す。特に、アムール下流域や沿海地方を中心とした、ロシア極東南部の新石器文化群と東北地方の縄文文化とを、遺跡資料に即して比較する。生態系や社会文化現象の共通点や相違点を検討し、東北日本の縄文文化、弥生文化の特質を考えたい。

日本列島のなかでロシア極東南部と気候・環境がもっとも近いのは、北海道の道東・道北地域である。そのため、日本列島と極東南部との間で先史文化の居住形態や適応戦略を比較するのであれば、東北地方ではなく、道東北をクローズアップする方法もある。だが本章では、それとは少し違う方向から、アプローチをしてみたいと思う。

本州島北東部の豊潤な森林景観を背景とする多様なミクロ生態系に適応した結果うまれたのが、東北縄文文化である。東北縄文文化では、遺物型式などの変化のスピードが速く、しかも重層化、錯綜化の傾向が著しい。日本海を挟んだ対岸のユーラシア大陸東岸域における新石器文化群と見比べたとき、こうした東北縄文文化のあり方は、列島先史諸文化の典型をよくあらわすものとして、ことのほか際立ってみえる。したがって、東北地方とロシア極東南部とを比較すれば、縄文文化変遷のメカニズムをとらえ、大陸新石器文化群との構造的な差を浮き彫りにすることができる。

大陸との連絡関係

ロシア極東南部は、縄文時代の北回り文化伝播・影響論における重要なテーマ地とされてきた。しかし、ロシアの発掘情報が増加してきた今日、縄文時代の北海道に、サハリンを越えて大陸側と連絡関係をもつような現象は、基本的に存在しなかったことが判明している。大陸側の玄関口とされてきたアムール下流域の新石器時代に関しても、沿海地方方面との比較的持続性のある関係性や、東シベリア方面との一時的な関係性は確認できるが、日本列島側からの文化的影響の存在を想起させる遺物や現象は発見されていない。大陸から列島への飛石的な文化伝播モデルをアプリオリに想定するような北方起源論は、見直しを迫られている。

日本列島という環境に適応した新石器時代の考古学的文化が縄文文化であり、その典型は本州島に認められる。北海道島（特にオホーツク海に面する道東北）には、縄文文化の北方適応形態がある。そして、生態環境がまるで異なる極東型タイガ地帯に属する北サハリン方面で、縄文文化は適応の限界を迎える。いっぽう、アムール下流域の新石器諸文化は一九七〇年代以来、極東先史時代における民族起源論の中核として注目され、発掘調査が進められてきた。だが、この地域を発信源とする現象は、一部を除き、宗谷《そうや》海峡方面に分布しない。したがって、日本列島北辺域における新石器時代の文化動態は、アムール下流域方面と本州の東北方面という、南北二極構造モデルを設定することで読み解きやすくなる。この二極間の交流・接触は、きわめてまばらであった（福田、二〇一三）。

縄文時代の北海道・東北に特徴的な諸現象は、その起源を北に求める必要がなくなった。弥生時代を含め、日本海横断ルートによる構造的な伝播・交流の存在が、願望とともに、さしたる根拠もなく指摘されることがある。だが、その存在に現実性を与えられる事実が大陸側で発見されていないので、東北各地の変化は、列島内の周辺域との接触による変化、あるいは自律的変化と判断される。汎列島規模での影響関係は種々あるが、それらは基本的に大陸から孤立した文化変容である。列島外の世界からの直接的影響が発端となる新しい行動・技術・規則は、縄文晩期／弥生になるまで観察されていない。東北アジアのなかでの東北縄文文化の位置づけに関して、列島外との交渉史以外の観点から検討する必要がある。

2　極東型新石器文化群と日本列島

列島の東北縄文文化とロシア極東南部の新石器文化群との比較にあたり、両者が極東型新石器文化群の一部であることを、まず確かめておく。共通する指標は、半地下式の竪穴住居、煮沸用平底土器、そして堅果類（ドングリ・トチノミなど）・中型獣（シカ・イノシシなど）・遡河性《そかせい》魚類（サケ・マス類）という三大メジャーフードである（大貫 佐藤、二〇〇五）。この共通性は、両地域がユーラシア大陸東岸の環日本海特有の気候環境下にあるがために生じた。直接的な交渉関係があり、情報が共有されていたわけではない。

ロシア極東南部と日本列島

大陸側のアムール下流域・沿海地方と列島側のサハリン・北海道・東北は、ともにユーラシア大陸東縁～環日本海地域の北部にある。極東南部に属するアムール下流域（ハバロフスク地方）・沿海地方・サハリン州は、行政区分上、サハ共和国（ヤクーチヤ）・マガダン州・カムチャツカ地方・チュクチ自治管区・コリヤーク自治管区と同じく、ロシア連邦の極東連邦管区に含まれる。しかし、それら極東北部の五つの構成主体は、スタノボイ山脈より北の、北極海にむかう大陸斜面上にある（図7―1）。

タイガ・ツンドラという極東北部に特徴的な景観は、沿海地方やアムール下流域に一般的なものではない。極東南部は、大陸性の寒気団の影響で、冬季にかなり低温化する。しかし夏季は、モンスーンの影響で気温が摂氏三〇度前後まで上がり、蒸し暑くなる。夏季の温暖湿潤な気候のもと、針広混交林の成長が促される。

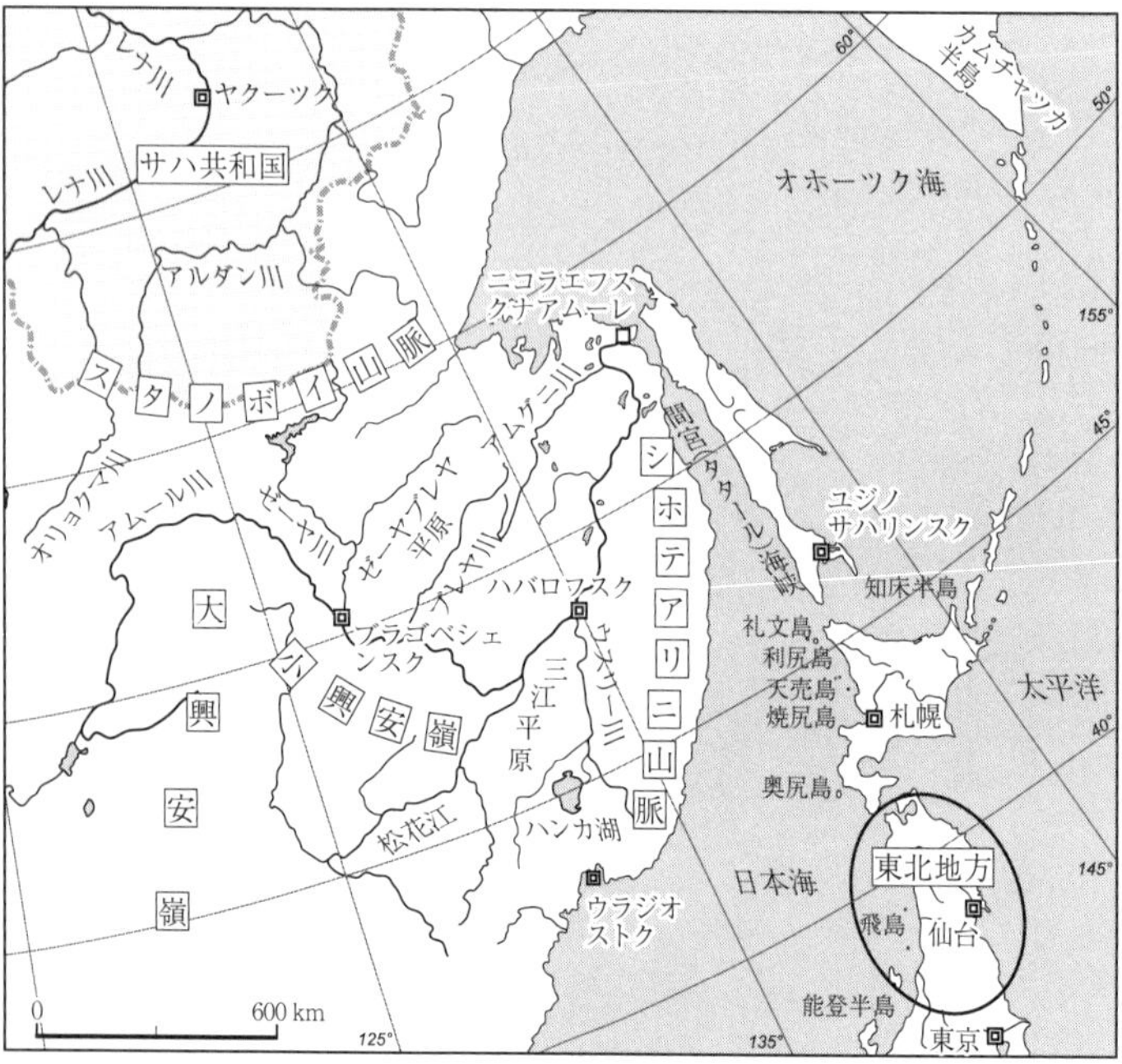

図 7-1　ロシア極東と日本列島

極東南部の針広混交林は、朝鮮半島北部から中国東北部や北海道にも分布し、環日本海北部に特徴的な森林景観をつくりだす。巨視的にみれば、極東南部と列島北部は、食料資源の基盤となる陸域生態系も、それに対する適応の仕方も、相似的関係にある。

日本列島における陸域生態系

だがいっぽうで、列島部と大陸部との間にある違いにも、注目しなければならない。等しく針広混交林帯であるとはいっても、極東南部と北海道とでは樹種構成が異なっている。沿海地方やアムール下流域ではマツ科の常緑樹であるチョウセンゴヨウが主体となり、落葉広葉樹と混交する。林床は低木類・草本類である。チョウセンゴヨウは古くから、極東南部の定着的食料採集民にとって、重要な食料資源であった（大貫、二〇〇五）。だが、チョウセンゴヨウの自生しない北海道は、エゾマツ―ミズナラ林が典型となる。林床ではササ類が優占するが、これは東北にもみられる列島特有の林床である。しかも北海道は、落葉広葉樹の分布量が大きく、落葉広葉樹林帯と針葉樹林帯との間の移行帯的性格が強い。これには、列島側の特徴である降雪量の多さが関係しているとされる（沖津、一九九三）。

そもそも列島の植物群は、由来を整理すると、周北極第三紀植物群、北方第四紀植物群、旧亜熱帯第三紀植物群の三つに分類できる。すべての植生帯にみられるのが、ブナなどの広葉樹、スギ・ヒノキなどの針葉樹からなる周北極第三紀植物群であり、これは、約五〇〇万年前までは北半球の中緯度以北のどこにでも分布していた。いっぽう、北方第四紀植物群は寒温帯針葉樹林に多く、カラマツ・トウヒ・マツ属などの針葉樹、ミズバショウ・ザゼンソウなどの草本類がある。また、旧亜熱帯第三紀植物群は暖温帯常緑広葉樹林に多く、シイノキ属・クスノキ科・トウダイグサ科・センダン科などがある（辻、二〇〇六b）。

第三紀以降の長い時間幅のなかで樹木自体の適応史をとらえなければ、世界的に特異な部類に入る日本の植生帯は説明できないとされる（田端、二〇〇〇）。こうした背景のもとに、ローカルな海洋性の気象・海洋学的条件と、構造変動帯に特徴的な地学的条件とが重なって、縄文時代以降の列島の自然環境が成立したといえる（辻、二〇〇六ａなど）。

東北では約八〇〇〇年前、日本海側にブナ主体の落葉広葉樹林、太平洋側にコナラ―クマシデ属の型落葉広葉樹林が成立した。これは、列島での降水量――日本海側では降雪量の増大に起因するようだ。約四四〇〇年前の降水量の増加は、日本海側でスギ林の拡大を促したとされる（辻、一九八一・二〇〇九）。

マクロレベルからの共通性／相似性があるとはいえ、世界的に見ても生物多様性が高いといわれる日本列島の陸域生態系は、大陸側に対する一つの極としてとらえられるものである。ただ実際には、東北地方に限ってみても、生態系に数多くの細かな地域差がある。食料・生活資源となった動植物の利用史にも、小異として見過ごせない多様性／地域性がある。それ以外に、自然生態系の人為的改変による拡大や多様化の歴史もある。縄文時代以降の森林景観が複雑な経緯をへて形成されてきたことは、間違いない。

自然災害と景観

完新世の日本列島に特有の自然災害は、地域社会史と密接に関わってきた。縄文前期の東北北部では、十和田カルデラの巨大噴火と、その直後の円筒下層ａ式土器の広域分布とが、時期的に一致することが注目されている。火山噴火に伴う環境悪化が、各地の居住・行動様式に大きな変化（開始・変容・消滅）をもたらした可能性がある、と指摘されている（辻、二〇〇六ｂなど）。

周知の通り、日本列島では、火山噴火以外にも地震・津波・台風・集中豪雨・雷・山崩れ・地すべり・豪雪・冷害など、多種多様な自然災害が頻発する。中山間地・扇状地・沖積平野・海浜・氾濫原などに固有の災害は、集落の消長、生業の転換、周辺域との交渉関係の変化などに影響を与えてきた。これらの災害には、広域的なものと局地的なものとがある。広域的／大規模な災害――大地震や火山噴火などは、遺跡土層堆積にも記録されており、列島史研究において注目されやすい。だが、各地の多様な地形・地質・気象に由来する局地的／小規模な災害も、絶えず起こってきた。長期的、広域的にはとらえにくい地域災害史の集合もまた、列島災害史の一部である。

日本列島は、箱庭的景観がモザイク状に組み合っているところに、その大きな特徴がある。こうした箱庭的景観のなかで、さまざまな災害が起こってきた。先史時代の地域性は、モノが増える、あるいは組み合わせが複雑化する、といった遺跡出土の諸現象の消長関係によって説明される。そうした地域性をうみだす要因のなかで、局地的な災害が相当な割合を占めていたと推察することは、あながち的外れであるまい。

湿潤変動帯にある日本列島の地形学的条件に由来する地域性は、気象条件とともに、社会や文化の多様性を引きだす重要な要因となったといえる。湿潤変動帯とは、地形学者吉川虎雄が、旧来の浸食輪廻説《しんしょくりんねせつ》に代わる日本の地形形成を説明するために使った用語である（吉川、一九八五）。これは、列島外と比較しつつ、列島内の縄文文化の多様性の要因を包括的に説明するさいに適した用語である。

3 アムール下流域新石器文化の特徴

新石器文化の地域区分

アムール川（黒竜江《こくりゅうこう》）は、世界八位の長さ（約四四〇〇キロ）と世界一〇位の流域面積（約一八四万平方キロ）を有する。モンゴル・ロシア・中国におよぶ国際巨大河川であり、流域面積は日本の陸域面積の約四・九倍ある。

アムール川流域の地域区分法は、見方によって異なる。ここでは、地理学や考古学の分野で一般的な区分名を用いて、河口からウスリー川（烏蘇里江）との合流点あたりまでを下流域、そこからゼーヤ・ブレヤ平原までを中流域、そして、大興安嶺《だいこうあんれい》以西の標高一〇〇〇メートル超の山地部を上流域とする。この三区分は、生態環境の違いを反映する簡便な地理学的区分として適している。考古学や民族学の分野で指摘されてきた人文現象の地域性とも、おおむね一致する。ただし、俯瞰《ふかん》的な極の分類に適している反面、境界性の議論には適していない。

ロシア極東考古学の先駆者オクラドニコフ（A. P. Okladnikov）以来、古くから遺跡調査が進められてきたのが、アムール下流域である。現在判明していることを総合すると、図7-2のような文化編年を提示することができる。

アムール下流域では、オシポフカ文化がひろがった更新世／完新世移行期（一万二〇〇〇〜一万年

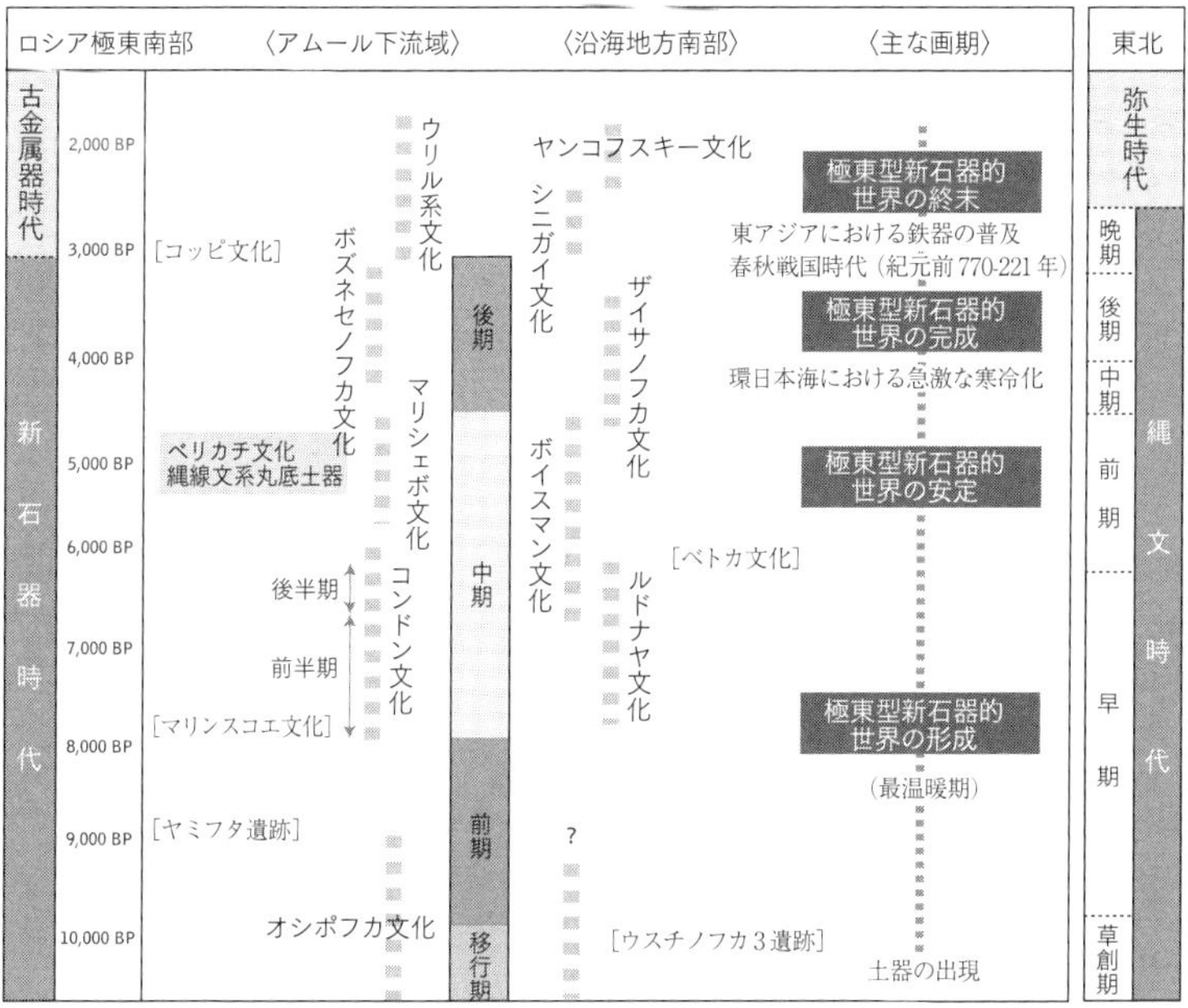

図 7-2　新石器時代の文化編年
年代は，¹⁴C 年代（未較正）にもとづく大まかな値.

前）以降、ウリル・ポリツェ文化がひろがった古金属器時代（三〇〇〇〜二〇〇〇年前）までの考古学的現象の数々について、いくつかの地域性が抽出されてきた。アムールという「一本の太い道」がもたらす共通性が文化変遷の根底にあるのだが、そのいっぽうで、周辺域との接触から生じた地域差もある。

マヒノフ（A. N. Makhinov）の地形分類によると、アムール下流域には、上流側から「スレドネ・アムールスカヤ低地帯」「ウディリ―キジ低地帯」「アムール―アムグニ低地帯」という、完新世の

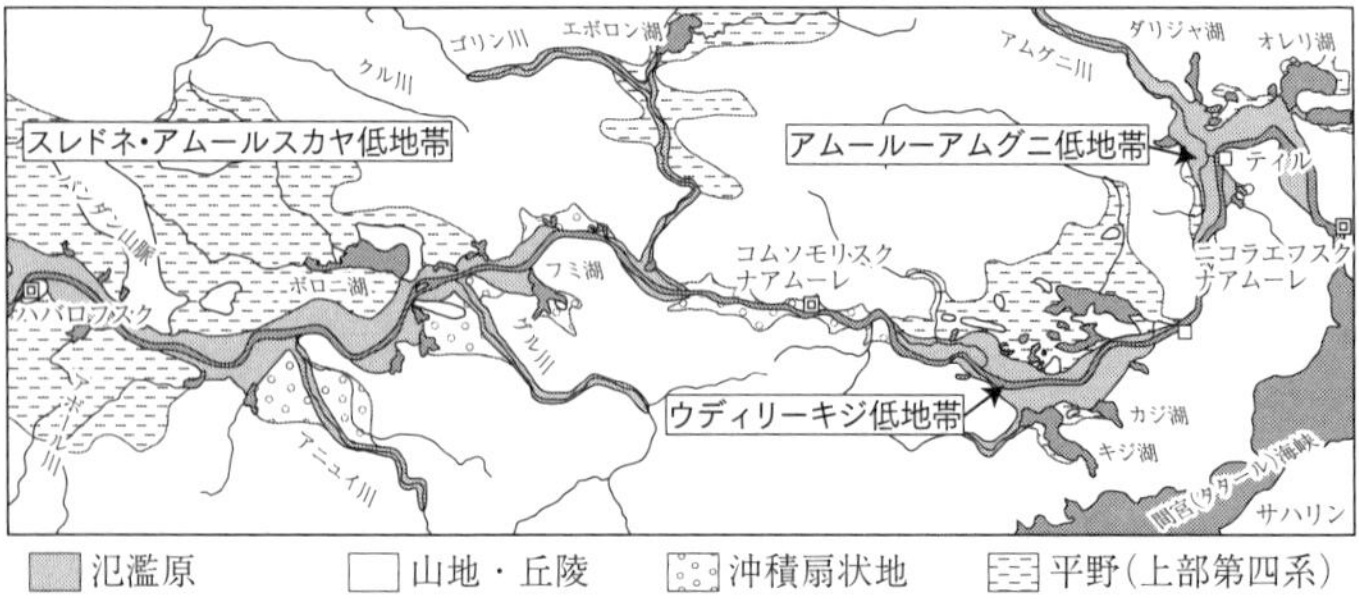

図7-3　アムール下流域の地形区分（A. N. Makhinov〈マヒノフ〉, 2006より作成）

沈降と堆積をへて形成された三つの平野部がある（A. N. Makhinov〈マヒノフ〉2006）（図7-3）。これらと同じように形成された平野部は、ゴリン川上流域〜エボロン湖周辺にもある。なお、「スレドネ・アムールスカヤ低地帯」は、原語でсреднеамурская низменностьである。「アムール中流域低地帯」とも訳せるが、本章ではもう少し西の地域を中流域とするため、それとは区別した呼び方をする。

シュレンク（L. I. Shrenk）の記述によると、一九世紀には、スレドネ・アムールスカヤ低地帯にナーナイ、ウディリ—キジ低地帯にウリチ、アムール—アムグニ低地帯と北サハリンにニブフが居住・分布した。アムグニ川が流れるさらに北部には、サマギールやネギダールたちがいた（L. I. Shrenk〈シュレンク〉1883・佐々木、一九九六参照）。

これまでの現地調査での経験から、筆者は、先史時代にも、先住民族の分布範囲と似たような地域差があったと推察している。だが、広大な面積に対して発見遺跡数が少なすぎ、明確な根拠をまだ示せていない。南西部のスレドネ・アムールスカヤ低地帯方面（南西部）と、およそボゴロドツコエ以北のアムール―アムグニ低地帯方面（北東部）という二つの大きな地域性があることは、従来からロシアの学界で指摘されてきたが、境界性の議論には至っていない。既往研究や我々の調査結果をふまえ、先述した地形区分や民族分布、そして陸域の野生食糧資源の分布をあわせみると、北緯約五五度以北のアムール―アムグニ低地帯・ウディリ―キジ低地帯と、北緯五〇度以南のスレドネ・アムールスカヤ低地帯とに分けておくのがよいと思われる。

筆者がアムール河口域と呼ぶ、アムール―アムグニ低地帯とウディリ―キジ低地帯には、興味深い特徴が認められる。この河口域は、緯度が高く、東シベリアとの接触地帯となっている。我々の現地調査から、新石器中期の約五〇〇〇年前に、レナ川中流域を中心に分布するベリカチ文化の影響が、一時的に到達したことが判明している（福田　シェフコムードほか編、二〇一一）。海峡を挟んだ対岸の北サハリンとともに、河口域はスタノボイ山脈を越えた東シベリアとの間の社会生態学的移行地帯にあたる。東シベリア遊動社会と極東南部定着社会との接点にあるといえる（福田、二〇〇七）。

ただし東シベリアからの影響が、この地域にいつもきていたわけではない。シベリア―極東南部間の動きがはっきりと確認されているのは、先述の約五〇〇〇年前と、古金属器時代に移行してからの紀元前後からだけである（福田、二〇一三）。条痕文《じょうこんもん》系土器や細石刃石器群の分布状況から、新石器時代前期（一万～八〇〇〇年前）に、東シベリアにもまたがる広域的な動きが起こった可能性はある。

しかし、遺跡が増加し、定着・定住化が進行する新石器中期（約七〇〇〇年前以降）と、完新世初頭に属する前期とでは、気候や地形が大きく違っていたと考えられており、一様にみることはできない。七〇〇〇〜五〇〇〇年前に、アムール下流域の土壌堆積環境は大きく変化したとされる（A. N. Makhinov〈マヒノフ〉2006）。遺跡形成史と連動した現象に思われるのだが、断片的な古環境情報だけしかなく、因果関係は不明である。

ゴリン川上流域には、完新世の遺跡群が比較的継続して形成されてきたことで知られる、コンドン遺跡群がある。この地域の遺跡では、アムール下流域全体に通底した特徴をもつ遺物のほかに、シベリア方面に由来する遺物も、時代を超えて出土することがわかっている。アムグニ川水系を通じて連絡しやすい位置関係にある河口域と同じく、このこともまた、高緯度地域の特色であるといえる。

いっぽう、三江《さんこう》平原に接するスレドネ・アムールスカヤ低地帯の遺跡群では、アムール流域に典型的な特徴を有する遺構・遺物が、より多く確認されてきた。ウスリー川でつながる沿海地方南部方面との強い関係性を示す現象が、新石器時代を通じてある。中国東北部の三江平原との関係もあるようだが、比較事例がかぎられるため、今は詳細に踏み込めない。

アムール下流域の自然災害と景観

大陸側でも、地域特有の自然災害はある。先史以来、アムール下流域の人間社会に重大な被害を与えつづけてきたのは、自然森林火災と河川氾濫である。アムール下流域の集落遺跡では、屋内外の炉跡とは関連づけられない地点で、焼土や炭化物の堆積が検出されることがある。それらは人の活動痕跡ではなく、地域特有の災害――自然森林火災に由来すると理解されてきた（I. Ya. Shevkomud〈シェフコムード〉2004）。

河川氾濫は、本地域特有のもう一つの自然災害である。先住民たちの民族誌からもあきらかであるが、アムール下流域では近世以前から、水位上昇による洪水が人間社会に多大な被害を与えてきた。新石器時代でも、集落維持の終了や人為的活動の断絶を促す最大の要因になったと、状況証拠から推察されてきた。ただし、現在発見されている多層集落遺跡は、氾濫の影響がおよびにくい丘陵先端に立地する傾向にあり、時系列上で土層堆積や浸食過程を観察できる状況が残っているわけではない。遺跡周辺の氾濫に関するデータがほとんどない現状において具体的に説明することは難しいが、地元研究者たちのこうした推察を無視すべきでない。アムール流域の洪水は、露中二国におよぶ流域の社会経済に大打撃を与える災害として、いまもなお、国際的に注目されている。昨今の環境問題は、周辺地域の大規模開発・環境破壊と無関係ではなく、現代社会の事情を先史時代にそのままあてはめることはできない。しかし新石器時代においても、災害が一端起こると、広大な地域に影響がおよび、それが文化の断絶、社会構造の転換に結びついたという可能性を、考慮した方がよい。

スレドネ・アムールスカヤ低地帯の地形は、丘陵地・自然堤防・低位段丘・氾濫原に分類される。氾濫原に多く分布する湿地は、遊水池として機能する。春先の雪解けと、夏季モンスーンの影響による豪雨は、河川増水と洪水をひき起こし、低地帯にひろがる湿地帯の形成要因となる。いっぽう、スレドネ・アムールスカヤ低地帯に比べると、河口域では平野部が減少し、山地・丘陵地形が増加・接近する。こうした地域における増水の影響は、さらに甚大になる。平野部に位置したり、網状流《もうじょうりゅう》をもつ低湿地を通じてアムールと連なったりする湖沼群にも、増水の影響は拡大する。キジ湖のように背部が山地・丘陵によって閉ざされると、氾濫期は水位が数《メ》米《ー》突《トル》単位で激しく増幅する。とりわけ湖沼群では、氾濫期と渇水期とで景観がまったく異なる。なお、満州仮府デレンを目指す間宮林蔵《まみやりんぞう》が、文化五年（一八〇八）にキジ湖に立寄ったときの様子を記した『東韃地方紀行《とうだつちほうきこう》』からは、渇水期の景観をうかがい知ることができる。

大河アムールの流域と、隆起と沈降を繰り返す地形にある列島東北とを、単純に比較することはできない。だが、比較的なだらかな地形と単調な景観のつづく大陸側からすると、湿潤変動帯にみられる災害の局地性は非常に特殊である。この点には着目したい。列島（特に東北）では、災害の影響が広範囲にわたることもなくはないが、局所に限定されることの方がむしろ多い。局所には扇状地も多く含まれ、縄文時代の拠点的集落はこうしたところに集まりやすい傾向がある。居住密度が高まれば、面積が小さくても被害は大きくなる。

ある地域が甚大な被害をこうむったとしても、そこからほんの少ししか離れていない別の地域はまったく影響を受けないか、受けたとしてもその影響がほとんどない。このような事態も、列島東北では頻繁にある。人間活動の減衰がすべて、災害などの環境変化に起因するとはいえないが、こうした局地的災害がもたらす人の動き、文化・伝統の断絶、戦略転換もまた、縄文文化の変化を読み解くにあたり、軽視すべきではない。

集落が立地する環境

列島東北では扇状地や丘陵に拠点的な大規模集落が形成されることが多いが、アムール下流域ではそうした地形が少ない。アムール流域のさまざまな地域で、これまで遺跡探査をしてきたのだが、面的なひろがりをもつ新石器時代集落はなかなか発見することができていない。どうやら、大規模集落の形成に適した空間条件は制限されるようだ。

この地域で集落規模が最大化するのは、縄文中・後期並行のボズネセノフカ文化期（新石器後期）である。典型的な集落は、水辺に接した日当たりのよい南向きの丘陵上に複数軒の竪穴が群集するという構造をなす。環状集落など、広い空間を要する縄文的な集落構造は、地形的制限のあるアムール下流域では成立しにくかったのではないか。

4　多極化する列島東北地方

縄文土器の特殊性と地域性

大陸に比べると、圧倒的に変化が細かくて速いのが、縄文土器の特徴である。これは、日本の大陸研究者がいつも実感してきたことである。しかも、各種文様から読みとれる地域的特徴の重層・錯綜が顕著である。ロシア極東南部にこのような事例は認められない。地域的特徴の重層・錯綜が生じた背景には、列島特有の景観事情が深く関与していた可能性がある。

縄文土器の場合、基本的な土器型式分布圏を維持しながら、比較的少量の搬出土器の交換、部分的な文様要素の交換が行なわれるのが、安定状態とされる（今村、二〇一〇）。埋蔵文化財調査が高度化した日本とは違い、ロシアでは、調査規模・件数・精度に研究上の大きな制約がある。その点を考慮したにせよ、特にアムール下流域では、新石器時代を通して、土器の特徴にあまりにも地域差がなく、変化にとぼしい。もちろん、器形・胎土組成・焼成などに、地域間の距離をつかむことのできる特徴はある。しかし縄文土器のように、異系統土器が共存したり、文様帯や文様要素に重層・錯綜・共存が確認されたりすることはほとんどなく、複雑な地域間交流の存在を想定させるような状況がない。列島東北では滅多にみられない種類の安定状態である。

アムール下流域で基本的／安定的に異系統と接触可能だったのは、スレドネ・アムールスカヤ低地帯のみである。この地域では、南西方面（沿海地方・中国東北部・中流域方面）との接触による変化がよく起こる。しかし下流域は、河口に行くにしたがって、外部との接触が閉ざされやすい環境となる。東シベリアやサハリン方面との接触は、常在しない不規則な現象である。いっぽう、列島東北では、遠距離間での土器型式の異系統間交渉・交換の結果から、遠距離間における人の移動があったと推察されることがある。列島特有の景観事情と結びつくこのようなモデルを、アムール下流域で共有することはできない。

縄文土器の地域性あるいは周辺域との関係性は、多極連鎖型の配置を前提として説明することができる。これは、東北のみならず本州島各地でよくみられる関係性である。細かな系統の束で括られる地域性が網目状に結ばれるこの関係は、アムールのように、一本の巨大動脈が交流・接触網の基底となる地域では成立しにくい。湿潤変動帯にある列島の地形が、盆地・平野・中山間部など、陸域各地に数多くの箱庭的景観をつくりだした。それぞれの景観のなかで、外部にむかって線状に開かれた連絡網が構築されたからこそ、縄文的な多極連鎖型の関係が生じたのだといえる。

陸域における連絡関係

列島東北における中山間部の拠点的な集落遺跡では、峠や山を越えた地域との接触によりもたらされた土器が発見されることがある。

たとえば、最上川の支流（月布川《つきぬのがわ》・寒河江川《さがえがわ》）流域の中山間地に立地する縄文晩期遺跡群では、下流の山形盆地の遺跡群と共通した土器型式が多い反面、朝日山地を越えた日本海側に主体性が認められる土器型式も、客体的ではあるが伴っている。そのことから、分水嶺を越えた連絡関係があったのではないかとも推測されている（小林、二〇〇一）。両地域の結節点となる山間部遺跡の調査は停滞しているが、近世・近代の記録にある「山越え」「峠越え」に類似した経路が、主軸ではなくとも、線状に開かれていた可能性は高い（福田　西村編、二〇一四）。

この事例は、山岳地形の多い列島特有の連鎖関係を象徴的にあらわしている。大陸側では発達しにくいネットワークである。極東南部では、広大で単調な景観がつづき、河川流域の平野や湖沼のそばの微高地が集落立地の基本となる。アムール型の広域交流メカニズムもまた、列島の陸域にあったとは考えにくいものである。

北上川や最上川など、東北有数の大河川はすべて、縄文時代を通じ、アムール型の一本の大動脈とはならなかった。流域では、盆地、平野、あるいは細かな水系単位で、陸域を通した地域間のつながりが個々に存在することが多い。その結果が、相対的に低い地形を基点として陸域にひろがるいくつもの地域性として、上流から河口までの河川流域で認められてきたのだといえる。

沿岸域における連絡関係

縄文時代の日本海沿岸域には、対馬海流の流路に沿ってモノや人の動きがあったと、古くから指摘されてきた。これは、列島陸域の場合とは別の「一本の太い道」として注目することができる。

原産地が特定できる翡翠《ひすい》などが出土する遺跡を地図上で拾い集めれば、北陸あたりから北は道北――利礼《りれい》地域を越えて宗谷暖流に乗り、オホーツク海岸をへて知床《しれとこ》半島にまで達するといった、長距離間の連絡関係を描きだすことができる。また、縄文前期末~中期中葉の北陸（新潟・富山・石川）における東北系土器と、東北（秋田・山形）における北陸系土器の存在から論じられてきた、大規模な異系統間交流史もある。これが常態であったのか不規則な進入・貫入であったのか、人の移動が伴ったのかなど、多くの議論がこれまでにある（山内、一九六四など）。

筆者は、東北・北海道の日本海域に点在する島々の発掘調査や分布調査に関わってきた。その結果、飛島《とびしま》・天売《てうり》・焼尻《やぎしり》・利尻《りしり》・礼文《れぶん》の縄文土器群の系統関係は、直線距離にしてほぼ一〇〇キロ圏内に収まるということがわかってきた。

縄文時代の飛島

飛島・蕨山《わらびやま》遺跡（山形県酒田市）は、縄文中期前葉～中葉に営まれた集落遺跡である（図7―4）。一九五九年の川崎利夫による予備調査以来、四回の発掘調査が実施され、離島環境における縄文時代の生活や行動が研究されてきた（柏倉ほか、一九七二・齊藤、一九九三）。筆者も、二〇〇九、一〇年に、遺跡の一部で発掘調査を行なっている（福田　海藤　高橋編、二〇一二）。

筆者の調査で出土した土器の大半は、対岸の山形県域における在地系の大木式土器（7b～8a式）だった（図7―4の1～3）。北陸系の新崎式土器（同図4・5）、東北北部系の円筒上層式土器（同図6）も、さほど多くはないが、一緒に出土した。対岸の遊佐町柴燈林《さいとうばやし》遺跡（佐藤編、二〇〇五）にあるような北陸系の火炎土器はみつかっていない。一連の結果は、過去の調査結果とも符合している。円筒上層式は、北緯約四〇度以北の東北北部を中心に分布する土器型式である。いっぽう新崎式は、西は能登半島方面までひろく分布する土器型式であるが、厳密にみると地域性がある。蕨山例は、新潟県域に分布する「新崎式系土器」（寺崎、二〇〇九）と対比される。鶴岡市西向《にしむかい》遺跡（須賀井、二〇〇四）など、対岸の庄内地方の遺跡で出土するのも、この類いの土器である。

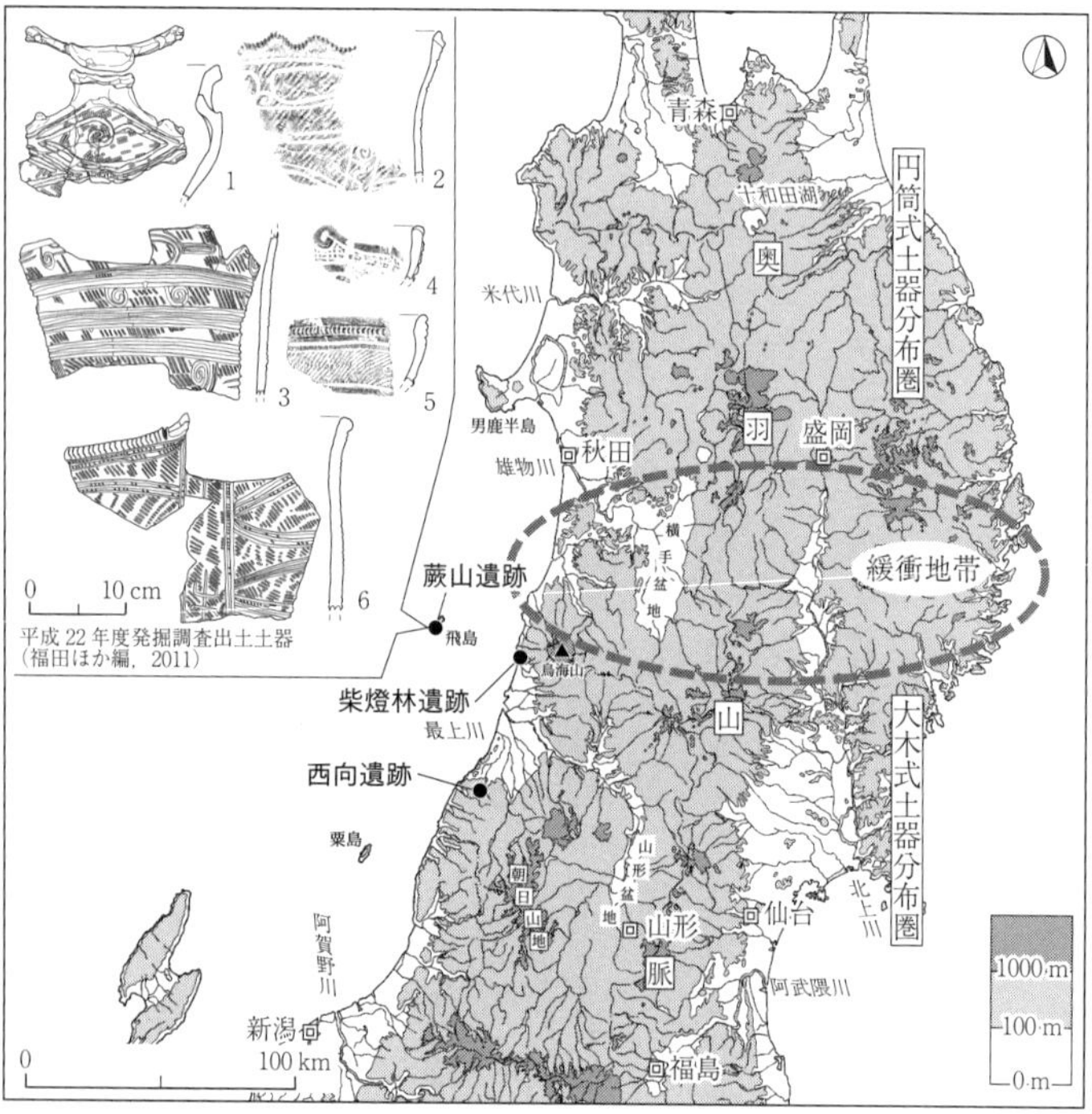

図 7-4　列島東北地方と縄文遺跡

飛島では、天候に恵まれたとき、南に約八五キロ離れた粟島《あわしま》、北に約八〇キロ離れた男鹿半島、東に約四四キロ離れた鳥海山《ちょうかいさん》を眺望することができる。土器型式の共存の仕方が、景観内の目標物との距離とほぼ重なるという、飛島の事例に注目したい。島であっても対岸周辺と連動的な関係にあり、陸域の安定状態が土器型式分布の基本となっている。

じつはこれは、飛島以北の島々や海岸域でも、それぞれ確認することのできる傾向である。景観内に収まる世界がいくつも連続し、結果として一本にみえる。それが、日本海沿岸域の「一本の太い道」である。一見するとアムール下流域の「一本の太い道」と似ているが、その内実には大差がある。

5　極東型新石器文化群

大陸と日本列島

大陸と比べて日本列島では、景観や文化に看過しがたい多様性がある。その点をふまえ、環日本海北部を取り囲む列島東北と極東南部の共通性を、いま一度確認しておきたい。

まず、気候変動と社会構造・適応戦略の転換との関係性について、近年の研究動向を紹介しておく。日本の縄文時代研究では、完新世になってから何度か起きたとされる急激な世界的寒冷化と社会構造変動との並行関係が注目されている（安斎、二〇一二・工藤、二〇一二など）。ロシア側では近年、完新世の長期的気候変動と、社会経済的発展段階との関係から、新石器時代の時期区分がなされるようになってきた（K. A. Lutaenko, et al. 2007）。これらは、気候変動に対する世界的な関心の高まりに関わる研究の潮流である。ソ連時代以来の伝統的な歴史解釈の仕方と非常に親和的であることも幸いして、ロシア側でこの区分法は、あまり抵抗なく浸透しつつある。

調査精度や考古学的事象の学史的なとらえ方に、日露間の差は依然としてあるが、結果として、世界規模で認められる気候変動パターンが、大陸側でも確認されつつある。人間活動史の画期がそれと重なる可能性も、両国で指摘されている。現状では較正年代を精査できず、大陸—列島間で、短期的な気候変動の並行関係を正確に押えることができない。また、マクロ視野からの因果関係を無視した反証不可能な議論になりがちである、といった難点もある。ただし、調査密度や精度に差のある二国間で、歴史動態を比較するさいのきっかけとして、この見方は現実に即している。

更新世／完新世移行期に土器が出現するのは、大陸—列島間においてほぼ同時である。アムール河口域・サハリンには、スレドネ・アムールスカヤ低地帯に分布するオシポフカ文化からの影響も、列島草創期文化群からの影響もおよんでこない。日本海を挟む両地域間での土器群の出現に、因果関係は認められていない。土器の出現は、更新世／完新世移行期における多元的同時発生と評価すべきである。

縄文中期／後期移行期（約四〇〇〇年前）の急激な寒冷化は、縄文時代の重要な画期として注目されてきた（辻、二〇〇二など）。この変化をきっかけとして、列島東北では、トチノキが段階的に拡大し、植物資源利用法が多角化・重層化したとされる（國木田 吉田 辻、二〇〇八・佐々木、二〇〇九など）。年代は列島側ほど絞り込まれていないが、沿海地方南部では、この寒冷化のタイミングで中国方面からの移住があり、内陸部を中心としたザイサノフカ文化（新石器後期）で農耕化が進んだと考えられている（Yu. E. Vostretsov〈ボストレッツォフ〉2005）。環境変化に伴い生業戦略が大きく転換されたという点では、列島側と共通する。

いっぽうアムール河口域では、四五〇〇〜四〇〇〇年前のボズネセノフカ文化期に貝殻粉末を混和した土器が増加し、土器文様が大きく変化する。環境悪化に伴い、北サハリンに住んでいた人びとが移住してきた結果であると推測されている（I. Ya. Shevkomud〈シェフコムード〉2004）。

アムール下流域では、①八九〇〇〜八七〇〇〇年前の温暖期、②八二〇〇〜八〇〇〇年前の寒冷期、③五七〇〇〜五〇〇〇年前の温暖期、④四五〇〇〜四〇〇〇年前の寒冷期、⑤四〇〇〇〜三二〇〇年前の温暖期、⑥二五〇〇年前の寒冷期という、花粉分析の結果がある（V. B. Bazarova 2008）。放射性炭素年代は、④の寒冷期と重なっている。較正年代で四三〇〇年前に起きた世界規模の寒冷化との関連が指摘される縄文中期／後期移行期は、列島側で種々の文化要素が変質・変革する時期と重なっている。接触・関連をもたない相似的な画期が極東南部にもあるとすれば、更新世／完新世移行期のように、これも多元的な同時変化である。

約五〇〇〇年前の極東南部と列島に起こった相似的な変化についても、筆者は注目している。アムール下流域では、新石器後期ボズネセノフカ文化に多い、しっかりと立つ壁面をもった複数の竪穴住居から構成される集落構造と、狩猟具（両面加工の石鏃など）・伐採・加工具（石斧・鑿《のみ》など）や漁撈具（漁網錘など）が主体となる道具組成が、「新石器的な」完成態であるといえる。この完成態は最初期のオシポフカ文化から徐々に表出してきたものだが、一遺跡内で一定量が安定して出土するのは、新石器中期後半マリシェボ文化期（五五〇〇〜四七〇〇年前）になってからである。

これと似た変遷は、並行期の列島東北に、もっと高い精度で認められる。東北南部の約五〇〇〇年前は、前期大木式土器の時期である。早瀬亮介と國木田大の研究によれば、未較正の炭素年代で、大木1式期は五八〇〇〜五六〇〇年前、大木2・3式期は五四〇〇〜五〇〇〇年前、大木4式期は約五〇〇〇年前、大木5式期は約四九〇〇年前、大木6式期は四八〇〇〜四七〇〇年前となる（早瀬、二〇〇八・國木田ほか、二〇一〇）。

青森県で円筒下層a式期（大木3式並行）に遺跡・住居の数が急増するのに対し、東北南部では大木3・4式期にむかって遺跡の数が減少する。いっぽう、秋田平野・横手盆地・北上盆地周辺では大木3〜5式期に「大木式・円筒式折衝地帯」ができ、大木5・6式期前後になると、東北南部方面に集落構造に関する影響がおよんだとされる（小林　菅原、二〇〇九）（図7-4）。これは、大木3〜5式期の東北南部—関東北東部—北陸東部に存在した異系統間での交渉関係とは、別様の動きである。大木6式期頃から縄文中期前葉になると、列島北東部の全域で土器型式が活発に動き、それとともに、環状集落のような縄文的集落構造が定着・安定化する（菅野、二〇〇九・福田編、二〇一〇など）。ロシア考古学の観点からすると、列島東北の縄文前期（五四〇〇〜四七〇〇年前）は、縄文的（新石器的）世界の安定化にむかう過程にあたる。

アムール下流域でベリカチ式土器が出現するのは、約五〇〇〇年前であった。この年代は、マリシェボ文化期の一部に並行する。放射性炭素年代の数値が短期間に集中すること、相当量の土器があることから、その変化は、短期的かつ急激に、東シベリアから人びとが南下拡散したことにより生じた、といえる。ワザロワの研究を参照すると、ベリカチ式土器の拡大年代は、③五七〇〇〜五〇〇〇年前の温暖期に並行する。この段階で多様な種からなる森林が拡大し、河口域まで針広混交林がひろがったとされる（V. B. Bazarova 2008）。五〇〇〇〜四五〇〇年前の様相は不明だが、その誘因と気候変動とを関連づけることもできる。

沿海地方南部では、五〇〇〇〜四五〇〇年前に、中国東北部に起源をもつとされる雑穀農耕が開始された（Yu. E. Vostretsov〈ボストレツォフ〉2005）。三江平原に接する沿海地方南部（特に内陸部）は、中国方面からの影響をうけやすい位置にある。この地域では、そうした影響をうけにくい位置にある日本列島やアムール下流域とは、変化の仕方がだいぶ異なる。だが、約五〇〇〇年前に大きな変化がある点は、ほかの地域と共通する。これもまた、多元的同時変化である。

農耕や金属器の普及

定着型食料採集民による極東型新石器的世界が大きく変容し、別の枠組みへと移行しはじめるのは、紀元前二〇〇〇〜一〇〇〇年紀である。外部から影響をうけ、組織的な農耕や金属器が普及するのである。華北を中心とした中原世界における社会や政治の動向は、東北アジアの諸地域に、直接的あるいは間接的な影響を与えた。大局的には、日本の弥生時代のはじまりも、中原に端を発するこの広域にわたる動きの一部である。中国と地理的に近いスレドネ・アムールスカヤ低地帯や沿海地方では、中国方面で発達した国家ないしは文化からの文物が、この時期から増加する。沿海地方では、前一〇〇〇年紀前半にシニガイ文化、同後半にヤンコフスキー文化がひろがり、スレドネ・アムールスカヤ低地帯では前一〇〇〇年紀前半にウリル文化、同後半に初期のポリツェ文化がひろがった（臼杵、二〇〇四）。

この変動期も環境変動との相関性から説明できるとする意見がロシア側にあり、気候の悪化に伴う人びとや情勢の変化を示唆する中国側の文献資料もある。ここで結論は述べられないが、もし環境変動が大きく関与したとしても、紀元前一〇〇〇年紀の東北アジアにひろまった中原系の金属器、あるいはそれに付随する諸要素は、それまでの新石器的世界にみられた変動とはまるで異質の変革をもたらした。特に、東アジアで急速に普及した鉄器は、各地の社会構造にきわめて重大な影響を与えた（村上、二〇〇三など）。各地での受容の仕方に強弱はあったにせよ、中原からの放射状の影響力は、生態環境の差異を背景にした文化連動の枠組みを破るかたちで、東アジア一帯にひろがった。

中原との間に位置する中国東北部や朝鮮半島北部の様相を地続きで解明することが難しい今日、新石器的世界崩壊期とその後の東北アジア地域史は、中原方面とシベリア方面を二極にすえた脈絡のなかで説明すべきである（福田、二〇〇九b）。ロシア極東南部の場合、中原世界に対し、沿海地方は折衝地帯、アムール流域は周縁地帯、さらに外側のシベリアは「外の世界」となる。また遼東周辺を基点とし、比較論的に日本列島を位置づけるならば、朝鮮半島、列島西部、そして列島北東部の順である。東北アジアの大局からみると、日本列島（東北地方）における弥生文化の形成はこのような枠組みのなかでとらえられる。

東北地方には、中原方面からのインパクトが直接的に拡散してきたわけではない。朝鮮半島や列島西部を経由してきたインパクトが、縄文以来の多極連鎖型構造に組み込まれた。そうした事情によって、東北弥生の独自性が醸成されたのだといえる。

参考文献

〔序　石器時代の東北〕
L. R. Binford 1972 An Archaeological Perspective. Seminar Press
L. R. Binford 1983 Working at Archaeology. Academic Press
L. A. White 1987 Ethnological Essays. University of New Mexico Press

〔一　氷河時代の人類生活を探る〕
阿子島香「ミドルレンジセオリー」『考古学論叢』Ⅰ、寧楽社、一九八三年
菊池強一編『金取遺跡発掘調査報告書』宮守村教育委員会、一九八六年
黒田篤史編『金取遺跡―第二・三次発掘調査報告書―』宮守村文化財調査報告書八、二〇〇五年
佐藤宏之「日本列島の成立と狩猟採集の社会」『岩波講座　日本歴史』一（原始・古代一）、岩波書店、二〇一三年
杉原荘介編『先土器時代』日本の考古学Ⅰ、河出書房新社、一九六五年
芹沢長介編『向山』東北大学文学部考古学研究室考古学資料集三、一九八〇年
芹沢長介『日本旧石器時代』岩波書店、一九八二年
早田勉「大分県日出町早水台遺跡における火山灰分析」『Bulletin of the Tohoku University Museum』七、二〇〇七年
長友恒人・下岡順直「ＯＳＬ年代測定法による早水台遺跡堆積層の年代」『Bulletin of the Tohoku University Museum』七、二〇〇七年

日本考古学協会（前・中期旧石器問題調査研究特別委員会）編『前・中期旧石器問題の検証』日本考古学協会、二〇〇三年
人吉市教育委員会編『大野遺跡群』人吉市文化財調査報告書二〇、二〇〇二年
町田洋・新井房夫『新編　火山灰アトラス』東京大学出版会、二〇〇三年
明治大学博物館編『氷河時代のヒト・環境・文化』特別展図録、二〇一二年
柳田俊雄「大分県早水台遺跡第八次調査の研究報告」『Bulletin of the Tohoku University Museum』一〇、二〇一一年
柳田俊雄「日本列島の旧石器時代編年と地域性の成立について」『東北文化研究室紀要』五四、二〇一三年
柳田俊雄・阿子島香「群馬県鶴ヶ谷東遺跡発掘調査の研究報告」『Bulletin of the Tohoku University Museum』一四、二〇一五年
柳田俊雄・小野章太郎「大分県早水台遺跡第六・七次発掘調査の研究報告」『Bulletin of the Tohoku University Museum』七、二〇〇七年
李超荣「日本早水台遺跡と中国許家窯遺跡の石器の比較研究」『Bulletin of the Tohoku University Museum』九、二〇一〇年
C. Gamble 1986 The Palaeolithic Settlement of Europe. Cambridge University Press

〔二　旧石器人の装備と変動〕

秋田市教育委員会『秋田市地蔵田B遺跡』旧石器時代編、二〇一一年
秋田市教育委員会『秋田市下堤G遺跡』旧石器時代編、二〇一三年
岩瀬　彬「杉久保石器群の石器使用痕分析—長野県上ノ原遺跡（第二次・町道地点）の分析を通じて—」『旧石器研

究』七、二〇一一年
岩瀬　彬「最終氷期最盛期の本州東半部日本海側地域における石器使用の特徴―杉久保石器群に伴う彫器の使用痕分析―」『旧石器研究』八、二〇一二年
加藤　稔『東北日本の旧石器文化』雄山閣、一九九二年
鹿又喜隆「東北地方後期旧石器時代初頭の製作技術と機能の研究―岩手県胆沢町上萩森遺跡Ⅱb文化走の分析を通じて―」『宮城考古学』七、二〇〇五年
鹿又喜隆「地蔵田遺跡出土石器の機能研究と環状ブロック群形成の解釈」秋田市教育委員会『地蔵田遺跡』旧石器時代編、二〇一一年
鹿又喜隆「上ミ野A遺跡のA群とB群の同時存在に関する検討」『上ミ野A遺跡第三次発掘調査報告書』最上川流域の後期旧石器時代文化の研究二、東北大学大学院文学研究科考古学研究室・東北大学総合学術博物館、二〇一二年
鹿又喜隆「旧石器時代の石器の使い方」『ひらけ旧石器人の道具箱』仙台市市民文化事業団仙台市富沢保存館地底の森ミュージアム、二〇一三年a
鹿又喜隆「下堤G遺跡出土石器の機能研究―米ヶ森型台形石器の製作と使用の関係―」秋田市教育委員会『下堤G遺跡』旧石器時代編、二〇一三年b
河村善也「更新世の哺乳類」『旧石器時代』講座日本の考古学一、青木書店、二〇一〇年
工藤雄一郎『旧石器・縄文時代の環境文化史―高精度放射性炭素年代測定と考古学―』新泉社、二〇一二年
佐野勝宏ほか「山形県高倉山遺跡出土ナイフ形石器に残る狩猟痕跡の研究」『Bulletin of the Tohoku University Museum』一二、東北大学総合学術博物館、二〇一三年
沢田　敦「本州島中央部日本海側における後期旧石器時代終末から縄文時代初頭の石器製作技術」『新潟考古』二四、

二〇一三年
沢田　敦・鹿又喜隆「石器の機能」『上ミ野遺跡第一・二次発掘調査報告書』最上川流域の後期旧石器文化の研究一、東北大学大学院文学研究科考古学研究室、二〇〇四年
沢田　敦・加藤　学「旧石器時代の自然と人間活動」東蒲原郡史編さん委員会編『東蒲原郡史』通史編一、二〇一二年
渋谷孝雄・石川恵美子「東北地方」『旧石器時代』講座日本の考古学一、青木書店、二〇一〇年
菅井　進「粗製石器に関して」『縄紋』三、一九四九年
傳田恵隆「石器の機能」『上ミ野A遺跡第三次発掘調査報告書』最上川流域の後期旧石器時代文化の研究二、東北大学大学院文学研究科考古学研究室・東北大学総合学術博物館、二〇一二年
新潟県朝日村教育委員会『樽口遺跡―奥三面ダム関連遺跡発掘調査報告書Ⅴ―』一九九六年
新潟県教育委員会・新潟県埋蔵文化財調査事業団『上ノ平遺跡０地点』新潟県埋蔵文化財調査報告書七三、一九九六年
新潟県・津南町教育委員会・信濃川火焔街道連携協議会『魚沼地方の先史文化』二〇一四年
秦　昭繁「珪質頁岩の供給」『ものづくり―道具製作の技術と組織―』縄文時代の考古学六、同成社、二〇〇七年
山崎芳春「狩猟採集民の登場―新潟県最古の足跡―」『魚沼地方の先史文化』津南町教育委員会・信濃川火焔街道連絡協議会、二〇一四年

〔コラム　年代測定と暦年較正〕

加速器分析研究所編『木越邦彦先生米寿記念シンポジウム　年代測定と日本文化研究予稿集』二〇〇六年
鹿又喜隆「発掘調査におけるサンプリングの実践と遺跡形成過程の研究―福島県笹山原No.16遺跡の平安時代住居跡とローム層包含層の調査成果をもとに―」『第三回シンポジウム　年代測定と日本文化研究予稿集』二〇〇八年
鹿又喜隆「放射性炭素年代測定の現状」『地球科学』六三、二〇〇九年

P. J. Reimer, et al. 2013 INTCAL13 and MARINE13 Radiocarbon Age Calibration Curves 0–50,000 Years Cal BP. Radiocarbon, 55-4

R. A. Staff, et al. 2013 Integration of the Old and New Lake Suigetsu (Japan) Terrestrial Radiocarbon Calibration Data Sets. *Radiocarbon* vol. 55, no. 2

Y. Kanomata 2012 Accurate Chronology of Palaeolithic Industries by Radiocarbon AMS Determinations. *Saito Ho-on Kai Museum Research Bulletin*, vol. 76

〔三　地球温暖化と縄文的適応へ〕

R・B・アレイ（山崎淳訳）『氷に刻まれた地球一一万年の記憶—温暖化は氷河期を招く—』ソニー・マガジンズ、二〇〇四年

安斎正人『日本人とは何か』柏書房、二〇一〇年

稲田孝司「縄文文化の形成」『変化と画期』岩波講座日本考古学六、岩波書店、一九八六年

稲田孝司『遊動する旧石器人』岩波書店、二〇〇一年

小熊博史『縄文文化の起源をさぐる—小瀬ヶ沢・室谷洞窟—』新泉社、二〇〇七年

鹿又喜隆「荒屋型彫刻刀の機能—荒屋遺跡第二・三次発掘調査出土資料の分析を通して—」『日本の細石刃文化Ⅱ—細石刃文化研究の諸問題—』（シンポジウム資料集）、二〇〇三年

鹿又喜隆「定住性の高さと活動の組織化」『文化』六八—一・二、二〇〇四年

鹿又喜隆「細石刃の装着法と使用法—荒屋遺跡・タチカルシュナイ第Ⅴ遺跡C地点出土資料の分析から—」『考古学雑誌』八八—四、二〇〇五年

鹿又喜隆「更新性末から完新世初頭にみられる人類の環境適応—東日本の事例から—」『宮城考古学』九、二〇〇七年

鹿又喜隆「東北地方における土器出現期の様相」『第一回シンポジウム　年代測定と日本文化研究予稿集』二〇〇七年a
鹿又喜隆「東北地方における定住化のプロセス―旧石器時代終末から縄文時代前期にかけて―」『東北縄文前期社会における集落と生業予稿集』二〇〇八年b
鹿又喜隆「神子柴・長者久保石器群とその後の時代―人類活動と環境変動との対応関係から―」『第二二回東北日本の旧石器文化を語る会予稿集』二〇〇八年b
鹿又喜隆「福島県笹山原№27遺跡の機能研究」『第二三回東北日本の旧石器文化を語る会予稿集』二〇〇九年a
鹿又喜隆「定住・定着化プロセスからみた東北地方の縄文前期」『日本考古学協会二〇〇九年度山形大会資料集』二〇〇九年b
鹿又喜隆「更新世最終末の石器集積遺構に含まれる道具の評価―宮城県仙台市野川遺跡の機能研究と複製石器の運搬実験を通して―」『日本考古学』三〇、二〇一〇年
鹿又喜隆「細石刃集団による地域間の活動差」『東北文化研究室紀要』五二、二〇一一年
鹿又喜隆「北海道における初期細石刃石器群の機能研究―千歳市柏台1遺跡出土石器の使用痕分析―」『旧石器研究』九、二〇一三年a
鹿又喜隆「神子柴・長者久保石器群における石器機能研究―福島県林口遺跡―」『歴史』一二〇、二〇一三年b
工藤雄一郎『旧石器・縄文時代の環境文化史　高精度放射性炭素年代測定と考古学』新泉社、二〇一二年
A・ケストラー『創造活動の理論』上・下、ラティス、一九六六年
小林達雄編『総覧縄文土器』アム・プロモーション、二〇〇八年
小林謙一・工藤雄一郎編『縄文はいつから!?』新泉社、二〇一一年

佐藤宏之『日本旧石器文化の構造と進化』柏書房、一九九二年
芹沢長介「旧石器時代の諸問題」『岩波講座　日本歴史』一（原始および古代）、岩波書店、一九六二年
芹沢長介・須藤隆・鹿又喜隆ほか『荒屋遺跡第二・三次発掘調査報告書』東北大学考古学研究室・川口町教育委員会、二〇〇三年
高橋　哲「石匙の使用痕分析―植物加工道具としての石匙についての考察―」『考古学談叢』二〇〇七年
建石徹ほか「山形県湯の花遺跡・群馬県稲荷山V遺跡出土黒曜石資料の産地分析」『岩宿フォーラム二〇一二シンポジウム　北関東の細石刃文化予稿集』二〇一二年
田中英司『日本先史時代におけるデポの研究』二〇〇〇年
谷口康浩『縄文文化起源論の再構築』同成社、二〇一一年
堤　隆『最終氷期における細石刃狩猟民とその適応戦略』雄山閣、二〇一一年
堤　隆『狩猟採集民のコスモロジー―神子柴遺跡―』新泉社、二〇一三年
長井謙治『ものが語る歴史一八　石器づくりの考古学―実験考古学と縄文時代のはじまり―』同成社、二〇〇九年
原田昌幸「遊動と定住―縄文時代の初期定住―」『期間考古学』四四、一九九三年
藤山龍造『環境変化と縄文社会の幕開け―氷河時代の終焉と日本列島―』雄山閣、二〇〇九年
山内清男・佐藤達夫「日本先史時代概説」『日本原始美術』一、講談社、一九六四年
O. E. Craig, et al. 2013 Earliest Evidence for the Use of Pottery. *Nature* vol. 496
Y. Kanomata 2012 Accurate Chronology of Palaeolithic Industries by Radiocarbon AMS Determinations. *Saito Ho-on Kai Museum Research Bulletin*, vol. 76
V. C. Smith, et al. 2013 Identification and Correlation of Visible Tephras in the Lake Suigetsu SG06 Sedimentary Archive. Japan: Chronostratigraphic Markers for Synchronising of East Asian/West Pacific Palaeoclimatic Re-

cords across the Last 150 ka. *Quaternary Science Revieus* vol. 67
R. A. Staff, et al. 2013 Integration of the Old and New Lake Suigetsu (Japan) Terrestrial Radiocarbon Calibration Data Sets. *Radiocarbon* vol. 55, no. 2
Y. J. Wang, et al. 2001 A HighiResolution Abusolute-Dated Late Pleistocene Monsoon Record from Hulu Cave, China. Science vol. 294

〔四　東北縄文集落の姿〕

阿部昭典『縄文時代の社会変動論』アム・プロモーション、二〇〇八年
石井　寛「縄文後期集落の構成に関する一試論―関東地方西部域を中心に―」『縄文時代』五、一九九四年
石井　寛「周石型礫石施設の系譜と性格」『縄文時代』二〇、二〇〇九年
市川健夫「八戸市内における縄文時代の竪穴住居跡数と居住規模」『(八戸市埋蔵文化財センター是川縄文館) 研究紀要』一、二〇一二年
江坂輝彌ほか編『日本考古学小辞典』ニューサイエンス社、一九八三年
菅野智則「北上川流域の縄文集落遺跡」『季刊東北学』二六、二〇一一年
菅野智則「北上川中流域における縄文時代中期集落に関する基礎的研究」『東北地方における環境・生業・技術に関する歴史動態的総合研究』I、東北芸術工科大学東北文化研究センター、二〇一二年
小池一之ほか編『日本の地形』(三) 東北、東京大学出版会、二〇〇五年
斉藤慶吏「青森県域における縄文時代前半期集落の様相」『日本考古学協会二〇〇九年度山形大会研究発表資料集』二〇〇九年
高木晃・佐々木務・鎌田勉『縄文北緯40°―前・中期の北東北―』㈶岩手県文化振興事業団、二〇〇五年

辻誠一郎ほか「三内丸山遺跡の生態史研究」『特別史跡三内丸山遺跡年報』八、青森県教育委員会、二〇〇五年
冨樫泰時「円筒土器分布圏が意味するもの」『北奥古代文化』六、一九七四年
永嶋　豊「軒を連ねた縄文ムラ」『考古学談叢』六一書房、二〇〇七年
藤沼邦彦・関根達人「亀ヶ岡式土器（亀ヶ岡式系土器群）」『総覧縄文土器』アム・プロモーション、二〇〇八年
星　雅之「縄文時代前期十和田中掫テフラ降下期集落跡の検討」『（岩手県文化振興事業団埋蔵文化財センター）紀要』XXI、二〇一二年
松井章ほか「遺構土壌選別法による屋代遺跡群の縄文中期集落における生業活動の再検討」『長野県立歴史博物館研究紀要』一七、二〇一一年
宮本長二郎『日本原始古代の住居建築』中央公論美術出版、一九九六年
武藤康弘「縄文時代前・中期の長方形大型住居の研究」『住の考古学』同成社、一九九七年
山本暉久『敷石住居址の研究』六一書房、二〇〇二年
吉川昌伸「東北地方の縄文時代中期から後期の植生とトチノキ林の形成」『環境文化史研究』一、二〇〇八年
吉川昌伸・吉川純子「縄文時代中・後期の環境変化」『日本考古学協会二〇〇五年度福島大会シンポジウム資料集』二〇〇五年
渡辺　誠「長方形大型住居跡の性格について」『富山市考古資料館紀要』七、一九八八年

〔コラム　貝塚からわかること〕

小林達雄「縄文人の生活」『図詳ガッケン・エリア教科事典』一、学習研究社、一九七五年
富岡直人「貝殻成長線分析」『環境考古学マニュアル』同成社、二〇〇三年
山内清男「貝塚は何故日本海沿岸に少いか」『どるめん』三―九、一九三四年

J. Habu, et al. 2011. Shell midden archaeology in Japan: Aquatic food acquisition and long-term change in the Jomon culture. *Quaternary International* 239

〔五　縄文土器と原始社会〕

相原淳一「東北地方」、関根達人「亀ヶ岡式土器」、寺内隆夫「型式学的方法②」小杉康他編『歴史のものさし』縄文時代の考古学二、同成社、二〇〇八年

阿部昭典『縄文時代の社会変動論』アム・プロモーション、二〇〇八年

大村　裕『日本先史考古学史講義』六一書房、二〇一四年

河西　学「三内丸山（6）遺跡出土縄文土器の胎土分析」『青森県埋蔵文化財調査報告書三二七集　三内丸山遺跡（6）』二〇〇二年

クロード・レヴィ＝ストロース（渡辺公三訳）『やきもち焼きの土器つくり』みすず書房、一九九〇年

熊谷常正・小田野哲憲『岩手の土器』岩手県立博物館、一九八二年

小林達雄編『総覧縄文土器』アム・プロモーション、二〇〇八年

篠田謙一「DNAによる日本人の形成」『季刊考古学』一一八、二〇一二年

高木晃・佐々木務・鎌田勉『縄文北緯40°―前・中期の北東北―』㈶岩手県文化振興事業団、二〇〇五年

建石　徹『日本の美術九　縄文土器前期』四九六、至文堂、二〇〇七年

戸田哲也「曽利Ⅲ式土器の伝播と変容」『ムラと地域の考古学』同成社、二〇〇六年

西田正規『縄文の生態史観』東京大学出版会、一九八九年

丹羽　茂「中期大木式土器様式」『縄文土器大観』一、小学館、一九八九年

早瀬亮介・菅野智則・須藤隆「東北大学文学研究科考古学陳列館所蔵大木囲貝塚出土基準資料－山内清男編年基準資

料」『Bulletin of the Tohoku University Museum』五、二〇〇六年
G・P・マードック（内藤莞爾訳）『社会構造―核家族の社会人類学―』新泉社、一九七八年
水沢教子・岡村秀雄『地下４ｍの「縄文伝説」―屋代遺跡群愛と出会いの四千年―』長野県立歴史館、二〇〇五年
水沢教子「土器をつくる女、土器をはこぶ男」『縄文「ムラ」の考古学』雄山閣、二〇〇六年
水沢教子『縄文社会における土器の移動と交流』雄山閣、二〇一四年
柳田俊雄「赤レンガ書庫の至宝」『ものがたり東北大学の至宝』東北大学出版会、二〇〇九年
山内清男「縄紋土器型式の細別と大別」『先史考古学』一―一、一九三七年（山内清男『先史考古学論文集』（一）、示人社、一九九七年に所収）
義江明子『古代女性史への招待』吉川弘文館、二〇〇四年
綿田弘実「長野県北東部における縄文中期後葉土器群」『第二六回縄文セミナー　縄文中期中葉土器研究の現状と課題』縄文セミナーの会、二〇一三年

〔コラム　東北縄文時代人の身体〕
佐伯史子「解剖学的方法による縄文人の身長推定と比下肢長の検討」『Anthropological Science（Japanese Series）』一一四、二〇〇六年
鈴木敏彦・波田野悠夏・米田穣「東北地方日本海側の縄文人骨―五月女萢遺跡・田小屋野貝塚出土人骨―」『考古学ジャーナル』六四五、二〇一三年
瀧川　渉「四肢骨の計測的特徴から見た東日本縄文人と北海道アイヌ」『Anthropological Science（Japanese Series）』一一三、二〇〇五年
瀧川　渉「四肢骨の計測的特徴における縄文人と現代日本人の地域間変異」『Anthropological Science（Japanese Se-

ries)』一一四、二〇〇六年
百々幸雄「東北地方縄文人頭蓋の形態計測」『人類学雑誌』九〇（Suppl.）、一九八二年
奈良貴史「出土人骨の最新研究」『考古学ジャーナル』六四五、二〇一三年
平本嘉助「骨からみた日本人身長の移り変わり」『考古学ジャーナル』一九七、一九八一年
山口　敏「先史日本列島人に関する二三の骨学的考察」『Anthropological Science』一〇四、一九九六年
B. Yamaguchi 1982 "A review of the osteological characteristics of the Jomon population in prehistoric Japan" *Journal of the Anthropological Society of Nippon*, 90 (Suppl.)
B. Yamaguchi 1989 "Limb segment proportions in human skeletal remains of the Jomon period" *Bulletin of the National Science Museum, Tokyo, Series D*, 15
H. Fukase, et al. 2012 "Geographic variation in body form of prehistoric Jomon males in the Japanese archipelago: its ecogeographic implications" *American Journal of Human Anthropology*

〔六　亀ヶ岡文化の実像〕

青森県『青森県史』資料編考古二（縄文後期・晩期）、二〇一三年
石川日出志「縄文時代の終末」『縄文時代の考古学』一、同成社、二〇一〇年
今村啓爾『縄文の実像を求めて』吉川弘文館、一九九九年
金子昭彦「階層化社会と亀ヶ岡文化の墓」『日本考古学』一九、二〇〇五年
工藤竹久「馬淵・新井田川流域の亀ヶ岡文化の遺跡」『月刊考古学ジャーナル』三六八、一九九三年
児玉　準「東北地方の縄文祭祀—向様田遺跡群—」『日本考古学協会二〇〇二年度橿原大会研究発表資料集』二〇〇二年

小林圭一「最上川流域における縄文時代後・晩期の遺跡分布」『山形考古』七―一、二〇〇一年
小林圭一「遺跡分布からみた亀ヶ岡文化期の地域相」『考古学』Ⅵ、二〇〇八年
小林青樹編『縄文・弥生移行期の東日本系土器』考古学資料集九、一九九九年
小山修三『縄文時代―コンピュータ考古学による復元―』中央公論社、一九八四年
佐々木彰「再び遺跡にみる拡散化現象について」『北奥古代文化』一五、一九八四年
佐々木由香「縄文時代の「水場遺構」に関する基礎的研究」『古代』一〇八、二〇〇〇年
佐々木由香「縄文から弥生変動期の自然環境の変化と植物利用」『季刊東北学』一九、二〇〇九年
佐藤広史「型式の空間分布から観た土器型式」『片倉信光氏追悼論文集　赤い本』一九八五年
澤田恭平・藤沼邦彦「亀ヶ岡文化における岩偶について」『亀ヶ岡文化雑考集』弘前大学人文学部附属亀ヶ岡文化研究センター、二〇〇八年
柴正敏・関根達人「胎土分析からみた亀ヶ岡式土器の製作地―土器胎土に含まれる火山ガラスの帰属について―」『考古学と自然科学』六七、二〇一五年
関根達人「東北地方出土の安行系・滋賀里系土器からみた地域間交流」『ムラと地域の考古学』同成社、二〇〇六年
関根達人「広域編年の事例　亀ヶ岡式土器」『縄文時代の考古学』二、同成社、二〇〇七年
関根達人「北海道晩期縄文土器編年の再構築」『北海道考古学』四八、二〇一二年
関根達人「青森県における縄文時代の遺跡数の変遷」『第四紀研究』五三―四、二〇一四年
関根達人・上條信彦編『下北半島における亀ヶ岡文化の研究―むつ市不備無遺跡発掘調査報告書―』弘前大学人文学部附属亀ヶ岡文化研究センター、二〇一二年
田中克典・佐藤洋一郎・上條信彦『日本の出土米』Ⅱ、弘前大学人文学部北日本考古学研究センター、二〇一五年
辻誠一郎「日本列島の環境史」『倭国誕生』日本の時代史一、吉川弘文館、二〇〇二年

藤間生大『日本民族の形成』岩波書店、一九五一年
土偶とその情報研究会『東北・北海道の土偶Ⅱ―亀ヶ岡文化の土偶―』土偶シンポジウム五、一九九六年
中沢道彦「縄文農耕論をめぐって」『弥生時代の考古学』五、同成社、二〇〇九年
中村　大「墓制から読む縄文社会の階層化」『縄文学の世界』朝日新聞社、一九九九年
新潟県教育委員会・新潟県埋蔵文化財調査事業団『青田遺跡』二〇〇四年
西田正規「縄文時代の安定社会」『国立歴史民俗博物館研究報告』八七、二〇〇一年
根岸　洋「縄文晩期／弥生移行期における居住戦略の検討　馬淵川・新井田川流域を中心に」『年代測定と日本文化研究第五回シンポジウム予稿集』加速器分析研究所本社、二〇一〇年
階上町教育委員会『寺下遺跡・笹畑遺跡発掘調査報告書』二〇〇七年
林　謙作「亀ヶ岡文化論」『東北考古学の諸問題』東出版寧楽社、一九七六年
林　謙作「縄文晩期という時代」『縄文土器大成』四、講談社、一九八一年
半田純子「東日本縄文時代晩期前半から後半への移行期にみられる変化についての一考察」『明治大学大学院紀要』四、一九六六年
弘前市教育委員会『大森勝山遺跡発掘調査報告書』二〇一〇年
藤沼邦彦・関根達人「亀ヶ岡式土器（亀ヶ岡式系土器群）」『総覧縄文土器』アム・プロモーション、二〇〇八年
南川雅男「炭素・窒素同位体比分析により復元した先史日本人の食生態」『国立歴史民俗博物館研究報告』八六、二〇〇一年
山内清男「縄紋土器型式の細別と大別」『先史考古学』一―一、一九三七年
吉川昌伸「関東平野における過去一二〇〇〇年間の環境変遷」『国立歴史民俗博物館研究報告』八一、一九九九年
吉川昌伸「是川中居遺跡D区における縄文時代晩期の花粉化石群」『是川中居遺跡』一、二〇〇二年

米田　穣「同位体比分析からみた縄文文化の適応戦略」『縄文時代の考古学』四、同成社、二〇一〇年

〔七　東北アジアのなかの東北先史文化〕

安斎正人『気候変動の考古学』同成社、二〇一二年
今村啓爾『土器からみる縄文人の生態』同成社、二〇一〇年
臼杵　勲『鉄器時代の東北アジア』同成社、二〇〇四年
大貫静夫「極東先史社会の野生食料基盤」『ロシア極東の民族考古学』六一書房、二〇〇五年
大貫静夫・佐藤宏之編『ロシア極東の民族考古学』六一書房、二〇〇五年
沖津　進「シホテ・アリニ山脈に分布するチョウセンゴヨウ—落葉広葉樹混交林からみた北海道の針広混交林の成立と位置づけ」『地理学評論』六六A—九、一九九三年
沖津　進『北方植生の生態学』古今書院、二〇〇二年
柏倉亮吉ほか「飛島の考古学」『鳥海山・飛島』山形県総合学術調査会、一九七二年
菅野智則「居住形態からみた東北地方の縄文前期」『日本考古学協会二〇〇九年度山形大会研究発表資料集』二〇〇九年
工藤雄一郎『旧石器・縄文時代の環境文化史』新泉社、二〇一二年
國木田大・吉田邦夫・辻誠一郎「東北地方北部におけるトチノキ利用の変遷」『環境文化史研究』一、二〇〇八年
國木田大ほか「押出遺跡のクッキー状炭化物と大木式土器の年代」『東北芸術工科大学東北文化研究センター研究紀要』九、二〇一〇年
齊藤主税『蕨山遺跡発掘調査報告書』山形県教育委員会、一九九三年
小林圭一「最上川流域における縄文時代後・晩期の遺跡分布」『山形考古』三一、二〇〇一年

小林圭一・菅原哲文「押出遺跡と最上川流域の縄文前期集落遺跡」『日本考古学協会二〇〇九年度山形大会研究発表資料集』二〇〇九年
佐々木史郎『北方から来た交易民』日本放送出版協会、一九九六年
佐々木由香「縄文から弥生変動期の自然環境の変化と植物利用」『季刊東北学』一九、二〇〇九年
佐藤禎宏編『小山崎遺跡第八～一一次調査概要報告』遊佐町教育委員会、二〇〇五年
須賀井新人『西向遺跡発掘調査報告書』山形県埋蔵文化財センター、二〇〇四年
田端英雄「日本の植生帯区分はまちがっている」『科学』七〇、二〇〇〇年
辻誠一郎「秋田県の低地における完新世後半の花粉群集」『東北地理』三三―二、一九八一年
辻誠一郎「列島の環境史」『いくつもの日本』Ⅱ、岩波書店、二〇〇二年
辻誠一郎「日本の生態系史と人為生態系」『都市緑化技術』六〇、二〇〇六年a
辻誠一郎「三内丸山遺跡の生態系史研究―成果と展望―」『植生史研究』特別二、二〇〇六年b
辻誠一郎「縄文時代の植生史」『大地と森の中で』同成社、二〇〇九年
早瀬亮介「前期大木式土器」『総覧縄文土器』アム・プロモーション、二〇〇八年
寺崎裕介「新潟県における新崎式系土器」『新潟県の考古学』Ⅱ、新潟県考古学会、二〇〇九年
福田正宏『極東ロシアの先史文化と北海道』北海道出版企画センター、二〇〇七年
福田正宏「東北アジアのなかの縄文文化」『日本考古学協会二〇〇九年度山形大会研究発表資料集』二〇〇九年a
福田正宏「極東ロシア南部における農耕と金属器の受容」『弥生文化の輪郭』同成社、二〇〇九年b
福田正宏編「「東北縄文社会と生態系史―押出遺跡をめぐる縄文前期研究の新たな枠組み―」討論の記録」『山形考古』四〇、二〇一〇年
福田正宏「日本列島北辺域における新石器／縄文時代の土器」『古代文化』六五―一、二〇一三年

福田正宏・海藤元・髙橋若菜編『飛鳥における考古学的調査』東北芸術工科大学、二〇一一年

福田正宏・シェフコムードほか編『東北アジアにおける定着的食料採集社会の形成および変容過程の研究』東京大学常呂実習施設、二〇一一年

福田正宏・西村広経編「月布川流域における縄文時代遺跡の研究」『完新世の気候変動と縄文文化の変化』東北芸術工科大学・東京大学新領域創成科学研究科、二〇一四年

村上恭通「黄海をめぐる鉄技術・文化の展開」『東アジアと日本の考古学』Ⅲ、同成社、二〇〇三年

山内清男「縄文式土器・総論」『日本原始美術』一、講談社、一九六四年

吉川虎雄『湿潤変動帯の地形学』東京大学出版会、一九八五年

V. B. Bazarova 2008 Late Pleistocene and Holocene climate and vegetation changes in the Lower Amur river basin (Russian Far East). *International symposium on human ecosystem changes in the northern circum Japan Sea area (NCJSA) in late Pleistocene.* University of Tokyo

K. A. Lutaenko, et al. 2007 Mid-Holocene climatic changes and cultural dynamics in the basin of the Sea of Japan and adjacent areas. *Climate Change and Cultural Dynamics.* Elsevier

A. N. Makhinov（マヒノフ）2006 *Sovremennoe rel'efoobrazovanie v usloviyakh allyuvial'noĭ akkumulyatsii.* Dal'nauka（露語）

I.Ya. Shevkomud（シェフコムード）2004 *Pozdniĭ neolit Nizhnego Amura.* DVO RAN（露語）

L. I. Shrenk（シュレンク）1883 *Ob inorodtsakh Amurskogo kraya,* 1. Imperatorskoĭ Akademiĭ Nauk（露語）

Yu. E. Vostretsov（ボストレツォフ）2005 Vzaimodeĭstvie morskikh i zemler、cheskikh adaptatsiĭ v bacceĭne Yaponskogo morya. *Russiĭskiĭ Dal'niĭ Vostok v drevnosti i srednevekob'e.* Dal'nauka（露語）

略年表（年代は暦年較正年代で示した。コラム「年代測定と暦年較正」参照）

年代（calBP）	時期区分	事項	関連する主な遺跡
	旧石器時代 後期	日本列島に初期の石器文化があらわれる。	岩手県金取遺跡
三万六〇〇〇		全国各地で遺跡数が急増する。台形様石器と斧形石器が特徴的にみられる。	岩手県上萩森遺跡
		環状ブロック群がみられる。米ヶ森技法が隆盛する。	秋田県地蔵田遺跡
		短い石刃が製作され、ナイフ形石器に用いられる。	福島県笹山原遺跡群
三万		・姶良Tnテフラ（AT：三万～二万九〇〇〇calBP頃）	
		東山石器群が広く分布し、大型石刃が頁岩産地で集中的に製作され、各地に運ばれて使用される。	新潟県樽口遺跡 山形県高倉山遺跡
		初期の尖頭器があらわれる。	福島県背戸B遺跡
二万五〇〇〇		杉久保石器群が日本海側を中心に分布する。	山形県高瀬山遺跡
		ナイフ形石器が消え、尖頭器が残る。	新潟県吉ヶ沢B遺跡
二万		細石刃が出現する。	
		北方系細石刃石器群が東北日本に広く分布する。	新潟県荒屋遺跡
		最古の土器が出現する。尖頭器と斧形石器、石刃を加工した石器が主体。	青森県大平山元Ⅰ遺跡
一万五〇〇〇		隆線文土器などの土器が増加する。石鏃などの狩猟具があらわれ、弓矢猟が開始された。竪穴住居が出現する。	山形県日向洞窟

時代

年代(calBP)	時期区分	事項	関連する主な遺跡
一万四〇〇〇	草創期	縄を用いた押圧施文、回転施文の土器が認められる。	宮城県野川遺跡
一万三〇〇〇		石皿・磨石・敲石のセットが揃う。網漁に使われた石錘も出土している。狩猟・植物採集・漁撈の生業が組織的に開始された。竪穴住居跡が一般化する。	青森県櫛引遺跡
一万二〇〇〇			
一万一〇〇〇	早期	竪穴住居数が増加し、数軒のみで構成される集落遺跡が認められる。礫石器が増加し、堅果類の利用が進む。	岩手県庄ヶ畑A遺跡
一万			
九〇〇〇		大型の竪穴住居が出現し、住居数がさらに増加する。早期後葉には十数軒で構成される集落遺跡が認められる。	青森県中野平遺跡
八〇〇〇		また、早期後半には、貝塚が東北各地に出現する。	秋田県菖蒲崎貝塚

七〇〇〇	六〇〇〇	五〇〇〇	四〇〇〇	三〇〇〇

時代	時期	事項	遺跡
縄文	前期	縄文原体を多種多様に用いた土器が主体となる。前期前半に大木式土器・円筒土器が成立する。竪穴住居数が特に多い大規模集落が出現する。 ・十和田中掫テフラ（To-Cu：六〇〇〇～六二〇〇 calBP 頃） 大型竪穴住居による環状集落が出現し、東北各地へと拡大する。	宮城県今熊野遺跡 岩手県綾織新田遺跡 山形県押出遺跡
	中期	複式炉を有する竪穴住居が激増し、遺跡数が最大となる。	青森県三内丸山遺跡 岩手県西田遺跡 岩手県柳上遺跡
	後期	東北南部では遺跡数が減少するが、東北北部において環状列石などの遺跡が登場する。後期後半においても遺跡数は多く、大規模な環状集落が認められる。	秋田県大湯環状列石 青森県風張（1）遺跡
	晩期	「亀ヶ岡文化」が東北一円に展開し、周辺地域に影響を与える。	青森県是川中居遺跡

◆執筆者紹介（生年／現職）―執筆順

阿子島　香（あこしま　かおる）→別掲

沢　田　敦（さわだ　あつし）一九六四年／新潟県埋蔵文化財調査事業団

鹿又　喜隆（かのまた　よしたか）一九七三年／東北大学文学部准教授

菅野　智則（かんの　とものり）一九七六年／東北大学埋蔵文化財調査室特任准教授

水沢　教子（みずさわ　きょうこ）一九六五年／東北大学非常勤講師

澤田　純明（さわだ　じゅんめい）一九七三年／新潟医療福祉大学医療技術学部准教授

関根　達人（せきね　たつひと）一九六五年／弘前大学人文社会・教育学系教授

福田　正宏（ふくだ　まさひろ）一九七四年／東京大学大学院新領域創成科学研究科特任准教授

編者略歴

一九五五年　宮城県に生まれる
一九八〇年　東北大学大学院文学研究科博士課程前期修了
一九九三年　米国ニューメキシコ大学大学院博士課程修了（Ph.D.）
現　在　東北大学大学院文学研究科考古学専攻分野教授

〔主要著書〕
『石器の使用痕』（ニューサイエンス社、一九八九年）
『考古学―その方法と現状―』（共著、放送大学印刷教材、二〇〇九年）

東北の古代史①
北の原始時代

二〇一五年（平成二十七）八月一日　第一刷発行
二〇一六年（平成二十八）九月十日　第二刷発行

編　者　阿《あ》子《こ》島《しま》香《かおる》
発行者　吉川道郎
発行所　株式会社 吉川弘文館
郵便番号一一三―〇〇三三
東京都文京区本郷七丁目二番八号
電話〇三―三八一三―九一五一〈代表〉
振替口座〇〇一〇〇―五―二四四
http://www.yoshikawa-k.co.jp/
印刷＝株式会社　三秀舎
製本＝誠製本株式会社
装幀＝河村　誠

ISBN978-4-642-06487-3

刊行のことば

近年、東北古代史研究は大きく進展し、歴史の書き換えが進みました。考古学・文献史学の両分野を中心とした学際的研究も盛んに進められています。

さらに二〇一一年の東日本大震災を契機に、東北の古代史に新たな光があてられつつあります。弥生時代や平安時代の地震・津波災害の研究成果からは、人々が立ち上がり、復興する姿が浮かびあがります。考古学・歴史学は、〝過去〟の資料に向かいあうだけでなく、〝未来〟へ向け私たちが何をなすべきかも教えてくれると信じています。

本シリーズは、北東アジアの先史文化との交流、亀ヶ岡文化の繁栄、伝播した古墳文化、蝦夷の社会と文化、城柵、多賀城碑、三十八年戦争と阿弖流為の闘い、前九年・後三年合戦などのトピックスを軸にすえ、原始時代以来の古代東北の姿を明らかにした通史です。

本シリーズを手にとっていただき、あらためて、受け継がれてきた東北独自のエネルギーの源について考える契機になることを強く望みます。

〈企画編集委員〉　熊谷　公男

東北の中世史

1 平泉の光芒　柳原敏昭編

2 鎌倉幕府と東北　七海雅人編

3 室町幕府と東北の国人　白根靖大編

4 伊達氏と戦国争乱　遠藤ゆり子編

5 東北近世の胎動　高橋　充編

本体各2400円（税別）

吉川弘文館